우리 조국 대한민국을 위한 새로운 청사진

우리 조국 대한민국을 위한 새로운 청사진

초판 1쇄 발행 2021년 7월 17일

지 은 이   정동섭
발 행 인   권선복
편   집   권보송
디 자 인   김소영
전 자 책   오지영
발 행 처   도서출판 행복에너지
출판등록   제315-2011-000035호
주   소   (07679) 서울특별시 강서구 화곡로 232
전   화   0505-666-5555
팩   스   0303-0799-1560
홈페이지   www.happybook.or.kr
이 메 일   ksbdata@daum.net

값 20,000원
ISBN 979-11-5602-900-7   (93340)

Copyright ⓒ 정동섭, 2021

책 제목 확정에 도움을 주신
정도영 (전)환경부 중앙환경분쟁조정위원회 위원장님에게 감사드립니다.

도서출판 행복에너지는 독자 여러분의 아이디어와 원고 투고를 기다립니다. 책으로 만들기를
원하는 콘텐츠가 있으신 분은 이메일이나 홈페이지를 통해 간단한 기획서와 기획의도, 연락
처 등을 보내주십시오. 행복에너지의 문은 언제나 활짝 열려 있습니다.

왜 사회주의를 버리고 자유민주주의로 가야 하나

우리 조국
대한민국을
위한 새로운
청사진

정동섭(Ph.D.) 지음

도서
출판 행복에너지

대한민국의 근현대사와 현재 그리고 미래 전망

나는 왜 이 책을 쓰게 되었나?

심리학자들은 사람마다 그의 생애를 관통하는 핵심감정(core feeling)이 있다고 한다. 분노는 부담감, 경쟁심, 억울함, 불안, 두려움, 열등감, 슬픔, 무기력, 허무, 소외, 감사, 수치심과 함께 우리의 마음과 생활을 지배하는 감정으로 작용한다. 분노(화)는 죄악된 분노(sinful anger)가 있고, 의로운 분노(righteous anger)가 있다. 불의를 보고 화를 내는 것은 의로운 분노(義奮: 거룩한 분노)라고 한다. 불의를 보고 느끼는 의분은 건강한 분노다.

나는 현 정권의 행태를 지켜보다가 의분을 참지 못해 이 책을 쓰게 되었다. 조국이라는 이중인격자가 법무부 장관으로 임명되어 무법자처럼 행동하는 것을 보고 분별력 있는 국민들은 광화문 광장에 몰려나와 문 정권을 향해 분노를 표출하였다. 그리고 지난 4년 동안 이 진보정권이 코로나 감염자를 중국에서 차단하지 않은 것, 부동산정책, 공수처법 입법, 탈원전 정책, 대북전단금지법,

5·18역사왜곡처벌법, 친일파 파묘법 추진, 부정선거로 비대칭 국회를 만드는 것, 살아있는 권력을 수사하는 검사들을 공중분해하여 공정한 수사를 막는 추미애 법무(法無)장관의 행태를 보며 목사와 교수, 외교관, 장군 등 국민들은 성명서 발표와 시위 등으로 분노를 표출하고 있다.

나는 20대에 진리를 찾아 방황하다가 사이비종교 구원파에 빠져 교주의 통역비서로 활동한 적이 있다. 8년 만에 이단교주 유병언의 사기행각에 의문을 느껴 그에게 반기를 들고 구원파를 뛰쳐나와 세상에 그의 실체와 구원파의 실상을 폭로하였다. 이로 인해 20여 차례나 피소되었으나 모든 재판에서 승소하였다. 2014년 세월호 사건이 일어났을 때는 '내부고발자'의 입장에서 KBS, MBC, SBS, TV 조선, 채널 A, MBN, CNN 등에 202번이나 출연하여 유병언과 구원파의 실체를 세상에 알리기도 하였다.

1990년 김영삼 대통령이 전두환, 노태우의 행적을 역사의 심판에 맡기겠다고 했을 때, 광주에서 일지(日誌)형식으로 사태를 기록했던 배태선(Arnold Peterson) 목사의 『5·18 광주사태』를 번역해 세상에 공개함으로, 전두환, 노태우 두 전직 대통령이 구속돼 법의 심판을 받게 하는 계기를 마련하기도 하였다.

내가 70평생을 살아오면서 터득한 진실은 사상, 이념, 종교가 개인이나 가정, 또는 국가의 안녕과 운명과 행복에 지대한 영향을 미친다는 것이다. 건전한 신앙은 사람에게 평안과 행복을 안겨주지만, 구원파와 신천지, 지방교회, JMS, 김일성 주체사상과 같은 사이비종교(이단)는 거짓된 확신을 심어주고 마땅치 않은 것을 가르쳐 가정과 국가공동체를 무너뜨린다(딛 1:11). 나는 이 책에서 사이비종교(이단)전문가, 종교심리학자, 사회과학자의 관점에서 공산주의, 사회주의 그리고 주체사상이라는 사이비종교의 실체를 독자에게 알려주려고 펜을 들었다.

주체사상은 사이비공산주의이며, 김일성 3대를 교주로 섬기는 기독교를 표절한 사이비종교다. 공산주의는 예수께서 언급하신 가정과 교회를 파괴하고 '도둑질하고 죽이고 멸망시키는'(요 10:10) 세속적 종교이다.

나는 젊은 시절에 "생명을 얻게 하고 더 풍성히 얻게 하는" 예수 그리스도를 만나 가정을 세우고 회복하는 가정사역자로 살아왔다. 이 과정에 문화막시즘이라는 사회주의 사상이 "프리섹스, 동성애, 젠더주의 같은 타락한 성문화를 현대인들에게 주입하여 가족과 교회를 파괴하고 도덕을 파괴한다"는 것을 알게 되었다. 주체사상 배후에 있는 막시즘(Marxism)의 실체를 알리기 위해 이 책을 쓰기로 결심하였다.

내가 오늘의 나로 성장할 수 있었던 것은 '중요한 타인들'(significant others)과 좋은 책들과의 만남 때문이었다. 나의 인성(사람됨)과 사상 형성에 영향을 미친 분들 가운데는 고 옥한흠 목사, 상담심리학자 게리 콜린스(Gary Collins), 교육학자 테드 워드(Ted Ward), 가정사역자 찰스 셀(Charles Sell), 인격의학의 주창자 폴 투르니에(Paul Tournier), 그리고 세계적인 강해설교자 마틴 로이드존스(Martin Lloyd-Jones)가 있다. 앞의 분들은 직접적 만남이었고 투르니에와 로이드 존스는 그분들의 책을 통한 간접적 만남이었다. 나는 창조주 하나님을 사랑하고, 가정을 사랑하고 교회를 사랑하며 나라를 사랑하는 지식인으로서 나라가 공산화되어 가는 것을 막아야 한다는 사명감으로 이 책을 쓴다.

100년 전 조선을 방문한 서양인들의 첫 인상은 '상상 외로 더럽다'였다. 미국인 선교사의 일기에 기록된 말이다. "서울 거리는 좁고 불결하며 오물이 널려 있다. 거대한 버섯단지 같은 나지막한 흙집이다. 길 양쪽에는 도저히 말로 할 수 없을 정도로 더러운 시궁창이 흘렀다. 사람들이 이런 환경에서 생존하고 있다는 것이 놀라울 따름이다."

19세기 말 외국 선교사들이 보았던 그 불결한 나라가 오늘날에는 상당히 깨끗한 나라로 발전했다. 물론 자연생태계는 깨끗해져 개인소득 3만 달러의 경제대국이 되었다. 그러나 사회현실은 어떠한가? OECD 37개 국가 중 국가행복도 35위, 자살률 1위, 30분에 한 명 자살하는 자살공화국, 15년째 '초저출산국', 안전불감증의 참사공화국, 비리와 사기 공화국, 그리고 갈수록 책을 (읽을 수 있는데도) 안 읽는 대한민국의 오명…. 대한민국 사람들의 독서량은 하루 30분, 연간 읽는 책 수는 10권이다. 반면 미국은 79권, 일본은 73권이다. 책을 많이 읽는 아이가 학력, 인성, 창의성이 뛰어나다. 그런데 우리나라는 아이 어른 할 것 없이 독서를 하지 않는다. 실질 문맹률이 이렇게 높으니 정치적 민도(民度)가 낮을 수밖에 없지 않은가!

내가 보기엔 지금 대다수 한국인은 '노예의 삶'을 살고 있다. 고정관념과 편견, 잘못된 사상(이념)과 가짜뉴스의 노예가 되어 있다.

그렇다면 우리는 어떻게 자유인이 될 수 있는가? "진리를 알지니 진리가 너희를 자유롭게 하리라"(요 8:32). 나의 생각, 감정, 태도, 행동, 욕망, 무의식까지 다시 분해하고, 체질하고, 점검하고, 재평가할 수 있어야 한다.

우리가 비판적 자유인으로 거듭나기 위해서는 책읽기가 필요하다. 여기서 문제가 발생한다. 한국인은 책을 잘 읽지 않기 때문이다. 한국의 실질 문맹률이 OECD 국가들 중 가장 높다는 것을 아는가. 실질 문맹률이란 사실상 독서를 하지 않는 비율을 뜻한다. 문맹은 아니지만 책을 거의 읽지 않기 때문에 사실상 문맹과 다르지 않은 상태를 말하는 것이다. 인식과 성찰이 사회문화로 자리 잡지 못한 공동체에서 소외를 극복하기는 불가능하다. 이 책은 수백 권의 책을 읽고 쓴 독서의 산물이다. "사람은 책을 만들고 책은 사람을 만든다. 사람은 문제를 만들고 책은 문제를 풀게 한다." 이 책을 읽는 독자 한 분 한 분이 우리나라가 직면하고 있는 문제의 해답을 찾을 수 있기 바란다.

신재민 전 기획재정부 사무관은 국채발행의 부당함을 폭로했고, 김태우 수사관은 청와대 핵심부에서 근무하며 조국의 비리를 직접 목격하고 나와 유재수 감찰무마 사연을 세상에 폭로하여 현 정권의 부도덕성을 세상에 알렸다. 강명도 교수는 북한 정권의 핵심부에서 활약하다가 귀순하여 북한 정권의 내부고발자로서 북조선의 실상을 우리에게 알려주고 있고, 태영호 공사는 북한의 고위직 외교관으로 탈북하여, 폭압정권의 실체를 우리에게 증언하며 이제 우리나라 입법 활동에 참여하는 국회의원으로 활약하고 있다.

나는 1947년 생으로, 우리나라가 1948년에 건국한 후 지금까지 70여 년 동안 대한민국의 역사를 몸과 마음으로 직접 경험하였다. 4·19 의거, 5·16 혁명, 6·29 선언, 88올림픽, 천안함 폭침, 박근혜 탄핵, 세월호 사건 등 대한민국이 겪은 희로애락을 독자와 함께 몸소 경험했다. 나는 한국근현대사를 살았던 자랑스러운 대한민국의 '내부고발자,' 역사의 산증인으로서 이 책을 쓴다.

나는 이 책에서 우리나라의 현대사를 해석하고, 현 정권의 정책과 행태를 해석(interpret)하려 한다. 좌편향, 우편향된 입장이 아닌 심판(referee)의 입장에서, 진보의 상대가치가 아닌 성경의 보수적 절대가치에 비추어 크리스천 심리학자의 입장에서 근현대사를 조명할 것이다. 나는 현 정권이 근 현대 역사를 왜곡하는 것을 보고 애국 우파의 입장에서 이를 바로 잡아야 한다는 마음의 강한 충동을 느꼈다. 대통령은 물론, 전교조가 '역사 비틀기'를 계속하고 있다. 따라서 해방 후부터의 역사를 배우기 위해 '이승만 학당'과 '자유역사포럼'에서 공부하며 해방 전후사에 대해 새로운 진실을 많이 배워 알게 되었다. 그 과정에서 지적 호기심이 발동하여 수십 권의 책을 읽으면서 우리 역사를 객관적으로 바라볼 수 있게 되었다. 지난 역사를 만들었던 여러 정권의 공(功)과 과(過)를 살필 수 있게 되었고 그 진실을 이 책에 담으려고 노력했다.

서울대 안병직 교수는 한때 386 운동권의 멘토로서 "자본주의 세상은 반드시 망한다"고 가르쳤다. 그러나 교환교수로 2년간 도쿄대를 다녀와 객관적 성찰을 거친 후에 생각이 180도 바뀌었다. 자본주의는 망하지 않고 번창할 것임을 깨달았다. 이때 그의 영향

아래 좌파에서 전향한 분들이 이영훈 전 서울대 교수와 김문수 전 경기도 지사 같은 분들이다.

역사의 실체적 진실은 망원경이나 현미경 중 어느 하나만으로는 정확하게 파악할 수 없다. 사안을 현미경으로만 보면 전체적인 구도를 놓치기 쉽고, 망원경으로 보면 세세한 디테일을 놓치게 된다. 필자는 이 책에서 우리 역사를 망원경을 통해 거시적 관점에서 평가할 것이다.

2017년에 집권한 주사파 정권은 과거와 현재의 역사를 친일과 반일의 프레임으로 해석하고 판단한다. 리영희, 백낙청, 조정래의 민족사관에 영향을 받은 전교조는 우리 근현대사에 중요한 역할을 했던 이승만, 김일성, 김구, 백선엽, 박정희, 김성수, 김원봉, 신영복 등의 사람됨과 공과를 친일, 반일의 프레임으로 왜곡, 평가한다. 무엇보다 이승만, 박정희 대통령의 업적을 폄하하고, 김성수, 백선엽 장군, 애국가 작곡가 안익태 등을 친일파로 매도하여 비하하고 있다. 아무리 좌편향 정권이라도 이것은 아니라는 판단을 하게 돼 의분을 느낀 나는 민족사관(民族史觀)이 아닌 자유사관(自由史觀)의 시각에서 바른 역사적 평가를 제시하기 위해 이 책을 쓰게 되었다.

우리 선조들은 1945년 해방이 오리라는 것을 전혀 예상치 않고 일제치하에서 각자의 신분상승을 위해 유학도 하고 일본 경찰도 하고, 일본군대에서 장교로 복무하기도 하였다. 그 당시에 친일을 하지 않고 어떻게 성공적 삶을 살 수 있었겠는가! 70~100년 전의 일을 지금의 잣대로 평가하는 것은 옳지 않다, 당신이라면 일제하에서 어떤 삶을 살았겠는가? 오히려 해방 후에 그분들이 국가를 위해 어떻게 애국적인 삶을 살았는가에 따라 그 생애를 평가하는 것이 올바른 접근이 아닌가!

나 자신의 생애를 평가할 때도 젊은 시절 8년간 이단 구원파에 충성하다가 회심하여 정통교회로 돌아와 정통신앙 안에서 하나님을 사랑하고 교회와 이웃을 섬기는 삶을 살았다. 필자의 삶을 친정통적 삶을 산 것으로 평가해야지 젊은 시절에 이단에 충성했던 사람이라고 단죄하는 것은 옳지 않다고 생각한다. 전반보다 후반을 어떻게 살았는가가 더 중요한 것 아닌가! 김성수, 김활란, 백선엽, 안익태, 박정희 등 지도자들의 생애를 평가하는 것도 같은 맥락과 원칙에 따라 이뤄져야 마땅하다고 본다.

6·25전쟁. 1950년 6월 25일 새벽 북한의 김일성은 남한을 공산화하기 위해 구소련의 스탈린의 승인과 중공의 모택동의 지원 아래 기습적 남침 전쟁을 감행했다. 북한의 남침에 의해 시작된 이 전쟁으로 인해 대한민국의 국민들과 국군들뿐만 아니라 미군 병사들을 포함하여 수많은 UN군 병사들이 희생되었다. 이런 참화를 촉발한 장본인은 북한의 김일성과 중국 공산당 그리고 소련 공산당이었다. 6·25전쟁은 북한 김일성 공산집단이 소련군과 중공군 등 공산국가의 지원 아래 남한을 공산화시키기 위해 일으킨 전쟁이었다. 이러한 공산침략전쟁에 맞서 미군 등 유엔 16개국이 참전하여 공산세력을 물리치고 자유민주주의 체제를 지킨 반공 자유민주주의 수호전쟁이었다.

6·25전쟁은 결국 공산주의 추종 국민과 자유민주주의 추종 국

민 간 죽이고 죽는 사상전이었다. 역사적 관점에서 볼 때, 이승만의 자유주의와 김일성의 공산주의 사이의 사상전은 한반도에서 지금도 계속되고 있다. 우리나라의 근현대사는 유신론적 기독교와 무신론적 공산주의, 창조론과 진화론, 자유민주주의와 사회주의가 격돌한 이념적 대립의 기록이다.

나는 우리나라 역사를 살아온 하나의 사회과학자(종교심리학자)로서 우리의 근현대 역사 속에서 중요한 역할을 담당했던 이승만, 김구, 안창호, 김규식, 조만식, 조봉암, 신익희, 조병옥, 송진우, 여운형, 박헌영, 박정희, 전두환, 김영삼, 김대중, 노무현, 이명박, 박근혜 등의 사람됨이나 업적을 친일, 반일의 시각으로 보기보다는 반공, 친공의 잣대로 평가해야 마땅하다고 생각한다. 100년 전의 선조들의 삶을 오늘의 관점에서 친일, 반일로 판단하는 것은 옳지 않다(irrelevant)고 생각한다. 교육의 정치적 중립은 검찰의 정치적 중립 못지않게 중요하다. 교육이 정치의 눈치를 보고 정치 지배하의 교육을 한다면 기울어진 운동장으로서 현재의 대한민국은 어디서 희망을 찾을 수 있는가? 우리나라에서 역사 교육은 단순한 교육적 과제가 아니라 하나의 이념 전쟁이다.

대한민국의 역사는 인민공화국을 세우자는 세력과 자유 대한민국을 세우자는 세력과의 투쟁으로 시작되었다. 제2차 세계대전 후 세계체제를 자유민주주의와 공산주의 혹은 전체주의 간의 대립 및 대치관계로 접근하는 것은 매우 중요하다.

대한민국은 UN이 인정한 한반도의 유일한 합법정부다. 대한민국은 세계 최악의 빈곤국에서 10위권의 경제대국으로 성장한 세계사적 성공국가다. 그러나 좌편향된 문재인 좌파정부는 교과서에서 한국의 유일 합법 정부 지위와 북한의 각종 도발, 인권실태를 서술내용에서 삭제하였다. 현행 중고교 교과서들은 대한민국의 건국에 대해 부정적 서술로 일관하고 나아가 대한민국의 건국과 정통성마저 부정하고 있다. 김일성은 반일 독립운동가로 부각시키고, 이승만은 민족분단의 원흉으로 폄훼하고 있다.

박근혜 전 대통령은 최순실 등과 엮여 탄핵을 당해 4년째 감옥에 있다. 청와대의 울산 선거 공작은 그 자체로 대통령이 탄핵될 수도 있는 사건이다.

'똥 묻은 개가 겨 묻은 개 나무란다'는 말이 있다. 전 정권의 적폐를 청산한다고 했는데, 문 정권은 그 몇 배의 적폐를 쌓아가고 있다. '울산시장 선거 공작 의혹'과 '유재수 사건' '라임-옵티머스' '월성1호기 폐쇄를 위한 경제성 평가조작' '정권비리 수사 검사들에 대한 인사학살' 등도 국정농단의 해악을 따지자면 결코 그 무게가 가볍지 않다. 지금 많은 국민은 문 대통령에게 '문 정권의 국정농단은 박근혜와 얼마나 다르냐'고 묻고 있다.

탈북동포들의 소원. 지난 20년간 황장엽, 안찬일, 고영환, 강명도, 박상학, 정성산, 강철환, 이애란 등 35,000명이 넘는 탈북민들이 자유를 찾아 목숨을 걸고 월남 귀순하였다. 이들 중에는 박사, 외교관, 예술인, 의사, 기업인, 꽃제비, 수용소 정치범, 무역일꾼, 상인 등 다양한 계층이 있다. 휴전선에서 근무하다 방송을 듣고, 황해도 바다에서 고기 잡다 남한 방송을 듣고 6·25가 북침이 아니라 남침이라는 것을 알게 되어, 독일 유학 중에 동독이 붕괴되어 서독에 흡수 통합되는 것을 보고, 남한 방송을 듣고 전방에 떨어진 전단지를 읽고 중국을 거쳐 또는 휴전선을 넘어 "하루를 살아도 사람답게 살고 싶다며 자유를 찾아 왔다"고 입을 모은다.

탈북민들에게는 자기가 나서 자란 정든 고향을 떠나온 공통점이 있다. 그것은 북한 사회에 자유가 없다는 것, 굶주림과 추위가 일상이라는 것, 미래에 대한 꿈과 희망이 전무하다는 것 등이다. 지난 70여 년 노동당 독재정권이 낳은 비참한 현실이다. 평생 동안 집요하게 강요받는 당국의 혹독한 사상학습과 정신교육, 1년에 쌀밥 한 그릇도 못 먹는 가난한 삶에서 벗어나고 싶은 강인한 욕망이 있었다. 하루를 살아도 사람답게 살고픈 절박한 염원이 있었다(림일, 2019).

미개한 북한은 말 한마디에 사람이 죽고 사는 사회이다. 당과 수령을 비판하거나 그걸 들어도 '반동분자'가 되어 하룻밤 새 감옥에 끌려갈 수 있다(김흥광). 봉건사회나 다름없는 북한사회는 빈부격차도 심하지만 철저한 계급사회이다. 부모가 간부이면 자식도 자동적으로 간부가 되며 노동자, 농민의 자식은 대대로 가난하게 산다. 그러나 계급을 떠나서 똑같은 공통점은 바로 '자유가 없다'는 것이다.

북한 당국이 요란하게 선전하는 '인민의 지상낙원'에서 존엄 높은 김일성 민족의 인민들이 너무도 춥고 배가 고파서 매년 1,000명씩 '헐벗고 굶주리는 남조선'으로 찾아오는 실정이다. 지뢰가 매설된 휴전선을 넘어오는 인민군 장병들, 풍랑 사나운 바닷길을 헤엄쳐오는 일가족들, 대륙을 횡단하여 동남아 정글을 지나 한국으로 오는 북한주민들이다. 영하 50도의 시베리아 벌목현장, 중동의 건설현장에서 북한주민들이 남한으로 탈북귀순하고 있다. 대한민국에 입국한 3만 5천 명 탈북민 중 약 90%가 압록강, 두만강을 건너 북한을 탈출했고 10%가 해외공관이나 군사분계선, 동서해 바다를 통해 남한에 입국했다. 북한에서 당국의 가짜 뉴스로 평생 속았음을 알고 가슴 치며 통탄하는 탈북민들이다. 세계 10위권의 경제부국, 자유민주국가인 남한을 '저주로운 인간 생지옥'으로 잘못 알았으니 말이다. 노예국가 북한에 사는 동포들에게 전단과 방송 등을 통해 바른 정보를 제공하는 것은 그들에 대한 구체적 사랑의 행위이다. 그들은 진실을 바로 알 권리가 있다.

"21세기 가장 원시적인 사회인 북한에서 나는 공교롭게도 남한에서 날려 보낸 대북전단(삐라) 덕에 사상을 바꾸었다. 북한주민의 사상을 바꾸어주는 가장 분명한 방법이 전단이다. 김일성 종교에 광신도가 된 2천만 동포들에게 자유와 민주주의 사상을 넣어주어야 한다"(이민복, 2019).

"바다에서 어로 작업도중 이어폰을 귀에 꼽고 소형라디오로 남한방송을 몰래 청취하였다. '아, 우리는 철창 속에 갇혀 바보로 사는구나!' 하는 생각이 불쑥 들었다"(박명호, 2019).

대북전단을 읽고 사상적 변화를 경험한 사람이 한둘이 아니다. 전단(삐라)은 북한 동포들로 하여금 '생지옥'과 같은 현실에 눈을 뜨게 하고 '천국'과 같은 남한을 바라보게 하는 촉매제 역할을 한다. 자유북한운동연합 박상학 대표는 "정부는 내가 대북전단을 보내는 것을 돕지는 못할망정 제발 방해하지 말았으면 좋겠다"고 호소한다.

북한 꽃제비 출신 국회의원 지성호(2019)는 말한다: "문재인 대통령은 인권변호사 출신이다. 민주국가는 다수결 원칙의 사회이다. 북한에서 구둣발에 짓밟힌 100% 주민의 인권과 배고픔과 추위에 떠는 60% 주민들, 극심한 영양실조에 허덕이는 40% 어린이들은 왜 군이 보호하지 않는지 안타깝다. 그들은 민족이고 동포이기 전에 우리와 똑같은 사람이다. 자기들 민주화 투쟁은 소중하다고 인식하면서 왜 북한 민주화 투쟁에는 냉소적인지 의문이다."

'알 권리'와 '표현의 자유'는 인간의 기본적 권리다. 표현의 자유가 없으면 알 권리를 누릴 수 없다. 알 권리가 없이는 진정한 민주주의가 불가능하다. 북한 주민의 알 권리를 빼앗아서는 안 된다. 북한에 전단뿐 아니라 외부 정보를 담은 물품을 보낼 경우 처벌할 수 있게 한 이 법 때문에 한국은 북한의 인권상황을 외면하고 표현의 자유를 억압하는 나라라는 낙인이 찍힐 판이다. 이런 의미에서 북 주민의 알 권리를 봉쇄하고 국민의 표현의 자유를 제한하는 대북전단금지법은 국제적 규범에도 어긋나는 반민족적, 반인권적 법이다. 반기문 전 유엔사무총장은 이에 대해 "북한의 요구에 굴복한 반인권법이라는 국제사회의 비난을 자초하고 있다. 인권은 인류 보편의 가치이다. 세계를 상대로 인권 보호와 신장을 위해 진력했던 저로서는 정작 우리나라가 인권문제로 인해 국내외의 비판을 받는 현실에 참담함을 금할 수 없다. 합당한 후속 조치로 바로잡아야 한다"고 했다.

상담심리학자가 나라를 앞에 두고 던지는 질문은 세 가지다. 우리나라의 정체는 무엇인가? 우리나라가 직면하고 있는 문제 상황

(problem situation)은 무엇인가? 우리나라는 어디로 가야 하나? 나는 하나의 상담심리학자로서 애국시민을 대표하여 이 질문에 답을 찾아보려고 한다. 상담학자는 늘 내담자가 어떤 측면에서 비정상적인가(abnormal)를 진단하고 그를 정상화하려는 데 관심을 갖는다. 나는 이 책에서 현 정권이 어떤 측면에서 정상적 규범을 이탈하고 있는가를 진단한 후에, 나라를 정상화하기 위한 청사진을 제시하려고 노력하였다.

나는 자유민주주의냐, 사회주의냐? 사상적 혼란에 빠져 있는 대한민국 국민들에게, 책이 사람의 의식을 변화시킬 수 있다고 믿고, 역사적 진실을 알려야 한다는 사명감으로 우리나라가 처해 있는 영적, 정치적, 사회적, 교육적 현실에 대해 진실을 담은 전단지를 독자들에게 띄워 보내는 심정으로 이 책을 쓰고 있다. 나는 남남갈등이라는 사상전이 벌어지는 현실에서 창과 칼로 싸우는 대신 말과 글로 싸우는 쪽을 택한 것이다. 독자 한 분 한 분이 이 책을 읽고 역사와 현실을 보는 시각의 전환이 이뤄져 "마음을 새롭게 함으로 변화를 받게"(롬 12:2) 되기를 바라마지 않는다. 끝으로 주사파 정권의 역사왜곡을 바로잡는 데 뜻을 같이해 기꺼이 출판에 응해주신 권선복 사장님과 추천사로 저의 애국운동에 힘을 실어주신 여러분께 감사드리며 교정교열을 도와주신 최도영 국장님에게 거듭 감사를 표합니다.

2021년 6월 30일

사이비종교피해대책연맹 총재, 가족관계연구소장,

전 침례신학대학교·한동대학교 교수 **정동섭**(Ph.D.)

정동섭 교수는 이 책에서 이 모든 문제의 원인이 문재인을 비롯한 주사파 운동권 세력의 종북주체사상, 무지와 무능, 습관적 거짓말에 있다고 진단하고 있다. 애국시민이라면 반드시 읽어봐야 할 책이라 믿어 적극 추천하는 바이다. - 김문수(운동권 출신, 경기도 전 지사)

이 책은 문재인 정부에 대한 고발서이다. 무엇보다 현 집권세력의 배경이 되는 그 사상적 근원에 대해 검토하며, 주체사상의 종교성이 어떻게 우리에게 영향을 주고 있는지를 잘 보여준다. 이 책은 사상의 전쟁을 해야만 하는 현실 속에서 이 전쟁의 본질이 무엇인지, 우리가 어떻게 싸워야 하는지에 대해 깊은 통찰력을 준다. - 김철홍 교수(Ph.D. 장로회신학대학교, 한국복음주의신약학회 전 회장)

이 책은 우리 시대 현실에 대한 정확한 진단이자 우리가 싸워야 할 불의한 세력이 무엇인가를 보여주는 예언자적인 기록이다. 사이비종교와 싸웠던 그는 지금 주체사상이라는 사이비 종교가 우리나라에 어떤 영향을 미치고 있는가 그 실상을 보여주고 있다. 나라를 사랑하는 모든 이들에게 일독을 권한다. - 김승진 목사(Ph.D. 한국침례신학대학교 교회사/역사신학 명예교수, 침례교역사신학회 전 회장)

선장이 자유대한민국호의 진로를 바꾸었다. 자유민주주의와 헌법을 수호해야 할 대통령이 시진핑의 중국몽을 따르겠다고 선언하였다. 이것은 역적이 되어 대한민국을 궤멸시키겠다고 말한 것과 같다. 정동섭 박사가 나라의 공산화를 막는 전신갑주와 방패같은 대안을 한 권의 책으로 내놓았다. 좌파든 우파든 중도든 대한민국 정체성을 지키려는 분이라면 본서를 필독하기를 강권한다 - 김대응 목사(사우스웨스턴 침례신학대학원, D.min)(한국침례교회 역사연구회 회장, 예수항기교회 담임목사)

정동섭 교수님은 내가 아는 가장 의협심이 강한 의인들 중 한 분이다. 그는 '그리스도인이라면 국부 이승만처럼 순교의 각오로 좌파정권에 대항해 싸워야 한다'고 피를 토하듯 말한다. 이 책은 주사파 정권의 서슬이 시퍼런 이러한 때에, 순교의 각오가 없이는 감히 쓸 수 없는 피로 쓴 책이다. 일반인뿐 아니라 전 세계의 한국교회들이 반드시 소장하고 우리와 우리의 후손들이 필독해야 할 책이다. - 김홍기 목사(Ph.D., D.Min. 캐나다 밴쿠버 필그림교회 담임목사, Christ Lives 대표)

이 책은 대한민국을 쥐락펴락하는 주사파들의 문제점과 그들이 신봉하는 주체사상의 모순들을 가차 없이 고발하고 있다. 그는 '평등'을 앞세운 공산주의의 모순을 이승만의 언어로 통렬하게 지적한다. 그러면서 '주체사상'이라는 기치 아래 북한에서 자행되어온 반인권적 폐해들을 증거로 제시한다. 특히, 하나님을 믿는 신앙인들을 향해서는 무신론적 주체사상과 유신론적 기독교 간 상충이 불가피하다는 사실, 다시 말해 종교란 저들에게 있어 '박멸 대상'일 뿐이라는 사실을 망각하지 말라고 경고하고 있다. 대한민국의 뿌리와 역사를 제대로 배울 기회가 없었던 많은 젊은이들이 이 책을 읽을수록 대한민국의 장래는 밝아질 것이다.

- 김태우(Ph.D. 전 통일연구원장, 전 한국국방연구원 책임연구위원)

이 책은 위기국면에서 애국시민이 어떻게 회복탄력성을 발휘해 자유민주주의를 회복할 수 있는지를 안내하고 있다. 애국 지식인이 국민에게 보내는 전단지와 같은 책이다. 나라의 정체를 사회주의로부터 지키기를 원하는 모든 분들에게 일독을 권한다. - 강명도(Ph.D. 전 경기대 교수, 『내가 본 남과 북 이제는 말할 수 있다』의 저자)

정동섭 교수는 상담심리학자이면서 이단을 파헤치는 종교심리학자이기도 하다. 그는 사회과학적 안목으로 현재 우리나라의 좌파 우파의 갈라진 갈등상황을 예리하게 분석해주고 있다. 좌파 우파의 이데올로기 사이에서 어디로 가야할 바를 모르는 독자들에게 등대와 나침판 같은 역할을 해줄 귀한 책이라 생각된다. - 고병인(D.Min, 전 한세대학교 상담학 교수, 한국기독교상담심리치료학회 증경 회장)

이 책의 저자 정동섭 교수는 2014년에 발생한 세월호 사건의 배후 유병언과 구원파의 실체를 내부고발자의 입장에서 증언했던 분이다. 한 명의 사회과학자(종교심리학자)로서 주체사상이라는 사이비종교가 주사파 정권이 이끄는 우리나라의 안보, 경제, 외교, 교육 등 사회 현상 전반에 어떤 영향을 미치고 있는지를 예리하게 분석하고 있다. 우리나라가 왜 사회주의, 공산주의로 가는 대신에 자유민주주의체제를 지켜야 하는지를 감동적으로 설득하고 있다. 이 책이 현 시국에 대한 독자의 올바른 상황판단에 도움을 주리라 믿어 기쁨으로 일독을 권한다. - 공병호(Ph.D. 공병호 연구소 소장, 공병호TV 대표)

우리는 한 번도 경험해 보지 못한 정권 아래에서 불통과 남 탓을 일삼는 희대의 사이비정권 아래 살고 있다. 이 책은 심리학자요 사이비종교 전문가로서 구원파 집단의 정체를 밝혀 한국사회에 충격과 경종을 울린 정동섭 교수님께서 문재인 정권의 정체와 본질을 심혈을 기울여 과감히 폭로한 작품이다. 나라의 장래를 걱정하는 모든 분들께 읽어보라고 '용

기' 있게 추천하는 바이다. - **문재명**(Magister Theologie, 역사학자)

정동섭 박사님은 오래 동안 이단과 싸우며, 참된 진리를 찾고자 노력했던 분이다. 이런 그가 현재 대한민국을 덮고 있는 잘못된 이념과 역사를 보며, 이것을 바로 잡기 위해서 노력하고 있다. 정 박사님의 이 책은 대한민국의 가장 근본적인 문제를 다시 한번 생각하게 만드는 필독서이다. - **박명수**(Ph.D. 현대기독교역사연구소 소장, 서울신학대학교 교회사 명예교수)

사이비종교와 싸웠던 정동섭 교수는 지금 주체사상이라는 사이비 종교가 우리나라에 어떤 영향을 미치고 있는가 그 실상을 보여주고 있다. 이 책은 우리가 지켜야 할 가치가 무엇인가를 선명하게 보여주고 있다. 나라를 사랑하는 모든 이들에게 일독을 권한다. - **이상규**(Ph.D. 고신대학교 명예교수, 역사학자, 백석대학교 석좌교수)

정동섭 교수께서는 현 주사파 정권이 역사를 왜곡하고 종교를 핍박하며 대한민국 헌정질서를 무너뜨리는 것을 걱정하여 이 시대 국민과 종교인들의 지침서가 될 『우리 조국 대한민국을 위한 새로운 청사진』를 집필해 주셨다. 세속화 좌경화 되어가는 천주교 개혁을 위해 노력하고 있는 저에게는 개혁하는 데 지침서가 될 것 같다. 좌익정권하에서 사상적 혼란을 겪고 있는 국민들과 종교인들에게 필독을 권하고 싶다. - **이계성 시몬**(대한민국천주교인모임 대표)

정동섭 교수는 종교심리학자로서 왜 우리가 사회주의가 아닌 자유민주주의 체제로 돌아가야 하는지를 설득하고 있다. 나라의 안보를 불모지로 몰고 가고 있는 좌파의 방향에 불안해하고 있는 애국동포 모두에게 권하고픈 책이다. - **이춘근**(Ph.D. 국제정치학자, 국제정치아카데미 대표)

경제전문가 강성진 교수는 사회주의 경제가 10이면 문재인 정부는 7~8에 와 있다고 진단했다. 현 정부는 계급투쟁론에 따라 反기업, 親노동 정책을 씀으로 경제, 안보, 교육 등 거의 모든 분야를 하향 평준화시키고 있다. 심리학자 정동섭 교수는 우리나라 근현대사를 객관적으로 평가한 후에 왜 대한민국이 친북, 친중 노선을 버리고, 친미, 친일로 동맹을 강화해야 하는지, 왜 사회주의로 가면 안 되는지, 왜 자유민주주의 정체를 회복해야 하는지 알기 쉽게 설득하고 있다. 나라의 장래에 관심이 있는 모든 분들에게 일독을 권한다. - 이봉규(Ph.D. 정치학 박사, 이봉규 TV 대표)

박헌영의 후예라 할 수 있는 문재인 주사파 586운동권과 자유우파 사이에 치열한 싸움이 건국 70여 년 만에 재연되고 있다. 종북 주사파 정당은 5·18 역사왜곡금지법과 대북전단살포금지법 등 망국적인 법을 만들어 대한민국을 종교의 자유를 저해하고 교회를 탄압하는 사회주의 국가로 만들고 있다. 우리는 현실을 제대로 인식해야 주사파 정권에 대응하고 자유민주주의 체제를 지켜낼 수 있다. 코로나19를 핑계로 교회를 핍박하는 현 정권의 생리를 파악하여 창조적으로 애국하기를 원하는 이들에게 이 국민계몽서의 일독을 적극 추천한다. - 안희환 목사(예수비전성결교회, 안희환 TV 대표)

1948년 8월 15일에 이승만 초대 대통령은 자유민주주의와 자본주의 시장경제와 한미동맹과 기독교입국론에 입각한 비전을 가지고 이 나라를 건국했다. 이 책의 저자이신 정동섭 박사님은 최근 들어 이러한 국가의 이념적 기초가 심각하게 흔들리고 있는 대한민국을 대면하면서, 피끓는 공의로운 '내부고발자'의 심정을 가지고 현 세태를 비판하고 고발하고 있다. 민주공화국 대한민국의 무궁한 발전과 자유국가로의 통일을 염원하는 모든 분들께 이 책을 기꺼이 추천하며 일독을 권한다. - 오승철

목사(수원새벽이슬교회 담임, 자유역사포럼 대표)

문재인 대통령은 2017년 취임식에서 30가지가 넘는 약속을 했다. 특권과 반칙이 없는 사회를 만들겠다고 했는데 우리 국민은 문재인 대통령의 4년이 특권과 반칙의 연속이었음을 기억하고 있다. 이 책의 저자 심리학자 정동섭 박사는 유병언이 종교를 빙자한 상습사기범이라면, 문재인 대통령은 '정치를 빙자한 상습사기범'이라 불러도 좋을 만큼 거짓말을 많이 했다고 평가하고 있다. 우리나라를 자랑스러운 자유민주국가로 회복시키는 데 관심이 있는 애국시민 모두에게 이 책을 추천해 마지 않는다. - 신혜식 대표(신의 한수 대표, 신튜브 대표)

나는 북한에서 33년을 생활하고 남한에서 24년을 생활했다. 대한민국이 김씨 왕조의 사주를 받고 김씨 왕조가 주장하는 주체사상을 대한민국에 끌어들이는 자들에 의해 대한민국을 멸망의 길로 끌고 가고 있다. 그러나 대다수의 대한민국 국민들은 침몰하는 대한민국을 인지하지 못하고 있다. 그런데 침몰하는 대한민국의 위험을 알리는 경고를 담은 책이 발간되었다. 나는 이 책을 읽으며 정동섭 교수님의 시대를 헤아리는 지성에 감탄하게 되었고 무너져가는 조국 대한민국을 껴안고 몸부림치는 애국심에 진한 감동을 받았다. 많은 분들이 시대의 지성이자 애국자이신 정동섭 교수님의 이 책을 접하고 주체사상의 허구와 사악성에 대해 깨닫기를 바란다. 무너지는 대한민국을 구해낼 지침서로 적극 추천한다. - 이애란(Ph,D. 사단법인 자유통일문화원 원장, 자유통일 미디어 대표)

부자나라 대한민국이 가난한 나라의 사상에 오염되어 갈피를 잡지 못하고 허덕이고 있다. 이 책은 남과 북을 위해 검증된 해결책을 제시한다. 대한민국의 앞날을 책임지겠다고 나선 여야 대통령 후보들이 읽어

보아야 할 책이다. - 장기표(신문명정책연구원장)

  나는 현 남한 집권 세력의 종말의 때가 정말 가까이 오고 있음을 믿음
의 눈으로 찐하게 인지하고 있다. 작금 현 정권의 거의 모든 부처들, 각
공기관마다 망가질 대로 망가져 더 이상 희생 불가능의 상태로 치닫는
망국의 전조 현상을 여실히 드러내고 있음을 본다. 이 책을 통해서 우리
조국 대한민국 온 국민들 각자가 새로운 국가관과 세계관으로 재정립 무
장하고 올바른 역사의식으로 세계 앞에 다시 우뚝 서는 자유 민주주의
조국 대한민국 건강한 모습의 그날이 하루 빨리 오길 갈망하며 이 책의
일독을 강력 추천한다. - 정번헌(캐나다 국립철도청 본청 근무, 캐나다 CMA 파송선교사)

  이 책은 이미 주류세력으로 등극한 좌파들의 내면에 무엇이 자리 잡
고 있는지 그 사회심리적 배경을 명쾌하게 정리해 준다. 그리고 나라가
바로 서려면 단순한 정치투쟁이 아니라 영적 전쟁을 해야 한다는 사실
을 이 책은 깨닫게 해준다. 읽어보라. 가슴이 뜨거워질 것이다. 그리고
이 시점에서 우리가 무엇을 해야 할 것인지 알게 해줄 것이다. - 추부길
(Why Times 발행인 겸 편집인)

  주체사상이라는 사교(邪敎) 전체주의 이념은 이제 북한뿐 아니라 대한
민국마저 인질로 잡아 망국으로 이끌고 있다. 이 책은 주체사상의 바로
그 종교성과 심리학을 적나라하게 파헤쳐 우리 모두를 흔들어 깨우는
국민계몽서이다. 애국시민에게 권하고픈 긴급 필독서이다. - 조평세(Ph.D.
북한학 박사, 트루스포럼(Truth Forum) 연구위원)

  우리는 정체감(sense of identity)대로 행동한다. 문재인의 정체는 무엇인
가? 공산주의자이며 반인권변호사이다. 문재인은 종북 주사파답게 자신

24

이 북한 태생의 공산당간부의 아들이라는 출신 배경을 속이고 있다. 게다가 취임사에서 했던 약속을 모조리 어기고 있다. 친미를 강화하겠다고 선언하고 친중, 반미 정책을 추구하고 있다. 긍정심리학자인 저자는 이 책에서 우리국민들이 지혜를 모아 좌파 정당을 밀어내고 자랑스런 대한민국으로 회복시킬 수 있는 대안을 제시하고 있다. 나라의 앞날을 걱정하는 모든 이들에게 일독을 권한다. - 조우석(문화평론가, 전 KBS 이사)

차례

1장

해방공간에서의
우리의
정체성 혼란기

해방공간에서의
우리의 정체성 혼란기

"회오리 바람이 지나가면 악인은 없어져도
의인은 영원한 기초 같으니라"(잠 10: 25).

"위대한 역사는 거저 이루어지지 않는다.
피와 눈물과 그 꿈을 향한 뼈를 깎는 희생이 필요하다."

우리는 건국, 산업화, 민주화라는 70년 근대화를 이루었으나 여전히 통일혁명이라는 미완의 과제를 남겨둔 상황에서 작금의 국가적 위기에 처해있다.. 우리는 지금 어디 서 있으며 어디로 가고 있는가? 이 질문에 답을 찾기 위해서 먼저 우리의 근현대사를 되돌아보기로 한다.

우리나라의 근현대사는 1945-1948년까지의 일제 식민지로부터의 해방공간, 건국의 시기, 산업화의 시기, 그리고 민주화의 시기로 나누어서 평가해 볼 수 있을 것이다(구해우, 2019). 근현대사에 대한 바른 이해는 오늘을 살고 있는 우리는 물론, 우리 자녀들 세대에게 매우 중요하다.

"지금 우리나라에서 가장 중요한 사회적 과제 중의 하나가 반

(反)대한민국적으로 심히 편향된 역사교육을 바로잡는 것이다." 서울대 이인호 명예교수의 말이다. 지금의 주사파 정권은 특별히 근현대사를 민족사관으로 비틀어 자라나는 학생들에게 가르치고 있다. 예를 들어, 현행 좌편향 교과서는 우리의 '위대한 건국 대통령, 영웅적 항일 투사 이승만'을 '친일 독재자, 미국의 꼭두각시'라고 소개한다. 유엔에게 공인받은 자랑스러운 대한민국을 '태어나지 말았어야 할 부끄러운 나라'로 각인시킨다.

하나님은 역사의 주인이시며, 또한 역사는 성경과 더불어 하나님의 뜻을 드러내는 가장 중요한 계시의 매체다. 하나님은 역사의 주인이시다. 역사는 바른 역사의식을 갖고 살아가는 사람들에 의해 형성되었으며 왜곡된 역사는 교정되어 왔다(양승훈, 2001). 나는 이와 같은 엄중한 역사의식을 갖고 이 책을 쓴다. 거짓되고 비뚤어진 역사와 주요 인물에 대한 선입견과 편견 및 고정관념은 충분하고 지속적인 진실과의 만남을 통해 바뀔 수 있다. 나는 독자가 올바른 정보를 만나 눈에 낀 비늘이 벗겨지는 기쁨을 맛보기를 바란다.

대한민국의 역사는 조선인민공화국을 세운 세력과 대한민국을 세운 세력과의 투쟁의 역사이다. 세계 2차 대전 이후 세계 체제를 자유민주주의와 공산주의 또는 전체주의 간의 대립 및 대치관계로 접근하는 것은 매우 중요한 문제다. 역사교육의 가장 중요한 목표는 학생들이 국가와 체제에 대한 긍정적인 생각과 애국심을 갖도록 유도하는 것이다. 그러나 현행 검인정 교과서는 교학사를 제외한 7종 모두 다양성을 찾아보기 힘들다. 하나같이 친북 반국가적으로 좌편향 획일화되어 있다.

좌편향 교과서들은 20세기의 역사를 근본적으로 왜곡 내지는 곡해하고 있다. 20세기는 자유민주주의라는 이념이 공산주의 또는 전체주의적 이념과 힘들게 투쟁하면서 성장하는 시기였다. 자유민주주의는 세계대전 이후 이상적인 정치체제로 간주되었으나 이에 도전하는 세력 역시 강하게 성장하였다. 한편에서는 파시즘이, 다른 한편에서는 공산주의가 자유민주주의 체제를 공격하면서 세력을 확장하려고 했다.

필자가 판단하기에는 1945년 해방 이후 우리나라에서 소련 스탈린의 지시에 따른 김일성의 인민공화국과 미국에서 최고의 교육을 받은 국제정치학자 이승만이 세운 자유민주주의 체제 간에 있었던 이념전쟁이 현재 재연되고 있다. 이 자유민주주의와 공산주의와의 싸움은 레이건 대통령 시절에는 미국과 소련 간에 치열하게 전개되었고, 현재는 트럼프의 기독교 보수주의와 시진핑의 중국 공산주의 사이에 전개되고 있다.

역사교육이 논란이 된 배경에는 두 가지 이념대립의 싸움이 엄연히 존재한다. 두 대립되는 이념적 패러다임은 광복 후 대한민국 수립 때부터도 있었으며 이렇게 세월이 지난 시점에도 계속되고 있다. 이 두 가지는 자유민주주의(자본주의 자유시장경제) 대 사회주의적(계획경제) 국가관으로 크게 구별된다. 더 나아가서는 이념이 중요한가, 민족이 중요한가의 대립적 구도를 보인다. 외교적으로는 자유진영을 대표하는 미국과의 동맹이 중요하냐 아니면 친중 외교를 중시하느냐의 대립이다. 역사관에 한정해 보면, 대한민국을 자랑스러운 나라로 평가하는 기조에서 역사를 바라보느냐 아니면 대한민국을 태어나서는 안 될 나라였고 분단의 원흉이라는 해석을 가진 북한의 주장에 공감하는 역사의식이냐로 구별된다.

사회주의적 이념의 핵심이 바로 계급투쟁설인데, 국가보다 계급을 우선시한다. 그리고 역사의 발전을 계급투쟁의 결과로 본다. 국가를 지배계급의 도구로 간주한다. 좌파는 노동자, 농민, 민중 같은 특정 계급이 세상의 주인 되어야 한다고 생각한다. 그러나 이는 대한민국 헌법에 위배된다. 자유대한민국은 자본가, 지식인, 중산층, 농민, 노동자를 모두 우선시한다. 따라서 좌파적 관점에서 쓰인 교과서들은 이승만, 박정희, 군인, 기업인들보다 노동자, 농민들을 우대한다.

70여 년 간의 체제 전쟁은 남한의 자유민주주의가 북한의 인민민주주의에 압승했음을 입증하고 있다. 정치와 경제 두 축 모두 우리처럼 빠른 시간에 성공시킨 국가는 세계에서도 유례를 찾기가 어렵다. 산업화 없이 민주화를 이루기는 어렵다. 식민지에서 해방된 나라 가운데 민주화와 산업화에 모두 성공한 나라가 어디에 있는가!

북한은 세계 최악의 인권탄압 전체주의 국가이다. 시대는 북한이 대한민국처럼 민주화되어야 함을 요구하고 있다. 적화통일은 김정은과 김일성 주사파가 원하는 것이지, 대한민국 국민들이 원하는 것이 아니다. 올바른 역사교육을 통해 자라나는 세대들이 자유 대한민국에 대해 긍정적 자부심과 애국심을 갖고 통일에 대비할 수 있게 도와주어야 한다. 그렇게 하려면 우선적으로 공산주의의 실체를 알려주는 의식화가 필요하다.

공산주의에 대해 제대로 알아야 한다

우리나라에는 우리 민족이 일본 제국주의로부터 해방된 1945년 8월 15일부터 1948년 8월 15일 대한민국 건국, 그 후 1950년 북한의 6·25 남침까지 이 나라에서 발생했던 중요한 정치적 사건들에 대해 진실과 다른 왜곡된 서술들이 매우 널리 퍼져있다. 2017년 주사파 운동권 세력이 집권한 이후 역사 왜곡은 더욱 노골화되고 있다. 이승만 박사가 세운 대한민국은 "태어나지 말았어야 할 나라"라는 판단에서부터 이승만, 박정희를 국립묘지에서 파묘해야 한다는 말까지 나오고 있다. "국민 영웅 백선엽 장군은 친일행적이 있기 때문에 국립묘지에 안장되어서는 안 된다. 이승만보다 민족주의자 김구 선생이 국부로 대우받아야 한다." 5·18은 폭동이 아닌 민주화운동이기 때문에 이를 왜곡하면 처벌한다는 특별법까지 제정되었다.

우리 민족사에서 공산주의의 위험성을 제일 먼저 간파한 분은 미국에서 국제정치학을 연구하고 돌아온 이승만 박사였다. 그는 누구보다 빨리 공산주의의 모순을 분석하고 그 종말을 예언한 선지자였다. 그는 하와이에서 1923년에 발간한 '태평양잡지'에 기고한 〈공산당의 당부당(當不當)〉이라는 글에서 공산주의의 장단점을 다음과 같이 진술한 적이 있다(김재헌, 2020).

"공산당주의가 이 20세기에 나라마다 사회마다 아니 전파된 곳이 없다. 혹은 공산당이라 사회당이라 하는 명목으로 극렬하게 활동하기도 하며, 혹은 자유권 평등권의 명의로 부지중 전염되기도 하여, 전제 압박하는 나라에나, 공화 자유하는 백성이나 그 풍조의 촉감을 받지 않은 자가 없도다. 공산당 중에도 여러 부분이 있어서 그 의사가 다소간 서로 같지 아니하나, 보통 공산당을 합하여 의론하건대, 그 주의가 오늘 인류사회에 합당한 것도 있고 합당치 않은 것도 있으므로, 이 두 가지를 비교하여 이 글의 제목을 '당 부당'이라 하였나니, 그 합당한 것 몇 가지를 말하자면 다음과 같다:

- 재산을 나누어 가지자 한다.
- 자본가를 없애려고 한다.
- 지식계급을 없애려고 한다.
- 종교단체를 혁파하려고 한다.
- 정부도 없고 군사도 없으며 국가사상도 다 없애고자 한다.

(마치 문재인 정권이 추진해 온 정책 방향을 말하는 것 같지 않은가!)

이승만 박사는 공산주의 사회의 전체적인 요점은 마르크스의 가르침대로 (1) 가정을 파괴하고, (2) 사유재산을 파괴하며, (3) 종교(기독교)를 파괴하고, (4) 국가를 파괴하는 목표를 실행하는 것임을 간파하고 있었던 것이다(론 폴 외, 2020). 20세기 최고의 문명을 꽃피워낸 미국에서 수십 년 생활한 이승만 대통령이 건국을 추진한 과정에서 근본적인 철학으로 작용한 것은 '미국적 기독교 실용주의'라고 할 수 있다. 구체적으로 미국적 실용주의에 기초하여 건국이념으로 공산주의가 아닌 기독교를 기반으로, 자유민주주의와 시장경제를 선택하고, 국가전략의 근간으로 한미상호방위조약, 즉 한미동맹을 구축한 것이다. 이는 대한민국 사회주의화를 막고 산업화와 민주화를 이루어나가는 근본적인 기초를 구축했다는 의미를 지닌다(구해우, 2019).

국가보안법 제정

북한은 6·25 남침 전까지 10차례에 걸쳐 2,400명의 게릴라를 남한에 침투시켰다. 국군은 14연대 반란사건, 제주 폭동 진압, 빨치산 토벌에 나섰다. 1948년 빨치산 패잔병들은 국군 토벌대와 1만여 회의 교전을 벌였고 이 와중에 2만여 명이 사망하는 참혹한 전투가 벌어졌다. 적군과 아군을 식별하는 것이 중요해졌다. 이승만 대통령은 1948년 정부수립 4개월 만에 "지하공작으로 전국을 혼란에 빠뜨리고 있는 공산주의자들을 단호하게 숙청하겠다"는 담화를 발표했다. 이렇게 해서 탄생한 것이 국가보안법이다. 국가보안법을 제정함으로써 간첩, 빨치산, 남로당, 공산당과 좌익세력을 단호하게 처벌할 수 있는 법적 근거가 마련된 것이다(김용삼, 2017).

지난 70년 역사에 이승만 다음으로 반공정책을 명확하게 시행한 것은 박정희 대통령이었다. 남로당에서 공산주의를 직접 경험하고 전향한 그는 국가보안법과 별도로 반공법을 제정하였다. "국가의 안전을 위태롭게 하는 공산계열의 활동을 봉쇄한다"는 것이 그 핵심내용이었다.

대한민국은 지금 심한 정체성 혼란을 겪고 있다. 해방과 건국, 6·25 남침 전쟁 등을 겪으면서 입었던 상처는 통일을 앞둔 이 시점에도 아물지 않고 덧나고 있다. 우리는 지난 70여 년을 거치면서 전쟁과 분단이라는 불행 속에서도 선진국 대열에 올라서기 위해 현기증 나는 속도로 압축적인 경제발전과 민주화, 그리고 지식정보화까지 이룩해 냈다. 이 과정에서 우리는 대한민국의 정체성에 대한 역사교육을 소홀히 하였음을 인정해야 한다. 우리는 지금 세계 일류국가로 비약하느냐 사분오열되어 3류 국가로 전락하느냐의 갈림길에 서 있다. 시대는 우리 국민에게 올바른 역사관과 사회관, 문화적 정체성을 다시 정비하라고 요구하고 있다.

자유민주주의 국가로 세워진 나라

70여 년 전 이승만 대통령은 민족주의라는 혼돈된 이념에 빠져 있던 김구와 공산주의자들을 제압하고 UN과 미국의 협조로 (1) 자유민주주의, (2) 자유시장경제, (3) 한미 동맹, (4) 국가보안법, (5) 기독교입국 등 5개 기둥 위에 나라를 세우게 되었다. 2021년 현재 국가보안법은 간첩 잡는 기능이 유명무실해진 상태에 있다.

이승만 박사의 생애와 건국과정을 연구한 유영익(2019)은 다음과 같은 결론을 내리고 있다.

"이승만이 품었던 건국의 비전은 신생 한국을 '아시아의 모범적 예수교 국가' '동양의 모범적 자유민주주의 국가' '반공산주의의 보루' '평등한 사회' '교육수준이 높고 부강한 나라'로 만드는 것이었다. 달리 말하자면, 그의 건국비전은 한반도에 자유와 평등이 최대한으로 보장되는 미국, 영국, 프랑스 등 서양의 일등 국가와 동등한 개명, 부강한 기독교 민주주의 국가를 건설하는 것이었다" (p.294).

이승만은 건국 후 대한민국의 국시(國是)를 일민주의(一民主義)로 제창했다. 일민주의라 함은 (1) 문벌을 혁파하고 반상의 구별을 없애자; (2) 빈자와 부자가 동등한 권리와 복리를 누리게 하자; (3) 남녀차별 대신 동등하게 대우하자; (4) 지방색을 타파하자는 네 가지

강령을 의미했다. '뭉치면 살고, 흩어지면 죽는다'는 말은 제4강령에서 나왔다(주익종 2021). 이렇게 세워진 반공 민주주의 국가가 70여 년 만에 사회주의 국가로 변질되는 위기를 맞고 있다.

주사파와 전교조가 저들의 일방적인 좌파 시각에서 '주관적 진실'만을 주장하고 있다. 역사는 객관성, 타당성을 지닌 객관적 진실의 기록이어야 한다. 해방전후사의 올바른 역사는 오늘날 우리 자신을 이해하기 위해서도, 또한 앞으로 우리 자녀들에게 올바른 역사관과 국가관을 물려주기 위해서도 매우 중요하다.

나는 1947년 우리나라가 대한민국이라는 독립국가로 건국되기 전 해에 태어났다. 나는 아주 어린 나이에 6·25 남침을 경험했는데, 내 고향 충북 음성군 감곡면 벽촌 마을에서 십오 리 길을 도보로 초등학교를 다닐 때 자주 들었던 말이 '공비토벌'이라는 말이었다. 등교 길에 나는 산 속에서 들려오는 총성을 들으며 학교에 다녔던 것을 기억한다. 빨치산들이 밤마다 우리 집에 내려와서 밥을 뺏어먹고 산으로 올라가 숨어 있다가 내려오기를 반복했던 것으로 기억된다.

박사리의 핏빛 목소리: 반동분자는 죽여도 좋다?

주지하는 바와 같이, 해방 전후 공간에서 우리 건국과 선거를 방해하는 세력은 조선노동당의 지령에 따라 남한에서 활동했던 박헌영과 여운형의 남로당 추종자들이었다. "한반도에 소련을 추종하는 통일된 공산국가 수립을 위해 스탈린은 토착 공산주의자들을 동원해 노동자 파업, 학생들의 동맹휴학, 폭동, 암살, 군부 적화공작 등 수단방법을 가리지 않는 파괴행위를 자행할 것을 지령했다"(김용삼, 2017).

공산당(남로당)과 좌익세력은 1946년 가을에 발생했던 9월 노동자 총파업과 10월 농민폭동을 주도했고, 휴전 후 공비가 완전히 토벌되어 안정을 찾을 때까지 대구 10·1사건, 제주 4·3폭동, 여수순천 반란사건, 등 크고 작은 사건을 배후에서 조종했다.

해방 후 1948년 5월 10일에 이승만 단독정부 수립을 위한 건국촉성중앙대회 선거가 있기 전 2·3개월 전부터 큰 혼란이 있었다. 선거를 앞두고 이를 반대하던 좌익 측에서 여운형, 이승엽, 홍명희, 김원봉, 조소앙, 김달삼 등이 합류하여 폭동을 일으키게 된다. 전북 임실에서 2·7 폭동이 일어난 것을 필두로, 제주 4·3폭동, 제14연대의 항명으로 여순반란사건을 일으켰다(박성엽, 2019). 태어난 지 두 달밖에 안 된 대한민국을 타도하고 조선민주주의인민공화국에 충성을 맹세한 남로당의 명백한 반란 행위를 현 집권 좌익세력은 봉기나 항쟁이란 용어로 포장하여 위 반란사건들이 '정당한 저항'인 것처럼 왜곡·날조하고 있다.

모든 반란 사건을 상징적으로 압축해서 보여주는 사건이 1949년 11월 29일 밤에, 건국한지 일 년 후에 경북 경산시 와촌면 박사리에서 일어났다. 이러한 사건이 전국 각지에서 재연되었다는 의미에서 이 사건의 전모를 아래에 요약해 소개한다(조선일보, 2020. 11.2).

71년 간 어디에도 하소연할 수 없어 속만 태우던 사건의 피해자 박기옥 씨가 '내부고발자'의 심정으로 그날의 실상을 실토하기 시작했다.

 "그날 밤 동네 젊은이 38명이 영문도 모른 채 무장 공비에 의해 학살됐습니다. 간신히 목숨 건진 부상자 16명도 평생 불구자로 지냈습니다. 전쟁통도 아닌 평시에 한 마을 전체가 초상집이 되는 참극이 빚어진 겁니다. 못 배운 유족들은 어디에 하소연할지를 몰라 70년 넘게 세월만 보냈습니다."

 71년 전 박사리에서 벌어졌던 좌익 세력의 잔혹한 학살극이 그동안 세상의 주목을 받지 못하다가 그날 참극에서 살아남은 박기옥 씨가 그날의 역사를 『박사리의 핏빛 목소리』라는 책과 조선일보 선임기자 최보식과의 인터뷰를 통해 공개했다.

 "박사리 사건은 1949년 11월 29일 밤에 일어났다. 총과 죽장, 긴 칼을 든 검은 그림자들이 마을을 점령했다. 그들은 중요한 연설을 한다면서 사랑방에서 놀고 있던 청장년을 끌고 나왔다. 총알을 최대한 아끼기 위해 먼저 몽둥이로 뒤통수를 치고 뒤이어 일본도를 휘둘렀다."

 "1945년 광복직후 미군정시절 공산당은 합법이었지요. 하지만 '정판사 위조지폐 사건'(1946)으로 공산당의 활동을 불법화했습니다. 연이어 대구에서 대규모 소요사태(대구 10.1 사건)로 검거 선풍이 불자 박헌영 등 공산당 지도부는 월북했지요. 그 뒤 지리산을 거점으로 좌익무장 세력인 '빨치산'이 조직됐습니다. '박사리 사건'은 당시 팔공산에 숨었던 빨치산에 의한 소행이었지요! 팔공산에서 양식과 옷가지를 구하러 마을로 내려오곤 했다고 합니다. 무장공비들은 주로 관공서, 경찰지서, 우익청년단 사무실 등을 공격 대상으로 삼았습니다. 박사리 사건은 유례없이 한 마을 전체가 살육과 방화의 대상이 됐습니다. 전시에도 양민 학살과 방화는 '반인륜적 전쟁범죄'로 처벌받습니다. 이를 전시도 아닌, 대한민국 정부가 수립된 이듬해에 저질렀던 것입니다."

빨치산이 왜 그런 잔혹한 학살을 자행했을까요? "이웃 마을 사람이 팔공산에 나무하러 갔다가 공비들에게 붙들렸습니다. 그는 엉겁결에 '박사리에 산다'고 답했다고 전해집니다. 목숨을 구해 내려와서는 곧장 경찰서로 달려갔습니다. 그의 신고로 군경 합동 공비토벌 작전이 벌어졌습니다. 그리고 한 달쯤 뒤 공비잔당들이 운문산 공비의 지원을 받아 마을을 습격해 온 겁니다. 보복공격을 군경에게는 못하고 비무장 상태의 마을 사람들에게 했던 겁니다."

"사건 당시 본인은 출생한지 일곱 달 된 갓난아이였는데, 그날 큰아버지와 9촌 아저씨가 돌아가셨습니다. 오촌 당숙은 일본도에 베여 내장이 쏟아져 나왔을 정도로 중상을 입었습니다. 작은 아버지는 집단 속에 숨어 피했지만 정신적 충격으로 그 뒤 정상 생활을 못했습니다."

"저는 초등학교에 들어갈 때쯤 이 사건을 어렴풋이 알게 되었습니다. 그때 우리 마을은 같은 날에 집집마다 제사를 지냈으니까요. 큰아버지 제사에 가면, 어른들끼리 '누구는 어떻게 죽었다 하더라'는 얘기를 나누곤 했습니다."

그의 책에는 당시 18세 청소년이 그날 겪은 이야기가 다음과 같이 나와 있다. "동생과 함께 방에서 가마니를 짜고 있었다. 무장 공비 세 명이 내 가슴팍에 총부리를 대고 정미소 마당으로 끌고 갔다. 마당에는 벌써 열댓 명이 끌려나와 무릎을 꿇고 있었다. 뒤에서 공비 몇 명이 총을 겨누고 있었다. 한 사람씩 불러 세워 골목으로 데리고 갔다. 그 안에서 격한 비명이 들렸다. 나는 여섯 번째 순서로 불려갔다. 공비들은 몽둥이로 머리를 치고 일본도로 목덜미를 벴다. 내가 쓰러지자, 뒤이어 다른 사람을 불러왔다. 이들은 내가 죽은 줄로 알았던 것 같다. 공비들이 물러가고 정신을 차려보니 온몸이 피칠갑이 돼 있었다. 우리 집은 불타고 있었다. 이웃 어른 댁에 들어가니, 무명베 적삼을 찢어 칼에 베인 목과 등을 묶어줬다."

"이분은 목덜미와 등에 칼을 맞아 평생 곱추처럼 살았습니다. 세상에 이런 날벼락이 어디 있겠습니까? 이분은 '그날 밤 죽었는지 살았는지 나를 찾아 골목길을 헤맸다는 어머니의 마음은 오죽했을까? 그때 일을 생각하니 아직 가슴이 아리다'고 했습니다. 저도 눈물이 쏟아졌습니다."

"사랑방에서 또래 예닐곱 명이 새끼를 꼬며 놀고 있을 때 공비들이 총을 겨누며 들이닥쳤다. 새끼줄로 그의 팔을 뒤로 묶었다. 힘을 줘 끊고 달아나려 하자, 날선 일본도로 목을 향해 내리쳤다. 빗나가 어깨를 베었다. 다시 휘두르는 칼을 왼손으로 막았다. 손목이 거의 잘라지다시피 했다. 검붉은 피가 분수처럼 뿜어 나왔다. 오른손으로 덜렁거리는 왼손을 싸잡고 집 뒷마당을 타넘었다. 쌓아놓은 짚단 속에 들어가 숨었다."

"공비들이 물러가고 쓰러진 아버지를 찾았다. 얼굴과 몸에 온통 칼자국이었고, 내장이 쏟아져 나와 있었다. 아직 숨이 남아있었다.

엄마를 향해 '난 가망이 없으니 아이를 데리고 살 수 있겠느냐'고 했다. 집이 불타 갈 곳이 없어 이웃 어른 댁에 더부살이를 했다. 아버지가 보고 싶어 내가 울 때마다 엄마에게 많이 맞았다. 맞는 내 아픔보다 때리는 엄마의 가슴이 더 쓰렸을 거다. 엄마는 교회 새벽기도를 하루도 거른 적이 없었다."

집안 농사일을 맡고 있던 남편과 아들을 잃었기 때문에, 박사리에 살아남은 유족은 모두 힘든 세월을 보냈다. 자녀를 교육시킬 형편이 아니었고 가난은 대물림되었다. 이 때문에 유족들은 정부나 언론기관에 발언권을 갖지 못했다. 그날의 비극에 대해 어떻게 책임을 묻고 보상받아야 하는지도 여전히 모르고 있다(최보식, 2020).

전란의 와중에도 이승만 박사는 외교력을 발휘해 유엔 감시하에 남한만의 총선거를 통해 대한민국을 건국하였다. 신생 대한민국은 건국 2년 만에 소련군의 지원을 받은 북한 인민군의 침공을 받았다. 이 전쟁은 역사상 전쟁강도(war-intensity)가 제일 높았던 열전이었으며 한국 국민은 인구의 1할을 잃는 비극을 겪었다(이상우, 2017).

인민재판, 인민군 점령하의 적치 90일 동안 가장 고통스러웠던 것은 배고픔이었고, 내일을 알 수 없었던 불안이었다. 공포에 질린 사람을 학교 운동장에 끌어내 놓고 팔에 완장을 찬 사람이 나와 '○○○는 인민을 착취한 지주'라고 죄목을 나열하면 동원되어 나온 동네 사람들이 '죽여라'라고 소리치고 곧 이어 현장에서 타살하는 것이 이른바 '인민재판'이었다. 남한 전역의 우리 국민은 하루하루를 불안과 절망 속에서 보냈다. 이때의 경험이 서울 시민들을 평생의 반공투사로 만들었다. 인민군 하면 사람 죽이는 군인으로, 그리고 공산주의자라 하면 붉은 완장을 차고 죽일 사람 찾으러 다니는 사람으로 강하게 머리에 각인되었기 때문이다.

스탈린의 딸이 말했다고 한다: "공산주의를 책으로 배우면 공산주의자가 되고, 공산주의를 삶으로 (현실로) 배우면 반공주의자가 된다." 그들에게 자본가, 지주, 지식인, 경찰 등 부르주아에 해당하는 사람들은 증오와 학대와 살해의 대상으로 취급받는다.

소련의 지령에 의해 그어진 38선. 1945년 9월 스탈린은 극비 지령을 내려 소련군이 점령하고 있는 한반도의 38선 이북 지역에 단독 공산정권 수립을 지시했다. 한반도에 소련을 추종하는 통일된 공산국가를 수립하기 위해 스탈린은 토착 공산주의자들을 동원하여 노동자 파업, 학생들의 동맹 휴업, 폭동, 암살, 군부적화공작 등 수단방법을 가리지 않는 파괴행위를 자행할 것을 지령했다.

해방 후부터 6·25 남침전쟁이 발발하기까지 한국 사회를 뒤흔든 3대 사건은 1946년 10월 1일 발생한 대구 폭동, 1948년 제헌의회 선거를 파탄내기 위한 제주 4·3 폭동, 그리고 대한민국을 부정하고 조선인민공화국에 충성을 맹세한 국군 제14연대 반란에 이어 일어난 여수·순천 반란사건을 꼽는다. 이 세 사건은 발생과정이나 확산되는 방법, 진행 양상, 결과가 위 박사리 사건과 거의 비슷한 패턴을 보인다. 즉 좌익 및 공산주의자들이 사건을 촉발하고, 이들의 선전선동에 속아 넘어간 다수 주민들이 가세하여 군경과 우익인사들을 학살하는 등 사태가 악화되는 폭동과 학살, 반란의 양태를 보인다. 1948년 2월 7일 전북 임실군에서 좌익 프락치의 도움으로 전주 유치장 수감자들이 대거 탈출, 월북하는 사건이 있었다. "2·7 사건은 남에서는 2·7 폭동이라고 하고 좌파에서는 구국투쟁"이라 부른다(박성엽, 2019).

공산주의자들은 왜 끔찍한 학살극을 저지르나?

저들은 왜 이렇게 필설로 형용하기 힘들 정도의 학살 만행을 반복하여 저지르는 것일까? 그 해답은 공산주의 혁명의 본질에서 찾을 수 있다. 공산주의 혁명이란 한마디로 인간이 인간을 착취하는 제도를 폐지하기 위해 수단 방법을 가리지 않고 악착스럽게, 무자비하게, 비타협적으로 권력을 탈취하는 것을 말한다. 이를 위해 ① 먼저 공산당을 조직하고, ②당의 주위에 대중을 끌어들인 다음, ③ 결정적 시기를 택해 상대를 파괴한다. 상대를 파괴하기 위해 협박, 공갈, 납치, 등 무자비한 폭력적 수단을 동원해 '지배계급들로 하여금 공산주의 혁명 앞에서 전율케 하라'(마르크스)는 것이다.

공산주의자들, 즉 좌익세력들이 사람을 끔찍하게 학살하는 이유는 무엇일까?. 그들의 계급투쟁론에 일단 세뇌가 되면 부자들(자본가)과 공무원, 지식인, 경찰 등은 타도와 제거의 대상이 된다. 마르크스의 계급투쟁론에 따르면, 세상은 착취하는 계급과 착취당하는 계급으로 이뤄져 있다. 자본주의 사회는 부르주아 계급(기업가 자본가)이 프롤레타리아 계급(노동자, 농민)을 착취하는 구조로 되어 있다. 따라서 프롤레타리아 혁명을 통해 부르주아 계급을 제거해야 노동자, 농민이 주인이 되는 평등사회가 실현된다는 것이다. 부르주아 계급을 철저히 죽여 없애야 진정한 착취가 없는 평등사회, 이상사회가 실현된다는 이론에 따라 '반동분자들'을 죽여 없애는 것이다. 따라서 저들은 없애야 할 적들을 없애는 것이기 때문에 사람을 죽일 때 조금도 죄책감을 느끼지 않는다(구국제자훈련원, 2019).

주민들 앞에서 공개적으로 공산당에 반대하는 자에 대해 잔인한 죽음과 보복을 보여줌으로써 공산당에 반대할 엄두를 내지 못하게 하도록 하기 위해 의도적으로 끔찍한 살해극을 벌이는 것이다. 테러전술이 공과를 내기 위해서는 학살은 최대한 끔찍하고, 충격적이어야 하며, 상상하기 힘들 정도로 야만적이어야 한다.

북한지역에서 일어난 엄청난 집단학살극. 1950년 10월 1일 UN군과 국군은 38선을 돌파해 북진했다. UN군과 국군은 함흥 등 북한 각 지역에서 발견되는 엄청난 규모의 집단시신을 보고는 충격을 받지 않을 수 없었다. 함흥에서는 2만 명, 원산 1,700여 구, 평양 7,000여 구, 황해 신천 35,000여 구 등 수십만의 학살된 시체가 발견되었다. 북한 보위부에서 유엔군과 국군에게 협조할 가능성이 있는 인사들을 '반동분자'로 무자비하게 학살했던 것이다.

대구 10·1 폭동 때는 물론이고 제주 4·3 폭동, 여수와 순천 일대를 휩쓴 국군 14연대의 반란에서도 공산주의자들의 테러 전술이 적나라하게 자행되었다. 남자 경찰관들은 거세하고, 사지를 자르고, 자동차에 사람을 묶어서 끌고 다니고, 중학생들을 동원해서 국군과 경찰과 가족들을 불태웠다. 남로당의 마르크스 공포주의 전술을 활용했다. 그것은 마르크스가 선언한 대로 "공산주의 혁명 앞에서 벌벌 떨게 하기 위해" 의도된 것이었다(김용삼, 2017; 김정민, 이호, 2020).

좌익분자들에 의해 집단학살 피해는 호남이 가장 심했고, 그중에서도 영광군이 가장 극심했다. 피살자 규모는 전남이 4만 3,500명, 전북이 5,600명 등이었다. 역사학자 전석린(2019)은 베트남과 캄보디아에서도 공산주의자들은 게릴라전을 썼다면서 "우리나라에서도 여순 사건 이후 제주도에서 무장 게릴라전이 전개되고 있었으나 제주도에서 게릴라전을 계획하고 실행한 남로당 등 한국의 공산주의자들은 큰 실책을 범했다. 애매한 제주도 동포들만을 희생시킨 결과가 되었다"고 평가하였다.

제주 4·3 폭동의 실체는 무엇인가?

대한민국 국군에 침투한 북한 빨치산 세력들은 5·10 총선을 앞두고 본색을 드러냈다. 1948년 4월 3일, 남로당 공산당 간부와 김달삼 외 주력군 400여 명과 1,000명의 동지들이 5·10 선거를 반대하기 위해 무장을 하고 일어섰다. UN 감시하에 5·10 선거를 앞두고 있을 때 남로당 공산당 간부들이 폭동을 일으켜 경찰과 우익을 닥치는 대로 죽이고 제주도 3개 선거구 중 2개 선거구를 폭력으로 무효화하였다. 4·3일 새벽 2시 제주도 내 12개 경찰지서를 기습 공격하여 고일수 순경의 목을 쳐 죽이고, 김장하 부부를 대창으로 찔러 죽인 다음, 선우중태 순경을 총살하는 등 폭동을 일으켰다. 이를 진압하는 과정에 수많은 양민이 학살당하는 사태가 벌어졌다. 4.3사건은 북한 지령을 받는 좌익세력들이 대한민국의 건국을 부정, 저지하며 벌인 내란사건이었다(전광훈, 2019).

제주도에서 일어난 무장봉기를 주도한 것은 수백 명밖에 안 되는 좌익세력이었다. 그런데 국군과 경찰은 이들을 진압하면서 산간마을을 모두 불태우는 초토화 작전을 벌였고, 이 과정에서 무고한 주민이 목숨을 잃었다. 진상조사위에 신고된 희생자 숫자는 총 1만 4천 명이다.

제주 4·3사건은 남로당 중앙당의 지령을 받은 그 추종자들이 대한민국 건국을 위한 5·10 총선거를 저지하기 위해 경찰과 국군, 공무원, 양민 등을 무자비하게 살해한 공산폭동이고 반란이었다. 이들은 대한민국 건국을 방해하고 북한 정권수립에는 52,350여 명이나 투표로 참여하여 조선민주주의 인민공화국 수립에 앞장섰다. 더 나아가 대한민국에 선전포고를 하고, 살상, 방화, 약탈을 자행하며 인공기 게양, 김일성 장군 만세! 조선민주주의 인민공화국 만세!를 외치며 9년간이나 대한민국에 항적하였다. 제주 4·3사건은 남로당 공산주의자들이 일으킨 폭동이고 반란이었다. 4·3사건은 문재인 주사파 정권에서 평가하는 것처럼 "좋은 세상을 만들기 위해 일으킨" '봉기'나 '항쟁'이 아니었다.

우리나라 역사를 되돌아볼 때, 건국 초기 50년은 반공시대, 20년은 중도시대, 이제는 친공시대다. 모든 것이 친공산주의 관점에서 재해석되고 있다. 국정교과서를 거부한 좌편향 교과서들은 대구 10·1 폭동과 제주 4·3 반란사건을 '항쟁'으로 기술하고, 여수-순천 반란사건을 여수-순천 '사건'으로 바꿔놓았다.

박헌영의 후예 노무현 대통령은 제주도에 제주 4·3 평화공원을 건립하고 이승만 대통령과 경찰과 국군을 학살자로 표현하고 문 대통령은 반란군을 제압한 국군과 경찰을 국가폭력이라고 규정하였다. 이들 폭동은 우리의 몹시 슬프고 뼈아픈 역사의 일부다. 그러나 한 가지 분명한 것은 이 폭동들이 모두 대한민국의 탄생을 저지하려는 남로당 당수 박헌영의 지시를 받은 좌익폭동들이었다는 것이다.

정권이 바뀐다고 4·3 반란폭동이 봉기나 항쟁으로 둔갑할 수는 없는 것이다. 2021년 주사파 정권은 제주 4·3 특별법 전부개정안을 통과시켜 폭동과 내란에 가담했던 가해자 남로당과 수형자들에게 국민혈세로 보상하겠다고 나섰다. 이에 제주 4·3 사건재정립시민연대는 이는 명백한 위헌 행위라며 다음과 같이 반박 성명을 발표했다.

"제주 4·3사건은 남로당 공산주의자들의 폭동이고 반란이다! 이 사건은 남로당 중앙당의 지령을 받은 그 추종자들이 대한민국 건국을 위한 5·10총선거를 저지하기 위해 경찰과 국군, 공무원, 양민 등을 무자비하게 살해한 공산폭동이고 반란이었다. 이들은 대한민국 건국을 방해하고 북한 정권수립에는 52,350여 명이나 투표로 참여하여 조선민주주의인민공화국 수립에 앞장섰다. 더 나아가 대한민국에 선전포고를 하고, 살상, 방화, 약탈을 자행하며 인공기 게양, 김일성 장군 만세! 조선민주주의 인민공화국 만세! 외치며 9년간이나 대한민국에 항적하였다. 4·3사건은 공산폭동이자 반란일 뿐이지 봉기와 항쟁같이 민주화 운동처럼 미화되어서는 안 된다. 제주 4·3 공산폭동과 반란은 국가가 보상하고 추념할 사건이 절대 아니다! 4·3은 남로당 무장대와 토벌대 간의 무력충돌과 토벌대의 진압과정에서 수많은 주민이 희생된 사건이다. 대한민국에 항적한 남로당원과 그 추종세력을 소탕한 대한민국 군인과 경찰의 진압행위는 국가폭력과 학살이 될 수 없으며, 오늘날 자랑스런 대한민국이 건국될 수 있게 한 정당행위였다.

4·3 수형인들은 대한민국에 항적하는 데 관여된 과거사실에 대해 국민 앞에 사죄와 반성이 필요하다. 4·3은 대한민국이 모든 역경을 이겨내고 건국되었다는 사실을 기념하는 날이 되어야 한다. 내란에 가담한 4·3 수형인들에게 부당한 방법으로 보상금을 지급하는 제주지방법원은 역사의 정의 앞에 사죄해야 한다!"(조선일보, 2021. 2.24).

여수·순천 군 반란사태의 진실

현재 진행형인 제주 4·3사태는 급기야 바다를 건너 여순 군 반란사태로 불길이 번진다. 반란의 원인은 모병제였다. 신원조회가 없던 시절에 공산주의자들이 대거 육군에 침투하였다. 여운형·박헌영의 좌익계열의 군 장악을 위해 공산당에서 위장입대한 요원들은 군 내부에 많은 동조자를 포섭, 교육하는 데 성공을 거두었다. 10월 17일 전남 여수시 주둔 14연대에 제주 4·3사태 진압 출동준비 명령이 떨어졌다. 남로당 계열 군인들은 5·10 선거반대 입장을 갖고 "제국주의 앞잡이 장교를 모두 죽이자"고 벼르고 있었다.

10월 19일 남로당 지창수 상사의 외침은 전쟁의 신호탄이었다. 14연대 남로당 세력은 1948년 10월 19일 밤 무기고와 탄약고를 장악하고 한솥밥 먹던 장교 21명을 보이는 족족 총살했다. 반란군은 장교들을 사냥하듯 총검을 휘둘렀다. 19일부터 25일까지 여수, 순천, 벌교, 보성, 고흥, 광양, 구례, 곡성에까지 이르러 살인, 약탈, 방화 등을 저질렀다.

이승만 대통령은 포고문에서 "군대가 빨갱이에게 점령됐다"며 "빨갱이는 인간이 아니다"라고 진압을 지시했다. 김구는 여순사건을 반란, 테러로 규정하였다. 오늘에 와서 여순·순천 반란사건을 주사파 정권이 "14연대 일부군인들이 4·3 사건 진압명령을 거부하고 일으킨 사건"이라고 규정하는 것은 옳지 않다. 이것은 명백히 남로당원들이 일으킨 반역, 반란 사건이다(이 세 사건의 실상은 이 책에서 상술하지 않는다. 관심 있는 독자는 전 『월간 조선』 편집장 김용삼 대기자의 〈대구 10월 폭동, 제주 4·3사건, 여·순 반란사건〉을 읽어보시기 바란다).

해방공간에서 우리 조상들은 어떤 나라를 만들기 원했는가?

일제 강점기 한국사회는 민족의 독립을 주장하는 데 모두 동의하였다. 하지만 독립 이후에 어떤 나라를 만들 것인가에 대해서는 아무런 합의가 없었다. 일제 식민지배 아래 있을 때부터 우리 사회에는 두 가지 흐름의 독립운동이 있었다. 하나는 민족주의 계열의 독립운동이며, 다른 하나는 공산주의 계열의 독립운동이었다.

'즉시 독립'에 뜻을 같이하는 이들 사이에서도 새로운 건설을 누가 주도할지, 그리고 그 나라는 어떤 모습을 지녀야 할지에 대한 의견이 엇갈렸다. 미군 하지의 한국 땅 진주와 함께 처음 만나 협력을 요청한 '토종' 지도자들 중 좌익은 여운형, 박헌영이었고, 우익은 송진우, 김성수 등이었다. "김구 등 임시정부 출신들은 충칭 (重慶)임시정부를 근간으로 나라를 건설하려 했고, 여운형, 김규식

등은 건국준비위원회를 중심으로 중립화 통일을 지향했다. 반면 박헌영을 위시한 남조선노동당(남노당) 계열은 사회주의 나라 건설을 도모했고, 조병옥, 장택상, 송진우, 김성수 등 우익 정치인과 미국에서 귀국한 이승만은 한민당을 중심으로 하는 반공정권수립에 뜻을 뒀다"(권태선, 2020).

해방과 함께 이루어진 남북의 분단과정에서 공산진영과 자유민주진영의 중심국가이던 소련과 미국이 자국 점령지역에 각각 조선민주주의인민공화국이라는 공산국가와 대한민국이라는 민주국가를 세움으로써 남북분단은 정치 분단으로 발전하여 하나의 한민족 사회를 두 개의 적대적 국가로 나누어 버렸다. 이로써 단순 공간분단이 정치적 분단으로 깊어졌다(이상우, 2017).

조선에 친미 기독교파가 형성되던 1880년대는 전근대에서 근대로 넘어가는 황금기였다. 진정한 사회혁명은 우선적으로 자기로부터의 혁명에서 시작되어야 한다. 기독교 복음은 인류역사 속에서 가장 놀라운 가치전복을 가져왔다. 배재학당에서 선교사들의 영향을 받은 이승만은 한성감옥에서 회심하여 그리스도인이 된다. 영혼의 자유를 경험한 이승만은 자유혁명가, 개혁가, 교육자로서 미국에서 자유민주주의를 몸소 경험하고 돌아와 '헬조선' 위에 자유대한민국을 건국하게 된다.

이 시기에 복음을 받아들인 서재필, 안창호, 주기철, 조만식 같은 분들이 후에 신생국가 대한민국의 초석을 놓았던 것이다. 평양은 한때 동양의 예루살렘이라 불릴 만큼 기독교의 성지같이 부흥했지만, 중국에서 공산당원으로, 소련에서 공산주의자로 훈련받은 김일성(김성주)이 38선 이북에 공산주의 정권을 수립하면서 한반도는 두 적대적인 이념이 충돌하는 대결장으로 발전하게 된 것이다 (함재봉, 2021; 김용삼, 2021).

우리나라는 해방 이후 건국투쟁에서 세 개의 이념그룹이 대립하고 경쟁했다. 첫째는 자유민주주의 통일국가를 건설하려는 우익진영이 있었고, 둘째는 공산주의 통일국가를 세우고자 했던 좌익진영이 있었다. 셋째는 좌우합작 정부를 세우고자 했던 중간파 집단이 있었다. 임시정부 구성원 중에서도 우파는 우익진영을, 좌파는 공산진영을, 일부는 좌우합작을 지지하거나 참여했다. 이런 혼란과 대립 가운데서도 자유민주주의 공화제 정부를 건국한 것은 이승만의 공헌이며, 특히 그의 기독교신앙과 반공주의가 큰 영향을 끼쳤다.

공산주의로 가야 하나 vs 민주주의로 가야 하나?

반탁운동 때문에 이승만의 남한 단독정부안이 관철되고, 북에도 김일성의 공산정권이 들어서면서, 한민족은 두 개의 나라로 분열됐다. 이승만 정권은 북의 공산정권에 맞서 반공을 핵심이념으로 내세우며 반탁운동 과정에서 스스로를 민족주의 세력으로 포장한 친일파들과 손을 잡고 그들을 정권 곳곳에 포진시켰다. 국회의원이나 행정요직에서는 친일파를 배제하였지만, 국가경영을 위해 경찰이나 기술자를 기용할 수밖에 없었다.

따라서 이승만 등 건국을 주도했던 사람들(민주당과 한국당의 공통조상)을 친일파로 싸잡아 비판하는 것은 어불성설이다. 이들이 일제하에서 경찰이나 군인을 했던 사람들을 깨끗하게 청산하지 못한 것을 친일파로 모는 근거가 될 수 없다. 북한 김일성 정권도 일제 하의 경찰이나 기능공들을 그대로 기용할 수밖에 없었다. 1946년 2월에 사실상 정부를 세운 북한과 연계된 남한 좌익과 싸우기 위해서는 불가피한 선택이었기 때문이다(김대호, 2020).

민족주의 계열의 독립운동은 크게 미국의 영향을 받았다. 주로 미국과 일본에서 교육을 받은 민족주의자들은 개인의 인권을 강조하고, 사회적 책임을 주장하는 서구식 민주주의를 선호하였다. 상해에 세워진 임시정부 요인들까지 이승만과 김구, 조만식, 이윤영, 송진우, 김성수 같은 지도자가 선호했던 체제는 민주공화국이었다.

반면 공산주의 계열의 독립운동은 소련의 영향을 받았다. 1917년 소련에서는 볼세비키 공산당 혁명이 일어났고, 이 공산주의 혁명이 우리 민족에게 영향을 미치기 시작한 것은 3·1운동 직후부터였다. 스탈린은 많은 한국인들을 소련으로 초청하여 공산주의 혁명을 위해 훈련하였고, 이들을 한국에 파송하여 공산혁명을 주도하도록 하였다. 이런 국제 공산당의 지도를 받은 사람이 김일성과 박헌영이었다.

독립운동이 한창일 당시 미주 지역과 중국에는 다양한 노선의 독립운동이 있었다. 미국 내 한인 지도자 중에는 우남 이승만, 우성 박용만, 도산 안창호가 주목을 받았다. 이승만은 교육과 외교력을 통한 독립을 주장했고, 박용만은 무력투쟁을, 안창호는 실력양성을 주장하며 각각 운동을 펼쳤다. 이승만은 무장투쟁을 주장하는 박용만과 멀어졌고, 안창호와도 부딪혔다. 안창호는 민족을 단결시키기 위해서라면 사회주의자도 끌어들여야 한다는 좌우합작론자였기 때문이다. 만주와 연해주를 무대로 독립운동을 하던 공산주의자 이동휘는 무장투쟁론자였고, 김구는 중국을 무대로 무장독립투쟁을 벌이고 있었는데 그는 좌우합작론자로서 좌익의 김원봉과 손을 잡아 활동하기도 하였다(전광훈, 2019).

해방 당시 국내에서 가장 영향력이 있는 사람은 송진우와 여운형이었다. 송진우는 민족주의를 대변하는 사람이며, 사회주의자 여운형은 공산주의를 대변하는 사람이었다. 송진우는 새로운 나라의 정권은 일본이 아니라, 미국으로부터 받아야 하며, 그 주체는 3·1운동 이후 한국 독립운동의 상징인 우익이 주도하는 임시정부가 담당해야 한다고 생각했다. 반면에, 여운형은 일제 말에 일본과 투쟁했던 혁명세력, 곧 공산주의자들이 담당해야 한다고 주장했다. 따라서 그는 일본으로부터 권력을 받아서 인민정권을 만들고, 노동자와 농민이 주체가 되는 사회주의 국가로 발전해야 한다고 생각했다(박명수, 2020).

해방직후 건국준비위원회(건준)의 열기는 대단했다. 사람들은 건준을 좌우합작의 기구라고 생각해 많은 이들이 참여했는데, 여운형 계열과 박헌영 계열의 공산주의자들이 주도하였다. 이때 미군이 진주한다는 소문이 퍼지면서, 소련이 주도하는 공산세계가 아니라 미국이 주도하는 민주세계를 건설해야 한다는 입장이 등장하게 되었다.

일제 말 공산주의 세력은 미미하였다. 숫자적으로도 얼마 되지 않았고, 영향력도 크지 않았다. 급진파 공산주의(박헌영), 사회주의(여운형), 온건 공산주의(안재홍) 계열은 주도권을 놓고 싸우다가 급진 공산주의 세력과 여운형 직계만 남게 되었다. 여운형은 연합군이 등장하기 전에 지하혁명세력을 중심으로 과도 정부를 만들어 인민정권을 창출하는 것이 그의 건국 구상이었다. 여기서 여운형이 말하는 '인민' 속에는 모든 사람이 다 들어가 있지만 '인민' 속에는 '자본가와 지주, 지배계층, 친일파, 민족반역자, 파쇼분자들'이 배제되어 있었다.

송진우는 철저한 반공주의자로서 연합군을 기다려 미국 측과 협의하여 민주주의 국가를 설계해야 한다고 생각하고 있었다. 송진우와 조만식을 비롯한 대부분의 민족주의자들은 모두 서구적 민주주의 사상을 공유하고 있었다. 송진우는 기독교를 끌어들여 3·1 운동을 성사시켰고, 이승만, 김구로 이어지는 임시정부는 공산주의와 싸웠고 항상 주도권은 우익이 가지고 있었다. 이들은 "한국이 민주주의 국가로 발전할 것인지, 공산주의 국가로 발전할 것인지의 문제는 지금 미국이 당장 무엇을 하는가에 달려 있다"고 지적하였다.

1945년 소련의 지령에 따라 움직이던 북한 김일성은 좌우합작으로 김구, 김규식을 유인하려 했으나 결국 본색을 드러내 공산주의자들만의 정부를 세우기로 하고, 조선민주당의 우익 세력을 반동 친밀분자로 매도하고 조만식 장로를 고려호텔에 연금시켰다. 김일성은 북한을 먼저 공산화한 다음 그것을 기지로 삼아 남한도 공산화한다는 계획을 갖고 있었다. 김구와 김규식 등은 좌우합작을 통해 통일 국가를 시도한 것인데, 좌우합작의 종착역은 공산화라는 사실을 꿰뚫어본 지도자는 전 세계에서 이승만 한 사람뿐이었다.

공산주의자들은 이 땅을 공산화하기 위해, 건국을 방해하기 위해 대구 10월 폭동, 제주 4·3폭동, 여수반란사건을 일으켰으나, 그들은 뜻을 이룰 수 없었다. 감상적 민족주의에 빠져있던 김구 세력과 수단방법을 가리지 않고 이 나라를 공산화하려고 발버둥치던 박헌영의 공산주의자들과, 한민당의 대표인 김성수 세력과, 좌우합작을 주장한 미소공동위원회를 제압하고 자유민주공화국을 이루었다. 우리 국민이 원하는 나라는 음습한 전체주의 파쇼 공산주의국가가 아니라 천부적 자유와 평등이 보장되는 자유민주공화국이었기 때문이다. 미국은 한반도를 소련의 영향력하에 있는 인민공화국으로 만들 수 없었다. 결국 송진우, 이승만, 김구를 비롯한 민족주의자들의 뜻대로 대한민국은 공산주의가 아닌 자유민주주의 체제의 국가로 건국하게 되었다.

조만식 장로의 역할

해방 후 북한을 떠나지 않고 실력으로 민주주의 국가를 세우려 했던 지도자 중에는 고당 조만식 장로를 빼놓을 수 없다. 해방공간의 지독한 혼란 속에서 자유민주주의 국가를 세우기 위해 노력했으나 결국 소련의 협박과 회유를 거절하다가 김일성에 희생당한 분이 조만식 장로이다. 안창호가 주로 해외에서 독립운동을 했다면, 국내 서북지역의 기독교를 대표해 독립운동을 이끈 지도자는 오직 조만식 한 사람이었다. 조만식의 제자였던 함석헌은 하나님이 '이북은 다섯 도를 조만식, 단 한 사람에게 맡으라고 하였다'고 말했다.

기독교인으로 일본 유학을 마치고 귀국한 조만식은 오산학교에서 교사로 가르치다 3·1운동 이후 평양으로 가서 산정현교회 장로가 되었는데, 오산학교에서 가르친 제자 가운데 함석헌, 한경직, 김홍일, 주기철 등이 있었다. 그는 YMCA 총무로 신사참배반대 운동을 했고, 독립에 대비해 '실력양성운동'을 주도하였다. 소련은 민족지도자 조만식을 신탁통치를 받아들여 북한을 공산국가로 만드는 데 동참할 것을 회유하였으나 거부함으로 평양 고려호텔에 감금되었다. 그는 새로운 나라는 개인의 자유와 사적 소유권, 종교의 자유가 보장되는 민주주의 국가가 되어야 한다는 소신을 굽히지 않았다. 해방공간에서 다수의 기독교인들이 월남했지만, 조만식은 자기마저 월남해 버리면 김일성을 견제할 사람이 없어진다며 끝까지 남아 있다가 순교하였다. 조만식은 민족주의자로서 통일을 원했지만 절대로 공산주의식의 통일을 원하지 않았다.

이승만이 공산주의를 반대하고 자유민주주의에 기초한 대한민국의 건국을 이끈 것은 그의 기독교적 가치, 국제정치질서에 대한 인식, 자유민주주의에 대한 확신, 그리고 공산주의의 허구성에 대한 깊은 이해에 기초한 것이었다. 오래 동안 미국에서 국제정치를 경험한 이승만은 철저한 삼권분립에 기초한 자유민주주의 체제의 공화국을 건립하였다. 70여 년 전에 우리나라가 김일성이 주도하는 인민공화국으로 흡수통일 되었다면 오늘날 우리의 처지는 어떻게 되었을까?

1946년 미군정 하에서의 한국인의 사회인식은?

해방직후 3년간은 사상적 혼란기였다. 앞에서 살펴본 것처럼, 당시 우리나라는 일본 제국주의 정치체제 아래서 36년을 살아왔기 때문에 정치경제적으로, 이념적으로 혼란스러운 상황에 있었다. 북한은 공산주의 체제 아래 토지개혁이 이뤄진 가운데, 남한에서는 민주주의, 사회주의, 공산주의에 대한 선호가 다양하게 혼재하고 있었다. 이승만의 자유민주주의와 김구의 좌우합작, 박헌영과 여운형의 공산주의 및 사회주의 중 정치적으로 어느 성향을 국민들이 선호하는지를 확인하는 것은 당시 잠정적으로 우리나라를 관리하던 미군정의 관심사가 아닐 수 없었다.

해방정국 특히 1946년 미군정이 실시했던 여론조사를 중심으로 당시 우리 조상들이 가졌던 정치적인 성향을 알아보았다. 현재 우리나라에 진보, 보수, 좌파, 우파의 사상적 성향이 충돌하고 있는 것처럼, 70년 전 해방공간에도 다양한 성향이 충돌하고 있는 것을 볼 수 있다.

당시 미군정은 공산주의를 반대하는 것은 사실이지만, 그렇다고 이승만과 같은 소위 '극우세력'을 지지하지는 않았다. 미군정 내에서도 이승만이나 김구를 싫어하는 사람이 많았고, 미 국무성에서는 이승만, 김구 외에 다른 대안을 찾고 있었다. 따라서 미군정이 우익에게 유리한 여론조사를 실시했다는 주장은 사실과 다르다(박명수, 2020).

체제선호도를 묻는 질문에 '사회주의 체제를 선호한다'는 답변
이 70%, '공산주의를 지지한다'는 7%, '모른다'가 8%였다. '사회주
의, 공산주의' 선호도가 77%에 달했다는 사실은 해방공간의 분위
기가 처음에는 좌익인 여운형이 조선총독부로부터 정권을 이양받
은 것에 영향을 받았기 때문이었다(김용삼, 2017).

해방정국에서 한국인의 정치성향이 무엇인가를 파악하는 방법
은 그들이 지지하는 인물, 지도자 선출방법, 정당단체, 정부형태,
미소관계, 단독정부, 서울의 동향 등을 살펴보는 것이었다. 당시
조사에 의하면, 우익인사에 대한 지지가 70%, 좌익인사에 대한 지
지는 30%에 이른다. 그중에 이승만에 대한 지지가 70%로 가장 많
다. 여운형에 대한 인지도는 30%로 나타나고 있다. 지지인물에 대
한 조사는 압도적으로 우익인사가 많은 것으로 드러났다.

당시의 핵심적 논쟁 가운데 하나는 어떤 방법을 통해서 정부의
지도자(대통령)을 선출할 것인가 하는 점이다. 새로 선출하는 지도
자는 보통선거를 통해서 이루어져야 한다고 주장하는 사람이 83%
에 이르고 있다. 이승만은 자신의 높은 지지를 근거로 항상 보통선
거를 통한 대통령 선출을 주장해 왔다.

정부 형태를 살펴볼 때, 소련식을 지지하는 사람이 11%, 미국식
이 37%, 혼합이 34%로 나타나고 있다. 한국인이 원하는 정부형태
는 모든 국민이 참여하는 대의제도가 85%로 압도적으로 나타나고
있다. 서구식 참여적 민주주의를 선호한다는 것을 알 수 있다.

압도적 다수가 북한에 사는 것은 싫다고 대답하였다. 이와 같은
공산주의에 대한 혐오는 상당수 한국인들로 하여금 남한에 단독정

부를 세우는 것을 찬성하도록 했다. 특별히 주목할 것은 각종 조사에서 서울이 지방에 비해서 우익성향이 강하였다는 점이다. 신탁통치를 반대하는 경향도 서울이 더욱 강했다. 흥미 있는 것은 북한식 토지개혁에 대해서는 도시보다 시골에서 더욱 반대가 많았는데, 그 이유는 많은 농민들이 토지를 무상으로 얻는 것보다는 일정한 대가를 지불하고 얻는 것을 정당하다고 생각했기 때문인 것 같다.

경제제도 중 어느 것을 선호하는가를 묻는 질문에 13%는 자본주의를, 70%는 사회주의를, 10%는 공산주의라고 답했다. 경제적으로는 공산주의 국가통제나 국유화 정책도 반대하고, 자본주의 시장경제나 사적소유권의 절대적 보장도 반대하고 오히려 양자가 결합된 구조를 갖기를 원했다. 정치적으로는 공산주의를 반대하지만, 경제적으로 상당한 부분 유럽식 경제민주화를 추구하고 있다는 것을 알 수 있다.

해방 직후 여론 조사는 남한 사회가 왜 우익지향적인 사회가 되었는지를 이해하는 데 도움이 된다. 1980년대 이후 386 운동권이 사회주의 가치관을 한국사회에 도입하면서, 계급투쟁론에 입각한 헌법 개정과 포괄적 차별금지법 같은 입법이 추진되고 있는 것은 사회지도층의 정치경제적 가치관이 나라의 정체와 흥망에 얼마나 중요한가를 상기시켜 주고 있다.

김일성의 기독교 박해

1945년 소련 군정 아래 김일성은 기독교를 박해하기 시작하였다. 38선 감시도 나날이 엄중하여 남북한 기독교인들은 왕래를 할 수 없었다. 북한에서는 장대현교회를 중심으로 목사, 장로들이 기독교자유당을 창당하려다 40여 명이 체포되었다. 김일성은 비서인 강량욱 목사를 시켜 교회 파멸 공작을 세우도록 지시했다. 1949년 토지개혁을 빌미로 교회재산을 정부에 헌납하라는 지시를 내렸다. 교회는 하루아침에 재산을 몰수당했다. 수백 명의 목사들이 '미 제국주의 앞잡이이며 첩자'라는 죄목으로 몰렸다. 기독교인들은 김일성의 박해에 견디지 못하고 북한을 탈출, 남으로 피난해 왔다. 한경직, 김윤찬 등 수십 명의 목사와 장로가 1·4후퇴 때 거의 월남하였다. 산정현 교회 정일선 목사, 남산현교회 송정훈 목사 등은 "어떻게 목사가 되어 자기만 살기 위하여 남으로 탈출할 수 있겠느냐?"라고 하면서 월남을 반대하다 모두 순교당하고 말았다. 조만식 장로는 해방이 되자 북한에서 조선민주당을 결성하여 50여만 명의 당원을 확보하는 데 성공하여 신탁통치 반대 운동을 벌이다 고려호텔에 감금되어 제재를 받다가 1950년 국군이 평양을 향해 진격하자 김일성의 지시로 총살당해 순교하였다.

1946년 김일성은 비서 강량욱 목사를 앞세워 여러 목사를 포섭 기독교도연맹을 조직하였다. 황해도 신천교회 김익두 목사까지 설득돼 많은 교역자가 가입하였다. 기독교도 연맹에 가입한 교회는 예배시간에 노동신문을 읽히고 전쟁준비를 위한 노력동원에 이용되었다. 북한에도 기독교의 자유가 있는 것처럼 결의문을 대남방송을 통해 선전하였다. 결국 김익두 목사는 "미제의 무력침공을 반대한다"고 외친 후 평양에서 기독교인 전쟁승리 총궐기대회를 인도한 후 처형당했다. 북한 인민위원회 부수상은 홍기주 목사였

고, 강량욱 목사는 서기였다. 기독교와 공산주의는 절대로 공존할
수 없는 것이다.

기독교 사회주의?

　1930년대 들면서 기독교가 점점 현실도피적으로 개인의 안전만
추구하자 신비주의와 사회주의가 극성을 부리기 시작하였다. 김
익두, 김선두, 이용도 등이 신비주의운동에 동참하였고, 여운형 전
도사와 이동휘 전도사가 사회주의자로 변신하였다. 기독교 역사
에서 얼마나 많은 인물이 기독교신앙에서 출발하였다가 나중에
"이 세상을 사랑하여"(딤후 4:10) 기독교신앙을 떠났는지 모른다. 이
광수, 이동휘, 여운형, 김일성 등이 그 대표적인 인물이다(박명수,
2021).

　1946년 아직 공산당이 합법적으로 활동하던 시절에 여운형은,
박헌영, 허헌, 김원봉과 함께 민주주의민족전선(민전)을 발족해 사
회주의 국가 건설을 위한 준비를 했었다(박성엽, 2019). 여운형은 경
남 함양 출신으로 배제학당을 졸업하였다. 1910연 평양 장로교신
학교에 입학하여 2년을 마치고 서울 숭동교회 전도사로 봉사하였
다. 1914년 9월 중국 남경 금능대학 영문과를 수료하였다. 상해에
서 장덕수 등 30명과 청년당을 조직하여 3·1운동에 주동적 역할을
하였다. 그때나 지금이나 좌익들의 궁극적인 목표는 '노동자들을
동원하여 강력한 파업을 일으킴과 동시에 남한에서 미군을 추방하
고 남한 지역을 공산화하는 것'이었다(김용삼, 2017).

　여운형은 안창호 선생의 여비를 받아 1919년 12월 독립선언서

에 서명한 최우근, 장덕수 등과 같이 일본에 도착, 동경 국제호텔에서 "한일합방은 강제결혼이며 조선은 독립해야 하며 독립할 것이다"고 선언하여 박수를 받았다. 1920년경부터 상해에서 독립운동을 하다 이동휘가 대표로 있는 고려공산당에 가입하였다. 1929년 여운형은 고려공산당에 가입된 것 때문에 영국경찰에 체포되어 국내로 인도되었다. 그는 출옥하여 1933-1936까지 조선일보 사장을 역임하다 이대위 목사와 함께 사회주의 운동가로 활동하였다. 1943년 공산주의 지하조직인 건국동맹을 조직하였다. 해방이 되자 안재홍, 이상백, 이만규 목사 등과 함께 건국준비위원회(후에 인민위원회로 개명)를 조직하였다. 1947년 근로인민당을 다시 조직하여 당수가 되었으나 1947년 62세의 나이로 현지근에게 저격당하였다 (이선교, 2017).

한 가지 주목할 것은 독립운동을 주도한 것은 이승만을 비롯한 기독교인들이었다는 사실이다. 물론 독립운동은 사회나 종교적 배경을 넘어서는 운동이었다. 그러나 그런 운동에서 기독교인의 역할은 매우 탁월했고 역사는 이를 기억하고 있다. 독립선언서에 서명한 33명 중 16명이 기독교인이었다.

북한의 김일성이 공산주의로 물들여져 있었다면 이승만은 자유민주주의 국가 건설과 기독교 입국으로 채색되어 있었다. 이 둘은 달라도 하늘과 땅만큼 달랐다. 당시 김구와 여운형과 같은 상당수 어리석은 지도자들은 민주주의와 공산주의를 연합해서 함께 가자고 했으니 이승만의 결단이 아니었다면 아마도 지금 우리는 공산 지옥에서 살고 있을 것이다.

독립운동 지도자들과 제헌의원들 대부분은 해방된 조국의 미래상을 민주공화제와 시장경제에 두고 있었다. 이런 국가비전에 한미동맹과 기독교입국을 더한 것이 이승만이었다. 이승만은 사나 죽으나 자기 조국 '대한민국'이 연인이었고, 어머니였고, 친구였고, 운명이었다…. 전 세계 어느 지도자도 이승만처럼 자기 민족을 이토록 깊이 사랑으로 섬긴 사람은 없었다. 세계 지도자들 가운데 이승만과 비교할 때, 고난의 경험, 나라 사랑의 깊이, 외교실력, 학문적 소양, 독립운동의 투쟁 경험 면에서 그는 압도적인 위치에 있었다(박원철, 2020). 동남아 수십 개의 나라 중에 2차 대전 후 독립하여 건국을 하나님 앞에 기도로 시작한 나라는 대한민국 밖에 없다(심천보, 2021).

김구의 '이상'인가? 이승만의 '현실'인가?

대한민국의 역사는 인민공화국을 세우자는 세력과 대한민국을 세우자는 세력과의 투쟁의 역사이다. 한국 현대사에서 대한민국 건국은 뜨거운 쟁점 중의 하나다. 무(無)에서 유(有)를 창출하듯이 건국해 오늘과 같은 성공한 나라를 만들어냈으니 현대사 최고의 하이라이트라는 찬사를 보내는 시각이 있다. 그런가 하면 1948년 8월 15일을 '대한민국 건국'이 아니라 '분단정권 수립'이라고 폄하하고 비판하는 시각도 있다. 2019년 KBS는 "이승만은 미국의 괴뢰, 국립묘지에서 파내야 한다"는 김용옥 교수의 강의를 내보냈다. 문재인 정권은 임시정부 100주년을 기념하면서도 초대 대통령을 지낸 이승만을 깔아뭉갠다. 이승만은 건국 대통령이 아니라 분단의 원흉으로 매도하는 한편, 좌우합작, 남북협상을 통해 통일정부를 수립하려 했던 김구를 존중해야 할 역사의 인물로 추앙한다.

이승만의 천재성은 공산주의에 대한 입장에서도 분명히 나타난다. 1917년 러시아혁명 직후부터 공산주의는 "원래 자유롭게 되기를 원하는 인간 본성을 거역해 가며 국민을 지배하려는 사상체계"라고 간파했다. 공산주의를 따르는 정치는 반드시 실패할 것이라고 장담했다.

이승만의 반공노선은 임시정부에서 파문을 일으켰다. 1920년 임시정부에서는 대통령 이승만과 국무총리 (공산주의자) 이동휘의 정면 대결이 벌어졌다. 이승만은 소련과의 협력은 조국을 공산주의자의 노예로 만들자는 것이라며 끝까지 물러서지 않았다. 그의 일생을 특징지은 강력한 반공주의의 시작이었다(이호, 2012).

흥미로운 점은 대한민국 건국의 아버지 이승만과 함께 건국의 어머니로 존경받는 김성수 역시 소련을 방문하여 같은 인상을 받았다는 점이다. 소련을 본 이승만은 다음과 같은 소감을 남겼다. "평등을 강조하면서도 실제로는 계급차이가 극심할 뿐 아니라 빈부격차가 심하여 참다운 사회주의가 정착할 것 같지 않다. 당지도자들의 호화, 사치생활 풍조가 도를 넘는다. 노동자의 천국이라는 소련에 노동자들이 아사상태에서 힘겨워 길가에 쓰러져 죽어나가고 있다"(이현희, 2009).

역사의 실체를 어떻게 지나가는 정권의 입맛에 맞게 재단할 수 있는가! 좌우합작이나 남북협상은 결국 소련과 김일성의 반대와 방해 때문에 좌절된 것이지 이승만에게 책임을 씌우는 건 지나친

운동권 논리다. 좌파 운동권은 1948년 대한민국 정부수립의 정통성을 인정하지 않는다. 사실상 정통성이 북한에 있다고 생각한다. "대한민국은 1948년이 아닌, 1919년에 건국되었다. 나는 남측의 대통령이다." 문재인 대통령이 한 말이다. 좌파 운동권의 종북적 역사인식이 반영된 것이다.

이 무렵 임시정부는 사분오열되어 공산주의자들의 노선을 따라가는 사람이 있는가 하면, 김구와 김규식에 동조하는 남북협상파도 있었고, 이시영·신익희·이범석·김성수는 이승만 노선을 따랐다. 해방공간에서의 '우익 3영수' 이승만과 김구, 김규식은 모두 다 반공주의, 언론의 자유와 투표의 자유, 그리고 다수결에 복종해야 한다는 민주주의 이상을 공유하면서 표면상으로 우호적인 관계를 유지했다. 김구의 뜻은 이승만과 같이 자유민주주의적인 통일이었다. 이승만은 김구를 '아우님'이라고 부르며 깍듯이 예우했고, 김구는 이승만을 '형님'이라고 불렀다. 김구는 이승만을 존경했고, 그에게 해방 후의 리더십을 넘겨주고자 했다.

그러나 김구는 한국문제는 미국의 세계전략에 맞춰 풀어갈 것이라는 이승만의 주장을 납득하지 못했다. 공산주의자와는 타협이 안 된다는 것을 인지하지 못한 김구는 (북괴 간첩 성시백에 포섭돼) 돌연 태도를 바꾸어 이승만의 단독정부 수립에 반대 입장을 발표하였다. "나는 통일된 조국을 건설하려다가 38선을 베고 쓰러질지언정 일신의 구차한 안일을 위하여 단독정부를 세우는 데에는 협력하지 않겠다"라는 성명을 발표하고 월북하였다.

우익의 김구는 1944년 공산주의자, 좌익의 김원봉과 손을 잡았고 중경 임시정부는 좌우합작 정부가 되었다. 김구와 김규식이 취한 반(反)대한민국 운동은 이해하기 어려운 점이 많다. 김구는 통합민족 자유민주주의자였다. 임시정부가 중경에 정착하면서 광복군을 창설했으나 만주에서 활동하던 김일성 등이 소련군에 입대하고 중국 공산당 세력에 가담하면서 좌우합작은 오래가지 못했다. 김구는 이상주의에 입각하여 현실정치에 실패한 지도자였다(전광훈, 2015; 박요한, 2020).

결국 김구, 김규식, 조소앙 등 좌우합작을 시도하던 이들은 이승만의 만류를 뿌리치고 38선을 넘어 평양에 가서 남북협상회의에 참석했다. 남북지도자들은 평양회담에서 소련의 지시에 따라 미국과 소련 양국 군대 즉시 철수, 전 조선 정치회의 소집 후 선거 실시, 남한 단독선거반대 등에 합의하고 돌아왔다. 김일성 집단의 주장을 재차 확인한 데 그친 것이다. 김구와 김규식의 통일정부를 세우기 위한 고군분투는 무위로 끝났다. 소련이 남북협상을 준비한 의도는 1946년 북한에 수립된 북한단독 정권을 공식화하기 위한 것이었으며, 김구와 김규식의 남북협상 참여는 북한정권 수립을 위한 들러리로 이용당한 것으로 끝났다.

김구가 남북협상을 제창했을 때 허정은 조소앙을 찾아가 남북협상이 어리석고 불가능한 일임을 누누이 설명했다. 허정은 남북협상파들이 보여준 것은 젊은 공산당 두목 김일성에게 우롱당한 것뿐이었다고 통탄했다.

이승만의 '남한 단독정부' 노선과 김구의 '남북협상' 노선은 정치에 있어서의 이상과 현실을 보여주는 좋은 예다. 백범은 어떠한 희생을 치르더라도 이상에만 충실하려는 고집을 버리지 않았다. 반면에 이승만은 "공산주의자와의 타협은 공산주의에 대한 항복이며, 좌우합작은 공산화"라는 확고한 철학을 가지고 있었다. 허정이 회고록에서 밝힌 것처럼, "당시의 정세로 보아 남한 단독정부 수립은 최선의 길이었다. 그때 만일 남한에 민주정부가 수립되지 않았더라면, 우리나라의 공산화는 필연적이었을 것이다."

김구는 이승만과 함께 감리교인으로 사회주의나 공산주의에 대해서는 대단히 부정적인 입장이었다. 1948년 1월까지만 해도 일관되게 이승만의 남한임시정부 수립 주장에 동조했었다. 이승만은 상해임시정부 초대 대통령이었고, 김구는 경무부장이었다. 영어를 하지 못했던 김구는 국제정세에 대해 탁월한 혜안을 가진 이승만을 형님처럼 따르고 깍듯이 대했다. 그의 실수는 좌우합작으로 한반도 통일이 가능하다고 믿은 것이었다.

해방 후 사상적 혼란기에 좌우합작을 시도했던 민족주의자 김구 (1997) 선생은 정치이념으로서의 공산주의에 대해 다음과 같은 입장을 남겼다. 김구는 감리교인으로서 이승만과 함께 확실한 반공주의자였다. "지금 공산당이 주장하는 소련식 민주주의란 것은 독재정치 중에도 가장 철저한 것이어서 독재정치의 모든 특징을 극단으로 발휘하고 있다. 즉 헤겔에게서 받은 변증법, 포이에르바하의 유물론, 이 두 가지와 아담 스미스의 노동가치론을 가미한 마르크스의 학설을 최후의 것으로 믿어 공산당과 소련의 법률과 군대와 경찰의 힘을 한데 모아서 마르크스의 학설에 일점일획이라도 반대는 고사하고 비판하는 것도 엄금하여 이에 위반하는 자는 죽음과 숙청으로써 대하니 이는 옛날 조선의 사문난적에 대한 것 이상이다."

김구는 공산주의자를 조선시대의 사대주의자 같다고 비판했다. "정자와 주자가 방귀를 뀌어도 향기롭다고 하던 자들을 비웃던 그 입과 혀로 레닌의 방귀는 단물이라도 핥듯 하니, 청년들이여 좀 정신을 차릴지어다"(김구, 1997).

이승만과 김구는 우리 근현대사에서 우뚝 선 두 거목이라 할 수 있다. 평생을 항일투쟁에 바치고, 상해 임시정부를 이끌며 독립운동을 이끌어온 김구의 공로는 높이 평가되어야 한다. 그러나 그는 결정적 순간에 이상을 위해 현실을 버리는 실수를 한 지도자였다.

미국과 소련 사이의 냉전이라는 국제정세를 외면한 채 미·소를 제쳐놓고 우리끼리 독자적인 결단을 내린다는 것은 상상조차 할 수 없는 일이었다. 남북지도자들이 만나서 협상을 통해 분단을 막을 수 있다는 생각은 현실적으로 실현 가능성이 전혀 없는 순진한 이상론에 불과했다. 김구와 김규식 두 사람의 힘으로 냉전의 거대한 물줄기를 바꾸기에는 역부족이었다. 김구는 김일성이 보낸 간첩 성시백에게 미혹되어 공산당과의 연립정부를 실현하려 했던 것은 결국 잘못된 판단으로 드러났다.

이에 비해 이승만은 국제정치를 꿰뚫어 본 현실주의자였다. 그는 미국에서 국제정치학을 공부하며 독립운동을 하면서 스탈린식 공산독재의 끔찍한 실상을 잘 알고 있었다. 그래서 그는 "공산주의는 콜레라와 같아서 협력이나 타협은 불가능하다. 공산 전체주의에 굴종하느냐 아니면 반대하느냐의 선택만이 있을 뿐"이라고 주장했다.

김구는 이상을 위해 현실을 버릴 수 있는 스타일의 정치가였다면, 이승만은 현실을 위해 이상을 유보할 수 있는 스타일의 정치가였다. 김구가 훌륭한 독립운동가이긴 했어도, 건국과정에 선거를 반대하는 등 행적을 고려할 때, 이승만처럼 국부로 추대될 만한 인물은 아니었다! 그의 생애 마지막 2년 동안 미국 주도의 남한정부 수립에 반대하면서 석연치 않은 행보를 하다가 세상을 떠난 것이 몹시 애석하다(심천보, 2021).

정부수립 후 조병옥은 대통령 특사로 장개석 총통을 만났을 때 김구와 김규식의 지위에 대한 질문을 받았을 때 이렇게 대답했다. "나는 김구, 김규식 양씨를 독립운동의 선구자로 존경하고 있으나, 그들은 단독선거와 단독정부를 반대하고 북한 괴뢰집단과 남북협상을 하기 위하여 북한으로 갔다 온 사실로 말미암아 정치적으로는 완전히 국민으로부터 신망을 잃었을 뿐 아니라 정치적 자살을 한 것이나 마찬가지입니다. 그들을 한민족의 대변자로 대해서는 안 됩니다"(김용삼, 2015).

한국근현대사에서 가장 큰 사건은 '대한민국의 건국'이다. 정부수립과정에서 김구는 좌우합작 7원칙을 '8·15 이후 민족이 거둔 최대 수확'이라며 공산당과의 합작을 지지하고 나섰다. 김구는 남한만의 단독선거가 민족분단의 길이라며 UN 감시하의 총선거를 반대하였다. 반공주의자 이승만과 한국민주당은 총선을 실시하여 김구의 반대에도 불구하고 대한민국을 건국하였다.

이승만 대통령과 이승만 정부의 공적으로 세 가지를 꼽을 수 있다. (1)자유민주주의 체제의 대한민국을 건국하였다; (2)국제공산주의와 김일성의 침략으로부터 대한민국을 수호하였다; (3)후일의 산업화와 민주화의 동력이 된 유상매수, 유상분배의 토지개혁을 단행하였고 의무교육제도를 확립하여 교육혁명을 달성하였다(남경욱, 류석춘, 2015).

반공주의자 이승만 박사

이승만 초대 대통령이 남긴 중요한 업적 중 하나는 반공을 국시로 하는 자유민주주의 체제로 대한민국을 건국한 일이다. 그는 평생 반공주의자로, 그리고 자유민주주의 신봉자로 살았다. 이승만의 건국이념은 반공민주주의, 자유민주주의, 국제평화주의, 사회균등주의 등으로 표현되는데, 따지고 보면 이런 사상은 한성감옥에서 기독교로 개종한 이후에 형성된 기독교 사상과 기독교적 가치에 기초한 것이었다.

이승만 대통령은 여수, 순천 지역의 반란을 진압하는 동시에, 군대 내 좌익세력을 몰아내는 숙군작업을 강화하였다. 1948년 12월 많은 반대를 무릅쓰고 '1차 국가보안법'을 제정하였고 이 법을 배경으로 미군과 국군의 협조로 남로당의 남한적화운동과 반란은 거의 종식되었다(심천보, 2021). 이주영(2014)은 자유대한수호세미나에서 이승만 대통령의 업적을 다음과 같이 요약하였다.

(1) 이승만이 없었다면 남한은 건국도 못하고 공산화되었을 것이다.

(2) 동맹의 중요성을 아는 국제정치학자로서 외교의 달인이었다.

(3) 대한민국을 대륙문명권에서 해양문명권으로 옮겨놓은 선각자였다.

⑷ 해양문화에 적합한 새로운 엘리트를 보존하고 육성하려고 애썼다.

⑸ 국가안보와 치안에 관련된 문제에 대해서는 결코 타협하지 않았다.

⑹ 과오와 시행착오에도 불구하고 자유민주주의의 기본 틀을 깬 적이 없었다.

이승만 대통령의 반공사상은 김재준, 한경직, 손양원, 김홍도, 김준곤, 전광훈 등 교계지도자들에 의해 계승되었고 한국교회는 반공주의적 성격을 띠게 된다. 이것이 엄연한 역사적 사실인데도 친북 친중 성향의 문재인 대통령은 대한민국을 '태어나지 말았어야 할 나라'로 대한민국을 전면부정하고 있다. 사상적으로 박헌영의 후예라고 할 수 있는 문재인은 이승만의 건국을 폄하, 부정하고 청와대 여민관(與民館) 복도에 그가 가장 존경하는 김구 선생의 사진과 글씨액자를 걸어놓고 있다.

김성수는 친일파인가?

해방공간에서 국내 정치계를 이끈 또 하나의 거목은 김성수였다. 김성수는 송진우와 함께 한국민주당을 창당해, 미군정청 고문으로 건국을 도왔다. 그는 경성방직 회사를 창설, 〈동아일보〉 창간, 보성전문학교 인수, 고려대학교 개교 등의 활동으로 재력을 갖춘 정치가이자, 교육자, 언론인이었다. 한국의 20세기를 장식했던 위대한 정치인이자, 경제인, 언론인, 교육인이었던 인촌 김성수의 건국훈장 공로훈장은 조용히, 56년 만에 박탈되었다.

그는 일제치하에서 언론 및 교육사업을 펼쳐 중앙학교와 보성전문학교를 통해 수많은 인재를 배출했으며 경성방직을 창업하여 국내를 대표하는 민족기업으로 성장시켰다. 전북 고창 출신 만석꾼

집안 출신으로 와세다대학 정치경제학부에서 신학문을 공부하고 집안의 재력으로 동아일보와 고려대학교를 설립하였다. 앞에서는 일제에 협력하면서 뒤로는 독립운동가들을 도와주었다. 그는 친일파가 아니었다.

김성수는 대한민국 건국 세력이자 민주당 창당 인물이다. 김성수는 상해 임시정부를 자랑스럽게 생각했다. 해방이 되고 좌익세력이 발호하자 민족세력을 결집해 현재 더불어민주당의 뿌리인 민주국민당(한민당)을 창당했다. 그는 무슨 일에서나 뒤에서 돕는 일을 좋아했다. 김성수는 이승만으로부터 재무장관직을 맡아달라고 요청을 받았을 때 자기 대신 최두선을 추천했다. 이승만 대통령이 "내각제 헌법으로는 강력한 정치를 할 수 없다"고 할 때 대통령제와 내각제 절충형을 성사시켰다가 "우선 정부를 수립하고 독립을 세계에 선포하고 봅시다"고 제안해 대통령 중심제 헌법을 탄생시켰다. 그는 이승만의 건국을 도왔던 대한민국 부통령이었다.

인촌은 학교를 세워 반도인을 교육하고, 기업을 통해 반도인의 자본과 기술을 축적하며, 언론을 통해 반도인의 목소리를 정책에 반영되게 했으며, 이러한 노력은 나라의 실질적 독립역량인 인적 자원과 자금력을 키웠고, 독립 후 일본의 자금과 고급 인력들이 철수한 한국의 자립과 경제발전에 기여하였다(김대호 외, 2019). 농지개혁 관련법안을 제정할 때도 호남 대지주이자 한민당 총수였던 김성수는 "농지개혁만이 공산당을 막는 최선의 길"이라는 유진오의 설득에 약간 망설이는 빛을 보이다가 "그것도 그렇겠다"하고 동의함으로써 농지개혁이 쉽게 진행될 수 있었다.

건국과정에 왜 친일세력을 기용했는가?

지금의 잣대로 70년 전 해방공간과 건국시점을 재단해서는 안 된다. 당신이 지도자였다면 어떤 선택을 하였겠는가? 반일 독립운동가들이 왜 건국과정에 일부 친일파를 포용했는가는 조병옥 박사의 말에 잘 표현되어 있다. 독립운동을 하다 두 번이나 투옥된 조병옥이 국회에서 친일파 등용을 비판한 김규식을 향해 "우리야 일제에 맞서 싸웠다 쳐도, 일본에 유학가고 일본 해군에서 일한 당신과 나의 자식들은 뭔가, 그들을 모두 친일파라 배척하면 대체 그 어떤 청년들이 대한민국을 위해 일한 건가?"라고 한 항변에 잘 표현되어 있다(변희재, 2021).

노무현 대통령의 '과거사청산위원회'는 일제 치하에서 살았던 한때 '대단하신 분'으로 존경받던 선배들을 하루아침에 '용서받지 못할 친일파'나 '역적'으로 몰아세웠다. 그리고 '좌파'로 지목받아 수감생활을 했거나 사형당한 사람들을 하루아침에 '영웅'으로 돌려세웠다(심천보, 2021).

김활란, 백낙준, 임영신, 김성수, 최남선, 이광수, 백선엽, 박정희, 채병덕, 정일권, 이종찬, 장도영 대장, 김준엽, 서정주, 홍난파, 김성태, 이홍렬, 현제명, 김동진: 현 정권은 이들 교육자와 장군, 정치인, 예술인들을 모두 친일부역자로 몰고 있다. 역사를 친일과 반일로 쪼개면 얻는 것보다 잃는 게 더 많다. 이들이 광복 후에 새로운 나라를 만들 때 적극적으로 기여하여 이승만, 박정희 시대에 피땀 흘려 지금 일본과 맞먹는 나라를 세우는 데 '가장 큰 역할'을 하였다. 이들의 공헌 없이 현재의 번영과 부흥의 시작은 없다 해도 과언이 아니다(심천보, 2021).

현재 시점을 기준으로 당시 일본 유학을 했던 우리 선배들을 민족반역자로 매도하고, 애국자 작곡자 안익태, 전쟁영웅 백선엽 장군, 건국의 아버지 이승만, 일제시대에 일본군 장교로 활동하다 공산주의에서 전향한 박정희를 민족반역자로 규정하는 것은 완전히 시대착오적이다. 이들에 대한 평가기준은 해방 후 이분들이 얼마나 조국을 위해 애국적인 삶을 살았는가 하는 것이 되어야 할 것이다.

이제 긴 안목에서 대한민국의 과거와 현재, 미래를 새롭게 설계할 수 있어야 한다. 수백 만 명의 동포를 아사시킨 김일성의 통치는 칭찬하면서, 최소한의 생존을 위한 친일까지 무조건 손가락질하는 것은 지성의 파멸이다. 당신이 일제시대에 살았다면 반일을 하며 살아남을 수 있었겠는가? 과거에 그들의 고통과 공헌이 없이 우리의 현재는 없다. 우리 근세사를 살았던 조상들을 평가할 때 평가기준은 반일이냐 친일이냐가 되어서는 안 된다. 김일성의 공산 전체주의를 추종하였느냐, 이승만의 자유민주주의 체제를 지지했느냐, 즉 반공이냐 친공이냐가 궁극적 평가기준이 되어야 할 것이다.

역사는 반복된다

1950년대부터 70년대까지 우리는 공산주의자들을 좌익이라 불렀고 반공, 자유주의 진영을 우익이라 불렀다. 마르크스와 엥겔스는 거짓의 아버지 사단숭배자들이었다. 따라서 공산주의자들은 용어혼란전술을 써서 자신들의 정체를 위장하기를 좋아한다. 1980년대부터 386 주사파 운동권들은 스스로를 좌파-좌익-좌빨(좌익 빨갱이)로 표현하는 대신에 진보세력으로 위장하기 시작했다. 좌경세력은 그 반대세력을 보수, 수구 꼴통이라고 폄하하기 시작했다. 보수는 원래 개인의 자유와 가족, 종교의 자유, 전통적 가치를 중시하는 용어인데, 수구 꼴통, 꼰대를 암시하는 나쁜 말로 회자되기 시작했다. 사실 공산주의는 민주주의와 아무 관계가 없는 정치 이념이다. 그러나 좌익 빨갱이들은 스스로를 진보적 민주주의, 민중민주주의, 사회적 민주주의, 인민민주주의로 포장하기를 좋아한다. 2000년대를 사는 현대인들은 저들의 용어혼란전술에 서서히 삶아지는 개구리처럼 넘어가고 있는지도 모른다(양동안, 2019).

공산주의의 대전제는 세계의 노동자들이 하나로 단결하여 자본주의라는 악한 적에 대항해야 한다는 것이다. 자유시장경제로 대변되는 자본주의란 개인과 사기업이 생산수단을 소유할 수 있고 마음대로 벌어서 원하는 만큼 많이 가져갈 수 있어야 한다는 사상이다. 건국지도자들이 사수했던 사상이었다(김승규, 2020).

프랑스의 여성철학자 시몬 베이유가 주장한 것처럼, "막시즘은 의심할 여지없이 가장 낮은 단계에서의 의미로 볼 때 하나의 종교이다…막시즘은 지속적으로 민중의 아편으로 사용되어 왔다"(정일권, 2020). 신학자 케빈 밴후저(2009)는 트랜스젠더, 퀴어이론, 젠더 이데올로기를 주장하는 문화막시즘을 영지주의적 이단으로 규정하고 있다.

사회민주주의 혹은 민주적 사회주의, 인민민주주의의 배후에는 고전적 막시즘과 문화막시즘(네오막시즘)이 있다. 독일 나치즘이 민족사회주의, 우파 사회주의였다면, 소련의 공산주의는 국제사회주의, 좌파 사회주의로 분류된다. 사회주의 체제의 배후에는 무신론적 공산주의가 있다. 반면에 민주주의는 자연화된 기독교다(니체). 기독교가 자연화되면서 탄생한 것이 정치적 자유민주주의이다. 하버마스에 따르면, "자유, 평등, 인권, 보편주의, 평등주의 등 현대 민주주의적 가치의 기원이 '유대교의 정의의 윤리'와 '기독교의 사랑의 윤리'다. 법 앞에 만인이 평등하다는 민주주의의 대원칙도 한 분 하나님 앞에 만인이 평등하다는 기독교 신앙이 자연화되고 세속화되어서 형성된 것이다. 자본주의의 기원에도 유대-기독교 전통이 있다"(정일권, 2020).

우리의 헌법 3조는 대한민국의 영토는 한반도와 그 부속도서임을 규정함으로써 북한을 단지 미수복지구일 뿐 대한민국 주권이 미치는 영역임을 천명하고 있다. 반면, 북한은 여전히 대한민국의 자유민주주의 헌정질서를 궁극적으로 타도 혹은 대체해야 할 대상으로 여기고 있다(차명성, 2019).

북한 공산주의는 사탄숭배자 무신론자 마르크스를 따른다. 자유민주주의자, 특히 기독교인들은 마치 물과 기름처럼 공산주의와 화해, 공존이 불가능하다. 1945년 해방 직후 우파 그리스도인들이 좌익세력과 싸워서 대한민국을 지켰던 것처럼, 교회는 종교의 자유를 박탈하려는 세력에 맞서 싸워야 한다. 그리스도인이라면 국부 이승만처럼 자유민주주의를 지키기 위해 순교의 각오로 좌파정권에 맞서 싸워야 한다.

선과 악, 빛과 어두움, 진리의 영과 거짓의 영, 자유민주주의와 공산주의는 병립될 수 없는 것이다. 2020년 말 현재 문재인 정권은 헌법정신에 반하는 공수처 강행, 대북전단살포금지법, 헌법 유린, 검찰농단, 월성1호기 원전폐기, 울산시장 선거개입, 교회폐쇄, 예배금지법 등 반국가적 정책으로 인해 파면, 탄핵, 퇴진 요구에 직면해 있다. 현 사회주의 정권 앞에서 [반역, 국가파괴 문재인과 민주당 심판 국민총궐기 대회]를 이끄는 이들(고영주, 이계성, 민경욱, 이동욱, 박주현, 김성진, 이애란, 강연재, 이봉규, 김신애, 신백훈, 손상대)은 모두 기독교인들이다(조선일보, 2020. 12.30). 이들은 사실상 일제에 맞서 독립운동을 하던 선배들의 발자취를 따르고 있다고 할 수 있다. 공산주의와 자유주의의 싸움은 결국 피할 수 없는 영적 싸움이다.

2021년 민족소설 『상록수』와 시 '그날이 오면'을 쓴 심훈의 종손 심천보(80세) 씨가 〈우리는 누구인가 우리는 어디로 가는가〉라는 역사비평서를 펴냈다.

"제가 이 책을 마련한 이유 중 하나는 젊은이들에게 한반도 5000년 역사에서 지난 70여 년의 현대사가 가장 자랑스러운 시기였다는 것을 강조하고 싶어서입니다. 젊은이들이 '헬조선'을 외치고 있지만, 민주화, 산업화의 신화를 창조한 성공과 부흥의 역사를 묻어버릴 수 없습니다. 우리나라는 나라를 잃고 모국어를 잃었으며 이념갈등과 6·25 상흔이라는 파란만장한 역사 속에서 산업화와 민주화를 이뤄낸 나라입니다. 6·25 사변이 터졌을 때 이승만의 투지와 결단이 없었으면 대한민국은 세계지도에서 지워지고 말았을 것입니다. 1948년 대한민국 정부가 이승만의 지도하에 들어선 후 자유민주주의 시장경제의 기초를 닦을 수 있었어요. 그 바탕의 정신은 기독교의 자유, 정의, 희생, 봉사, 등 건전한 가치관이었습니다.

이 남한의 기적을 시작한 사람이 바로 이승만 대통령입니다. 대한민국은 지금도 이승만이 세운 정치·경제·교육문화의 체제에 살고 있습니다. 이승만은 정치적으로 모든 백성이 평등하고, 경제적으로 세계 어느 나라도 부럽지 않으며, 국격도 세계 10번째 안에 드는 자랑스러운 나라로 다시 태어나는 기초를 세운 지도자입니다."

"오늘날 한국을 10대 강국 반열에 오르게 한 철강·중화학·전자·자동차·조선 산업 모두 박정희 시대에 시작되어 성장한 산업입니다. 그의 18년 통치 덕에 우리가 살아가고 있음을 잊어서는 안 됩니다."

역사는 단편적으로 보아서는 안 된다. 그 시대의 상황과 인물의 공과를 종합적으로 살펴봐야 한다. 공이 많은 지도자를 사소한 흠결들을 트집 잡아 친일파로 몰고, 부역자, 배신자로 낙인찍는 것은 옳지 않다. 좌파 진보 정권이 집권한 후 우리사회는 정신적 빈곤, 사상적 빈곤, 경제빈곤 상태에서 헤매고 있다(심천보, 2021). 주사파 정권은 잘못된 역사인식으로 인해 이승만, 박정희, 안익태, 백선엽, 김성수, 등 자신들의 선조를 부관참시하는 어리석은 행동을 해서는 안 된다. 이는 결국 자기 부모를 부정하고 자기 얼굴에 침을 뱉는 것과 다를 바가 없는 패륜이다!

2장

한 번도
경험해 보지
못한 세상

한 번도 경험해 보지
못한 세상

악한 일에 징벌이 속히 실행되지 않음으로 인생들이 악을 행하기에 마음이 담대하도다… 악인은 잘되지 못하며 장수하지 못하고 그날이 그림자와 같으리니 이는 하나님 앞에 경외하지 아니함이니라(전도서 8: 11, 13).

오직 정의를 물같이 공의를 마르지 않는 강같이 흐르게 할지어다(아모스 5:24).

공의는 나라를 영화롭게 하고 죄는 백성을 욕되게 하느니라(잠언 14:34).

그 많은 기대와 우려의 대상이었던 2020년 4.15 총선은 여당의 압승으로 끝났다. 180석을 갖게 된 더불어민주당은 벌써 21대 국회가 개원하면 국회선진화법, 선거법 개정은 물론 개헌까지 추진하자는 목소리가 터져 나오고 있다. 고위공직자수사처법(공수처법)을 시행하게 되면 우리 역사상 처음으로 일당독재시대, 유사전체주의의 시대가 열리게 될지도 모른다. 이미 삼권과 언론을 장악한 문재인 정권은 낮은 단계 연방제를 추구하고 있다. 왼쪽으로 기울어진 운동장은 더욱 더 왼쪽으로 기울어질 것이다.

악인은 그의 교만한 얼굴로 말하기를 여호와께서 이를 감찰하지 아니하신다 하며 그의 모든 사상에 하나님이 없다 하나이다(시

10:4). 공산주의자들은 무신론자이며, 진화론, 유물론자들이다. 따라서 공산주의자들은 기독교를 가장 싫어하고 하나님을 두려워하지 않는다.

세계관은 세상을 바라보고 이해하는 관점을 제공하는 안경이라 할 수 있다. 칸트에 의하면, "인간의 사고와 행위의 저변에 깔려 있고 그것을 형성하는 일련의 신념이다. 한마디로 '이 세상에 대한 신념의 총합'이다. 제임스 커스(James Kurth) 교수는 "서구 문명 안에서 벌어지고 있는 갈등은 기독교 세계관과 자연주의(인본주의) 세계관 간의 충돌"이라고 하였다. 하나님을 믿는 기독교 세계관과 하나님을 부정하는 자연주의 세계관은 필연적으로 서로 다른 신학과 철학을 만들어낸다. 이 두 세계관은 필연적으로 서로 다른 문화적, 사회적, 정치적 열매를 만들어 낼 수밖에 없다(이태희, 2016). 공산주의 핵심적 지도사상은 신(神)도 없고 부처(佛)도 없고, 도(道)도 없고, 전생도 없고, 내세도 없으며, 더욱이 인과응보도 없다고 설파한다 (Epoch Times). 공산당은 하나님의 존재를 믿지 않고 자연만물도 존중하지 않는다. 하늘과 싸우고, 땅과 싸우고, 사람과 싸우니 그 즐거움이 끝이 없다(모택동). 공산당은 자연과 하늘과 사람에 반하는 일종의 사악한 악령(惡靈)이다.

우리 자유 민주주의 우파 국민들을 가장 불안하게 하는 것은 우리나라가 공산화 사회주의국가가 되는 것이다. 종교전문가가 볼 때, 좌파와 우파, 진보와 보수의 갈등은 유신론적 기독교와 무신론적 주체사상 간의 사상적 싸움이다. 기독교인은 우리가 하나님의 형상대로 지음받았지만 아직도 불완전한 죄인들이기 때문에 하나님의 뜻을 따라 살아가야 한다고 믿는 사람들이다. 하나님은 세계를 창조하셨을 뿐 아니라 세계를 다스리는 질서와 법칙도 함께 창조하셨다. 그러나 공산주의자는 인간을 완전하다고 믿는 인본주의자들로서 스스로의 힘으로 이상사회를 만들 수 있다고 믿는 이들이다. 주체사상은 김일성을 유일신으로 믿는 수령제일주의 우상종교이며, 수령의 10대 원칙을 따라 살면 지상 천국을 이룰 수 있다고 가르친다.

근현대사 전문 대기자 김용삼(2020)은 『세계사와 포개 읽는 한국 100년 동안의 역사』에서 "지난 100년, 이 땅의 사람들을 두 파로 갈라서게 한 모든 대립과 반목의 밑바탕에는 '쇄국 대 개국'이라는 가치관의 충돌이 있었다"고 지적한다. 북한과 남한, 좌익과 우익, 사회주의 계획경제와 자유시장경제, 진보와 보수, 자력갱생 대 자유통상, 파쇼적 전체주의와 개인의 자유, 대륙문명 대 해양문명, 공산주의와 자유민주주의, 친중, 친북과 친미, 친일. 가치상대주의 대 가치절대주의. 필자는 김일성의 공산주의와 이승만의 기독교 사이의 갈등이 해방 전후부터 지금까지 데자뷰되고 있다고 본다.

문재인 대통령의 언행과 정책을 좌우하는 것은 그가 존경한다는 간첩 신영복과 모택동숭배자 리영희가 전수해준 무신론적 주체사상이다. 내세를 부인하며 변증법적 유물론과 진화론, 계급투쟁론을 기반으로 하는 인본주의사상이다. 그의 인본주의 사상은 "사람이 먼저다"라는 말에 상징적으로 농축되어 있다. 최근 노동절에 그는 (기업가나 자본가들이 아닌) 노동자들이 대한민국의 주류 세력이라고 선언했다.

여당 지도자들은 대부분 운동권 출신 주사파로서 기회가 있을 때마다 헌법개정, 토지공유제 도입, 동일노동 동일임금, 전 국민 고용보험, 차별금지와 주민자치법, 국가보안법 폐지를 거론하고 있다. 평등을 성취하기 위해서는 사유재산은 사라져야 한다. 여당 의원이 모두 운동권 출신은 아니지만, 주요 요직을 차지하고 있는 운동권 출신의 주사파가 정책결정을 하고 있다는 데 문제의 심각성이 있는 것이다. 이인영, 임종석, 추미애, 조국 등 여당 인사들은 드러내놓고 무신론적 사회주의 정책을 표방하고 있다. 2021년 현재 더불어 '공산당'은 교회폐쇄법, 예배금지법까지 발의했다.

정권은 정당하게 잡아야 한다

예나 지금이나 정권은 정당하게 잡아야 한다. 다시 말하면 정권은 쿠데타 등 불의한 방법으로 잡아서는 안 된다. 정권 획득은 정당하고 합법적인 절차를 밟아 이루어져야 한다(김효태, 2002).

현 정권은 촛불시위로 박근혜 정권을 탄핵하고 선전선동과 드루킹의 여론조작으로 41% 득표로 정권을 탈취하였다. 집권 후 적폐청산의 이름으로 두 전직 대통령을 투옥하고 촛불의 이름으로 온갖 비합리적 정책을 시행하였다. 문재인 정권 출범 이후 "한국 좌파 세력은 오만가지 문제에 촛불을 끌어들였다. 공수처 설치와 '연동형 비례대표제' 패스트트랙 상정은 촛불의 뜻이고, 자사고 폐지는 촛불의 명령이고, 식민지 시기 위안부 징용문제는 촛불의 계승이며, 미투운동은 촛불의 연장이고, 소득주도성장과 최저임금상승, 대기업 때리기는 촛불의 실현이었다"(나연준, 2019).

일본 류코쿠 대학의 이상철(2019) 교수는 산케이신문에 기고한 글에서 "박근혜 대통령 탄핵 사태는 친북세력과 반북세력의 대리전쟁"이라는 주장을 펼쳤다. 또한, 황장엽 조선로동당 비서가 "한국에는 5만 명의 북한 공작원이 잠복해 암약하고 있다"라고 언급한 것을 상기시키며, 시민운동가를 가장한 종북세력이 각종 시민단체를 이용해, 선량한 시민들을 끌어들여 정권 흔들기를 시도하고 있다고 주장하였다. 통합진보당을 해산하고 전국교직원노동조합을 불법단체로 규정한 박근혜 정권을, 전복할 기회를 호시탐탐 노리던 친북, 반미 좌파세력이 박근혜-최순실 게이트를 계기로 격렬하게 불법적으로 정권탈취를 시도해 발생한 것이 현재의 사태라는 것이 이상철 교수의 주장이다(박성엽, 2019).

앞으로 우리가 직면하게 될 세상

역사학자 이인호(2019) 서울대 명예교수는 4·15총선 이후의 상황을 다음과 같이 전망했다.

우리가 직면해야 할 첫 번째 진실은 코로나 사태 이후의 세계는 그전의 세계와는 전혀 다르며 예측불가능성이 일상이 될 것이라는 점이다. 두 번째로 직면하게 될 현실은 미국과 중국 간의 경쟁이 냉전 시대의 수준 이상으로 격화되고 국제적 공조체제가 급격하게 무너진다는 점이다. 전통적 한미동맹체제는 약화되고 친중정책은 강화될 것이라는 점이다(이 예측은 2021년에 그대로 현실화되고 있다). 세 번째로 경계해야 할 것은 북한과 중국에게 우리의 주권을 빼앗길 가능성의 문제다. 무신론적 주체사상을 공유하는 북한의 내부 상황이 급박하게 전개되고 있다. 네 번째로, 우리 대한민국의 민주주의 체제가 일당독재에서 청와대 독주체제로 굳어지는 것을 어떻게 막느냐 하는 것이다. 공수처법을 밀어붙인다면 언론의 자유는 고사하고 숨도 마음대로 쉴 수 없는 나라로 퇴락할 것이다.

현 정권이 저지르고 있는 가장 치명적인 잘못은 좌편향된 역사 교과서로 우리 아이들을 교육시키고 있다는 것이다. 헌법은 대한민국을 '한반도의 유일한 합법정부'로 규정하고 있다. 그러나 현 교과서에서는 "1948년에 대한민국은 정부를 수립했다"고 쓰고, "북한에선 조선민주주의 인민공화국이 수립됐다"고 쓰고 있다. 대한민국은 '정부'로, 북한은 '나라'로 표현해 북한에 정통성을 부여하고 있다. 북한은 '유일체제'라 미화하고, 남한의 역사를 기술할 때는 이승만, 박정희, 전두환, 노태우, 이명박, 박근혜 등에 독재라는 단어를 20여 번 쓰면서, 북한에 대해서는 독재라는 단어를 단 한 번도 쓰지 않고 있다. 역사적 해석이 안 끝난 박근혜 탄핵은 상세히 기술하면서, 문재인-김정은의 만남은 전면 사진으로 싣고 있다. 촛불집회로 21세기 민주혁명을 일으켰다면서, 태극기 집회는 전혀 언급하지 않는다. 완전 좌편향 교과서로 전교조 교사들이 아이들을 일방적으로 '의식화'하고 있다. 우파에서는 문재인을 연산군에 비유하는데, 좌파에서는 그를 세종 또는 태종으로 추앙하며 용비어천가를 부르고 있다.

친중, 반미, 반일 외교
문 정부는 '사드 3불'로 안보주권까지 양보하며 중국의 비위를 맞춰왔다. 문 대통령은 '중국은 큰 산, 한국은 작은 나라'라고 우리를 비하하고 '한국과 중국은 운명공동체'라는 말까지 했다. 중국에 안보주권을 내주는 충격적 양보도 했다. 정권의 운동권 실세들은 기회만 있으면 전통우방 미국과 각을 세웠다. 그런데 중국은 막상 코로나 문제가 벌어지자 가차 없이 우리를 외면했다.

문 정부는 우방국이었던 일본을 적대국으로 만들었다. 일본은 이번에 세계무역기구(WTO) 사무총장 선거에서 한국후보 낙선운동을 벌였다고 한다. 앞으로도 모든 국제무대에서 한국을 반대할 것이다. 문 정부가 21세기에 죽창가를 부르며 토착왜구 이름으로 일본을 공격한 결과가 무엇인가! 문재인을 비롯해 더불어민주당 지도자들도 조상들이 일제시대에 친일전력이 있으면서, 의도적으로 반일을 선동하여 국익을 해치는 정책을 펴고 있다.

시진핑 중국 국가주석은 10월 23일 항미원조 70주년 기념식에서 "6.25 전쟁을 미제국주의 침략 확장을 억제한 전쟁"이라고 규정했다. 북한의 남침을 부정하는 명백한 역사왜곡이다. 6·25전쟁은 김일성이 스탈린과 모택동의 지원을 받아 일으킨 전쟁이다. 북한의 남침과 이어진 중공군 참전은 전쟁기간 13만 7899명에 이르는 국군 전사자를 냈다. 22개국에서 온 UN군도 4만 명이 전사했다. 이를 두고 중국이 "침략자를 때려눕혔다"고 억지를 부리는데도 친중 정권은 침묵하고 있다.

문재인 정권은 진보, 좌파라고 하는데, 이는 원(遠)미국, 반(反)일본, 친(親)중국, 친(親)북한 외교정책으로 나타나고 있다. '남북'만 계속 붙들고 있으면 안보와 외교는 어디로 가나! 중국시장이 중요한 것은 사실이다. 그런데 우리는 미국이 없이 북의 핵미사일을 단 한 발이라도 막을 수 있을까. 미국 없이 중국의 아시아 패권야욕을 막을 수 있을까. 미국이 없이 현재의 번영이 가능했으며 앞으로 미국 없이 이 번영을 유지할 수 있나. 정부는 중국과 북한의 눈치를 보면서 일본과 충돌하는 한편 한·미 동맹관리엔 소홀했던 결과, 새로운 글로벌 판도에서 외톨이가 될 위기에 처했다.

반칙과 특권이 없는 사회?

무신론적 사회주의의 모토는 "목적은 수단을 정당화한다"(The end justifies the means)는 것이다. 장기집권과 선거 승리를 위해서는 선전, 선동, 위조, 거짓말, 폭력을 사용해도 된다는 것이다. 지난 4년간 문재인 정권은 공정과 정의를 부르짖었고 "반칙과 특권이 없는 사회를 만들겠다"고 약속했다. 그러나 실제로 실천한 것은 특권 누리기와 반칙 저지르기의 연속이었다.

문 대통령은 청와대 특별감찰관을 4년 동안 임명하지 않았으며, 아들 문준용 씨는 "코로나로 피해를 입었다"며 가난한 예술인을 위한 긴급지원금 1,400만 원을 받았고, 문체부 산하 한국문화예술위로부터 6,900만 원을 받았다. 조국의 아들 딸이 누린 특권과 대통령 아들이 누린 특권은 추미애 아들이 누린 휴가 특권과 함께 반칙으로 기록될 것이다.

김경수 인터넷 8,800만 댓글 선거 조작, 이중인격자 조국의 법무부장관 임명, 유재수 감찰무마, 울산시장 청와대 하명 선거공작, 우리들 병원 특혜 대출, 신라젠, 라임 펀드 사기, 옵티머스 금융사기, 윤미향 의원 기부금 횡령 의혹, 김정숙 여사의 청주터미널 4천억 투자, 안희정과 오거돈, 박원순 성추행 등 좌파 집권세력의 비리와 부정은 끝이 없다. 현 정권의 죄가 하늘을 찌르고 있다. 법과 원칙을 따지는 법조인이라면 양심에 따라 공정하게 수사했을 것이다. 그러나 문 정권은 추미애 법무장관을 시켜 수사검사들을 공중분해해 정권비리를 수사하지 못하도록 차단했다. 그런데도 여당은 문재인이 지난 4년간 태종과 같은 치세를 했으니 이제 세종과 같이 정치할 일만 남았다고 문(文)비어천가를 부르고 있다.

금태섭 의원이 바른 소리, 양심의 소리를 받아주지 않는 더불어민주당을 견디다 못해 탈당했다. "민주당은 편 가르기로 국민을 대립시키고 생각이 다른 사람을 범법자, 친일파로 몰아붙이며 윽박지르는 오만한 태도가 가장 큰 문제"라고 지적하며 "더 이상은 당이 나아가는 방향을 승인하고 동의할 수 없는 지경에 이르렀다"며 당을 떠났다. 오죽했으면 좌파 진영에서 오랫동안 그들의 대의에 함께 했던 진중권 교수, 권경애 변호사, 김경율 회계사, 서민 교수, 강양구 저널리스트, 강준만 교수 같은 지식인들이 좌파 정권의 행적과 언행을 비판하고 나섰겠는가?(강양구 외 4인, 2020).

MBC는 KBS와 함께 여당의 입장을 대변하는 친문 어용방송으로 소문이 나 있다. 그런데 문재인 대통령의 정치행위를 지켜보던 MBC 뉴스데이터팀 이보경 국장이 지난 10월 9일 문 대통령을 향해 "죽어야 되겠다. 정치적으로"라고 직격탄을 날렸다. 이 국장은 "라임-강남 집값 폭등-부동산리츠 사모펀드로 그걸 또 주워 먹을 태세 등 이익 앞에 얍삽 그 자체"라며, "맹바기(이명박 전 대통령)와 뭐가 다르냐. 오히려 더한단 말이다"라며 목소리를 높였다.

KBS는 누구나 인정하는 국영방송이다. 국영방송이 주사파가 집권한 후 언론노조에 휘둘리는 친문 어용방송으로 전락했다. 황상무 KBS 앵커가 어떤 노조에도 가입하지 않은 상태에서 이념과 정치적 잣대로 사람을 줄 세우는 부당한 인사와 불공정 보도에 항의하면서 견디다 못해 사표를 던졌다. "이념으로 사실을 가리는 정치 편향 방송, 국민을 편 가르고 국민을 적으로 돌리는 방송"을 더 이상 계속할 수 없다면서 30년 정들었던 방송국을 사퇴하였다. 현 정권 하에서 언론의 자유가 어떻게 왜곡되고 있는지를 보여주는 상징적 사건이다.

진실과 거짓: 진리의 영과 거짓의 영의 영적 싸움

"역사가 우리에게 준 교훈은 '공산당이 한 약속은 어떤 것도 믿을 수 없고, 공산당이 한 보장은 어떤 것도 이행하지 않는다. 누가 공산당을 믿는다면 그로 인해 목숨을 내줄 것이다'라는 것이다."(Epoch Times)

"모든 국민을 잠시 속일 수 있고, 일부 국민을 늘 속일 수 있어도, 모든 국민을 늘 속일 수는 없다."(Abraham Lincoln)

종교심리학자의 입장에서 볼 때, 현재 우리나라에서 벌어지는 싸움은 진실과 거짓의 싸움이다. 기독교라는 진리의 영과 공산주의(주체사상)라는 거짓의 영의 싸움이다. 유신론과 무신론, 창조론과 진화론의 갈등이 전개되고 있다. 가치절대주의와 가치상대주의의 싸움이 치열하게 벌어지고 있다.

한국의 보수정당을 대표하는 이들은 대부분 하나님을 경외하는 그리스도인들이다. 오세훈, 이언주, 김진태, 공병호, 김문수, 민경욱, 김경재, 이계성 등은 대표적인 신앙인들이다. 탈북한 정치인 중 태영호, 안찬일, 이애란, 강명도, 정성산 등은 가짜 하나님 김일성 3대를 추종하다가 창조주 하나님에게로 돌아온 그리스도인들이다. 보수 우파를 대표하는 원로들 가운데 김동길, 김진홍, 이인호, 김승규 등은 하나님을 신뢰하고 하나님의 뜻이 우리나라에 이뤄지기를 기도하는 지성인들이다.

반면에 거짓의 영에 사로잡힌 문재인 대통령은 촛불시위로, 인터넷 댓글로 집권하여, 국민들에게 수십 가지 약속을 하고 '한 번도 경험하지 못한 나라' "공산주의 유토피아"를 만들겠다는 약속만을 지킨 '정치를 빙자해 상습적으로 사기(fraud)를 치는 거짓말쟁이'이다. 현 집권세력에 가세하고 있는 국회의원, 판검사, 변호사, 전교조, 노조원, 참여연대 등 대부분은 주사파 운동권 출신으로 무신론적 유물론과 진화론을 따르는 이들이다. 이인영, 임종석, 조국 등 현 집권세력은 대부분이 유물론적 무신론자들로서 사회주의자임을 자처하는 이들이다. 헌법에서 '자유'를 빼는 개헌을 하고 교회와 언론을 재편하겠다고 벼르고 있다. 인본주의자들은 하나님의 존재 자체를 부인하기 때문에 하나님을 두려워하는 게 없다.

주사파 세력은 마르크스주의자 엥겔스와 레닌의 조언을 충실하게 따르고 있다. "도덕문제는 제쳐두고… 목표를 이룰 수 있는 수단이라면 혁명가는 무슨 수단을 써도 좋다. 온건해 보이는 수단이든 폭력적인 수단이든 상관없다. 우리는 무슨 수단이든 써야 한다.

계략도, 속임수도, 간계도, 불법적인 방법도, 은폐도, 진실을 덮는 것도 상관없다."

대통령과 대법원장, 조국, 추미애의 거짓말, 부산과 서울시장의 성추행, 공적 정보를 도둑질한 신도시 투기를 보라. 문재인 주사파 세력이 집권한 이후 개인의 자유와 재산을 보장하는 민주주의는 서서히 무너지고 있다. 우리사회는 정파적으로 심각하게 양분되어 있고 대통령은 분열과 갈등의 정점에 서 있다. 권력분립과 상호견제는커녕 모든 권력이 대통령과 청와대에 집중되어 있다. 의회 내 다수의석을 차지한 여당은 대통령 친위대가 되었고 그래서 의회정치는 제 역할을 잃었다. 사법부의 독립성은 심각하게 훼손되었고, 독립적이어야 할 감사원이나 검찰은 노골적인 정파적 공세의 대상이 되고 있다.

게다가 현재 대한민국은 민주노총, 전교조, 참여연대, 언론노조 등 문화권력을 완전히 지배하고 있어 전체주의 국가처럼 운영되고 있다.

2016년 촛불집회 당시 거리로 뛰쳐나갔던 많은 국민이 원했던 것은 '제왕적 대통령제'의 종말이었다. 그러나 오늘 우리는 민주화 이후 그 어느 때보다도 권력이 집중되고 상호견제 시스템이 무너진 '가장 제왕적인' 대통령제하에서 살고 있다. 우리의 민주주의는 심각한 위기에 직면해 있다(강원택, 2020). 경제학자 공병호의 지적대로, 사회주의는 부유한 자를 끌어내리려 하나, 자유주의(보수주의)는 가난한 자를 부자로 끌어올리려 한다. 사회주의자가 집권한 후 우리나라 안보, 경제, 교육 등 모든 영역이 하향 평준화되고 있다.

자유주의 대 공산주의의 대결

우리나라 건국의 아버지 이승만은 신본주의자로서 1948년 기독교적 가치 위에 대한민국을 건국하였고, 공산주의자 무신론자 김일성은 무신론적 인본주의 사상 위에 조선민주주의인민공화국을 건립하였다. 지난 70년의 대한민국 역사는 한미동맹을 바탕으로 세계 10위권의 경제대국으로 성장했고, 무신론적 신정국가인 북한은 세계에서 인권과 종교를 탄압하는 가장 무자비한 노예국가로 전락하였다.

주사파는 남한이 미국의 식민지라는 편향된 역사관을 가지고 있으며 대한민국의 성장과 발전의 근간이 되는 이승만, 박정희 시대를 완전 부정하고 있다. 현 주사파 정권은 대한민국을 '태어나지 말았어야 할 나라'로 규정하고 있다. 한미동맹 덕분에 우리가 민주화와 경제적 성취를 이룰 수 있었는데, 주사파는 김일성의 인민민주주의공화국에 정통성이 있다며 우리 현대사를 완전 왜곡 부정하고 있다.

"지금 유럽에 하나의 유령이 출몰했다. 공산주의라는 유령이!" 1948년 마르크스와 엥겔스가 저술한 『공산당 선언』의 서두이다. 유럽에서 태어난 공산주의가 70여 년이 지난 지금도 하나의 종교 이념처럼 한반도에 영향을 미치고 있다. 경제적으로는 우리가 북한을 압도하고 있는데도, 사상전에서는 우리가 공산주의 주체사상 이념 때문에 북한에 밀리는 형국이 되었다. 지난 80, 90년대 운동권 주체사상에 세뇌된 주사파가 행정, 사법, 입법, 언론, 노조를 장악한 문 정권은 반미, 반일, 반기업, 친노동 정책으로 사회주의적

몰수분배를 외치고 있다. 대기업 국유화, 무상의료, 무상교육 관련 법률을 제정하고 집행하려 한다. 북한이 지상에서 가장 불행하고 비참한 종교탄압국가가 되었는데도 좌파 세력은 종전선언과 미군 철수를 외치며 남북 연방제로 북한의 사회주의 체제를 닮아가려 하고 있다.

문재인은 신년사에서 "우리 사회가 더 통합적이고 협력적이 되어야 하며 보수와 진보가 서로 이해하며 손잡을 수 있어야 한다"고 했다. 그의 취임사에서는 "한 번도 경험해 보지 못한 (더 행복한) 나라"를 만들겠다고 약속했다. "평등, 공정, 정의, 포용" 같은 아름다운 수식어로 국민을 현혹시켜 놓고 국민을 선동, 기만, 사기당할 수 있는 존재로, 개, 돼지 취급을 하고 있다. 사회 공동체를 유지하려면 게임의 규칙이 필요하다. 잘못하면 책임을 묻고 처벌해야 마땅하다. 특권과 반칙이 없는 세상을 만들겠다고 공언하지 않았는가!

공산주의 본색 드러내. 공산주의와 사회주의 등 좌익의 이념은 진실과 도덕을 중시하지 않는다. 그건 기존 체제를 유지하기 위한 도구일 뿐 체제를 붕괴시키기 위해서라면 진실과 도덕은 마음대로 조직하고 부정해도 된다는 인식을 하고 있다. 실제 광우병 거짓 보도와 세월호 거짓 행태, 그리고 사기 탄핵과정에서 진실과 도덕은 완전히 실종되었다(변희재, 2021).

민주국가에서는 좌-우와 보수-진보의 구분 없이 서로 공유(共有)하는 기본가치가 있다. 3권 분립 원칙이나 표현의 자유가 그런 것들이다. 그런데 이 정권은 자기네 편이 저지른 범죄는 자기 편 검사가 수사하고, 자기네가 걸린 재판은 자기 편 판사가 재판하는 걸

3권 분립이라고 한다. 이런 가짜 3권 분립 속 사법부 수장인 대법원장이 요즘 자기가 했던 거짓말을 새 거짓말로 덮으려고 쩔쩔 매고 있다.

가짜뉴스를 만든다며 언론을 향해 징벌적 손해배상을 밀어붙이는 것도 우습다. 현 정권 들어서서 보도된 최대 최고 가짜 뉴스는 '북한이 핵무기 폐기 의지가 있다'는 것이다. 후쿠시마 원전사고로 1368명이 사망했다는 대통령 연설도 메가톤급 가짜뉴스다. 현 정권은 전 정권이 만든 4대강보 허물기와 원전폐쇄를 위해 통계조작을 서슴지 않는다. 가짜뉴스 진원지는 거의가 청와대, 정부, 여당이다(조선일보, 2021. 2.20).

한편 이 정부는 진짜 뉴스를 북한에 전달하는 것도 못하게 한다. 이 정권은 진보정권이라 하는데, '국가와 국가 관계에서 (외국인을) 멋대로 구금해서는 안 된다'는 UN 선언에 이름을 올리기를 거부했다. 북한의 눈치를 보느라 인류보편의 가치까지 거부하고 있다.

이 정권에서는 불법, 편법, 반칙은 문제가 되지 않는다. 법치(rule of law)를 하지 않고 필요한 법을 만들어 독재하기(rule by law)로 작정한 듯하다. 자기들 뜻대로 안되면 법을 만들어 강행한다. 대북전단살포금지법, 5·18 왜곡금지법, 공수처법 등을 야당의 반대를 무시하고 통과시킨 후 시행한다. 삐라를 날려 보내면 징역을 살게 된다. 광주민주화운동 해석 법위도 법으로 정했다. 여기에도 징역형이 붙어있다. 히틀러의 나치도 법을 만들어 온갖 만행을 저질렀다고 하는데, 독재의 행태가 조금도 다르지 않다.

현 정권은 소득주도성장, 탈원전 정책, 코로나 차단실패 등 잘못된 정책을 수없이 시행하였으나 전문가들의 거듭된 지적에도 정책을 수정할 생각을 하지 않고 고집스럽게 밀어붙이고 있다. 독재는 정치적 목적 달성을 위해 민주적 절차를 무시하고 수단을 가리지 않는 통치행태를 말한다. 집권 4주년 특별연설에서도 잘못된 정책을 수정하지 않고 정책기조를 그대로 유지하겠다고 선언했다. 전두환 독재시대보다 더 무서운 독재정치가 진행되고 있다.

최재형 감사원장이 월성1호기 경제성 검토과정에 대한 감사에 불법이 있었음을 밝혀냈음에도 막무가내로 탈원전을 그대로 추진하고 있다. 채택한 정책이 효과를 내지 않으면 철회하고 수정하는 것이 당연한 것이다. 그러나 문 정권은 비이성적인 전체주의 독재자의 모습을 보이고 있다. 대한항공과 삼성전자 부회장 재판과정에서 보듯이 반기업, 친노조 정책을 일관되게 시행하고 있다. 김경률 전 참여연대 집행위원장은 그 이유에 대해 예리한 통찰을 제공하고 있다. "운동권의 정치이념적 기반은 주체사상이고, 주체사상의 하나가 '수령무오류성'이다. 수령무오설에 의하면 수령은 결정에 실수를 할 수 없다는 것이다. 무수히 많은 잘못을 하고 범법을 하였어도 현 집권세력은 국민에게 잘못했다고 사과를 한 번도 한 적이 없다. 수없이 많은 정책적 실수를 범했음에도 정책수정을 한 적이 없고 자기들은 잘못한 게 없다고 한다"(중앙일보, 2020. 3.4).

이용수-윤미향 사건에서 보듯이, 이들은 자신들의 부끄러운 치부가 드러나면 사과하거나 고개를 숙이지 않고 오히려 고개를 쳐들고 삿대질하는 특성을 갖고 있다. 윤미향은 "저에 대한 공격은 보수언론과 통합당이 만든 모략극" "토착왜구 친일 세력의 부당한 공격"이라고 한다. 말로만 '정의' '공정' '민주' '인권' 등을 독점해 온 이들은 자신의 치부가 드러나면 솔직히 책임을 시인하지 않고 오히려 투사, 책임전가를 일삼으며 피해자를 역공한다. 언론과 지식인들은 이를 '내로남불'(double standard)이라고 한다. 문재인 정권을 한 마디로 특정하면 '거짓말' '내로남불' '이율배반' '막가파' 정권이다. 조국의 권력과 연루된 다양한 비리와 울산시장 선거 개입을 덮으려고 인권 보호라는 껍데기를 씌워 수사검찰을 검찰개혁이라는 이름으로 타살해 버렸다. 대통령은 윤석열 검찰총장을 임명하면서 '살아있는 권력도 엄정하게 수사하라'고 지시했다. 그래서 살아있는 권력을 법과 원칙대로 수사했더니, 담당 검사들을 좌천하든지 공중분해시켜 노골적으로 수사를 못하게 막았다.

단두대를 만든 사람이 단두대에서 죽었다. 중국 진나라의 상앙은 도망치다가 자기가 만든 법 때문에 잡혀 죽었다. 공수처법의 저주가 민주당에 내릴지도 모른다. '내가 대상이 되면 어떨까'를 염두에 두고 중립적, 객관적으로 적용될 법을 만들어야 한다. 울산시장 선거부정사건, 월성원전 1호기 부당폐쇄사건, 라임, 옵티머스, 북한에 원전을 건설해 주려던 계획 등 검찰수사가 전부 자기들 여권이 대상이다. 공수처를 만들어서 정권비리 관련수사를 차단하려는 건데 '살아있는 권력'을 수사하려는 윤석열 검찰총장을 직무정지 시킨다고 그 많은 범죄가 없어지기라도 한다는 것인가!

말과 행동이 어긋나는 것도 모자라 추미애는 식언을 밥 먹듯 했다. 아들의 병역비리를 질의하는 과정에 27번이나 거짓말을 했다고 언론은 보도했다. 전 국민이 아들이 병역비리를 저질렀다는 것을 알고 있는데도 무혐의 처분을 했다. 이런 거짓말과 불법으로 나라를 어지럽게 한 정권은 없었다. 오죽했으면 소설가 이문열(2020)이 이 시대를 "말과 논리가 망해버린 시대"라고 규정했겠는가!

세계를 상대로 인권 보호와 신장을 위해 진력했던 반기문 전 유엔사무총장은 2021년 신년 인터뷰에서 "몰상식·비상식·억지가 권력에 스며들면 독선과 오만으로 흐르게 되고, 그렇게 운영되는 국가는 정상 국가라고 할 수 없을 것"이라고 했다(조선일보, 2021. 1.1).

부동산 우울증

문 대통령은 "부동산 문제는 자신 있다"고 전 국민 앞에 장담했다. 의식주는 우리의 먹고 마시는 문제 못지않게 생존이 걸린 문제다. 정부의 무책임한 부동산 정책 때문에, 부동산 발(發) 박탈감과 우울감이 극단적 사회문제로 비화하고 있다. 전세 살던 부부가 아파트 매입문제로 다투다 남편이 아내를 살해하고 자신도 목숨을 끊는 참극이 벌어졌다. 미친 집값, 폭발하는 전세 대란 탓에 불화를 겪는 가구가 전국적으로 늘어가고 있다. 3년 내내 계속된 정책 헛발질 탓에 서울 아파트 값이 58%나 올랐다. 11월 중 서울의 전셋값은 2.39% 치솟아 18년 만에 최고 상승률을 기록했다. 지금 대한민국 청년 직장인들은 회사 업무보다 부동산, 주식 공부에 더 열을 올리고 있다. 민심은 폭발직전이다. "무주택자를 거지로 만든 대통령은 하야하라"는 요구까지 등장하고 있다. 장관은 무대책으로 '기다려 달라'는 말만 되풀이 하고 있다.

'미친 집값'은 문재인 정부의 부동산 실정이 가져온 대참사다.

잘못된 정책으로 집값을 역대최악으로 올려놓고는 세금폭탄을 때리겠다고 한다. 정부의 부동산 정책실패는 국민대다수를 패자로 만들었다. 서울시민의 34%가 문 정부의 부동산 정책이 100점 만점에 '0점'이라고 응답했다. 아니 경실련 본부장은 '0점도 아니고 마이너스'라고 했다.

거대 공기업인 LH관리를 투기 제보를 묵살하고 자사 직원들에게 특혜소득을 얻게 한 변창흠에게 맡겨 나라를 부동산 투기공화국으로 만든 이가 누구인가? 부패공무원 변 장관을 임명 강행한 문 대통령은 이 상황에도 변 장관에게 신도시 업무를 마무리하라고 하였다. 대통령으로서 사과를 해야 할 상황에 뜬금없이 '부동산 적폐청산을 하겠다'고 오기를 부리고 있다.

문 대통령은 특권과 반칙이 없는 세상을 만들겠다고 해놓고 모든 정사에 반칙을 동원하고 있고 야당에 협치를 하자며, 철저하게 자기편만 챙겨왔다. '사람이 먼저다'고 해놓고, 자기 진영 사람을 항상 우선시했다. 이처럼 문재인의 위선과 이중성은 극치를 치닫고 있다. 이런 '반사회적인 성격장애자'가 대통령으로 이 나라를 다스리는 동안 우리나라는 경제가 추락하는 것은 물론 나라 전체가 총체적으로 가라앉고 있다.

안철수 대표는 역대 모든 대통령에게는 공과 과가 있는데, 문 정권에는 능력(부동산, 경제, 외교가 무능), 부끄러움(사과), 도덕, 책임, 국민 분열, 민주주의(삼권분립), 미래가 없는 7無 대통령이라고 진단하면서, 과는 많고 공은 하나도 없는 유일한 정권이라고 진단했다.

무법천지 - 막가파 전체주의 국가를 만들려 하는가?

이 나라에서는 대통령이 수사와 판결을 혼자 다 한다. 대통령 지시에 의해 수사했던 이재수 전 사령관의 세월호 유족 사찰, 박찬주 전 육군대장 갑질 수사, 기무사 계엄령 문건 사건은 모두 줄줄이 무죄가 나왔다. 죄 없는 사람을 억지로 죄인으로 만들고 죽음으로 내모는 일은 국가가 해서는 안 되는 일이다. 이렇게 인권을 유린하고도 사과 한마디 없다. 이 정권은 남에게는 없는 죄도 만들면서, 월성 원전 1호기 평가 조작이나 울산 선거 공작 등 자기 편 불법은 있는 죄도 없애려 한다.

이들에게는 하늘(하나님: 민심)을 두려워하는 마음이 없다. 헌법도, 10계명을 어기는 것도, 상식과 양심을 범하는 것도 아무 문제가 안 된다. 안하무인, 무오지심이다. 청와대 수사관 출신 내부고발자 김태우는 진단했다. "두 번 도둑질을 해서 성공했는데 세 번 도둑질인들 하지 못하겠는가!" 김경수가 수천만의 드루킹 댓글로 대통령 선거를 강탈하고, 울산시장 선거 불법 개입으로 대통령 친구 송철호를 당선시켜 재미를 보았다. 이런 불의한 집단이 4.15 총선에서 사전투표 조작으로 부당하게 180석을 확보한 것이 납득이 되는가! 오세훈, 나경원, 이언주, 김진태, 민경욱 등이 사전투표조작으로 낙선된 게 뻔히 보이는데도 통합당(국민의 힘)에서 이의를 제기하지 않고 있다! 국내외의 통계전문가들과 유수 언론들이 이번 선거가 사기 조작 부정선거가 확실하다고 의문을 제기하고 나섰다. 선거관리위원회는 문제제기를 하는 이들에게 협조하지 않으며 투개표시연쇼를 해 진실을 파헤치는 것을 방해하고 있다. 정부

여당은 문제제기에 침묵하고 있다. 부정선거의 증거가 명백히 드러나고 있는데도 언론은 침묵하고 있다. 유튜브만 진실을 외치고 있다. 우리나라 역사상 이렇게 언론자유가 통제된 적이 있었는가!

과거 정권은 잘못이 없는데도 죄를 억지 조작하여 적폐청산이란 이름으로 처벌하면서도, 조국의 범죄, 송철호의 범죄, 손혜원의 범죄, 김경수의 범죄, 최강욱의 범죄, 윤규근의 범죄, 윤미향의 범죄가 명백한데도 자기 진영 사람이기 때문에 죄가 아니라고 계속 수사와 재판을 뒤로 미루며 구부러진 판결을 하려 한다.

더불어민주당을 더불어 '만진당'이라고 한다. 부산 오거돈 시장, 서울 박원순 시장이 모두 성추행으로 물러나고 박원순 시장은 목숨을 끊었다. 민주당 당헌은 "당 소속 선출직 공직자가 부정부패 사건 등 중대한 잘못으로 그 직위를 상실해 재·보궐 선거를 실시하게 된 경우 해당선거구에 후보를 추천하지 않는다"고 돼 있다. 문 대통령도 "재·보궐 선거 원인을 제공한 정당은 후보를 내지 말아야 한다"고도 했다. 그런데도 민주당은 정당의 헌법 격인 당헌과 약속을 던져버리고 후보를 내었다.

원로 법조인 김태훈 한변(한반도인권과 통일을 위한 변호사모임) 회장은 "현 정권의 3대 중대 범죄를 김경수 드루킹 댓글 사건, 울산시장 선거개입, 월성 1호기 조기폐쇄로 보는데, 나는 탈북민 강제북송 사건을 가장 심각한 범죄로 본다"고 했다. 자유를 찾아온 북한 젊은이들을 포승으로 묶어 눈을 가린 뒤 사지로 되돌려 보냈다. 지난 9월 22일 서해에서 우리 공무원이 북한 해역에서 무참하게 피살당하는 사건이 일어났다. 우리 국민이 총격, 시신훼손으로 죽어가는

데 대통령은 아무 것도 하지 않았다. 대통령은 누구보다도 국민을 보호할 의무와 책임이 있다.

현실을 무시한 소득주도 성장정책으로 고용 참사가 벌어지고 저소득층 소득이 감소하고 자영업자들의 폐업이 속출하는데도, 반시장적 부동산 정책으로 '미친 집값'을 촉발했지만, 경제성 평가를 조작해 월성1호기를 조기폐쇄해 막대한 국가적 손실을 초래했는데도, 성추행 사건으로 서울과 부산시장 보궐선거를 하게 됐는데도, 누구 하나 책임지는 사람이 없다.

장기집권이라는 목표를 위해서는 안면몰수하고 손바닥을 뒤집어도 괜찮다고 공언하고 있는 것이다. 이 정권은 울산시장 선거공작, 뇌물비리 공무원 비호, 조국 일가의 비리 파렴치, 추미애 장관의 아들 병역 비리, 공수처법 강행 통과 등 심판을 받아 마땅한 일을 저지르고도 총선에서 승리했다. 반칙과 파울 플레이는 계속되고 있다. 공산당 전체주의 국가가 아니라면 있을 수 없는 일이 자행되고 있다!

악한 일에 징벌이 속히 실행되지 않음으로 인생들이 악을 행하기에 마음이 담대하도다(전도서 8:11).

마르크스는 "공산주의자는 윤리 도덕 따위는 절대로 설교하지 않는다"고 말했다. 마르크스와 엥겔스는 "프롤레타리아는 법과 도덕과 종교를 부르주아의 편견"이라고 가르쳤다. "도덕 문제는 제쳐두고… 목표를 이룰 수 있는 수단이라면 혁명가는 무슨 수단을 써도 좋다. 온건해 보이는 수단이든 폭력적인 수단이든 상관없다"(윌

브란트, 2019).

　대통령을 비롯해 현 주사파 집권세력은 하나님을 두려워하지 않는 무신론적 인본주의자들이 대부분이다. 성경은 하나님을 자기 하나님으로 삼는 백성이 복이 있다고 했다. 하나님을 믿지 않고 하나님을 두려워하지 않는 주사파 사회주의자들이 나라를 쇠락의 길로 이끄는 것을 보고 방관할 수 없어 전국의 교수들과 장성들, 서울대 트루스포럼 지식인들이 경고하는 성명을 발표하였다. 미국과 캐나다, 호주의 해외동포들이 4·15 총선에서 자행되었던 부정선거를 파헤치라고 소리를 높이고 있다.

　하나님을 두려워하지 않는다면, 적어도 지식인들과 전문가들의 지적, 국민들의 탄원을 두려워해야 하지 않겠는가! 진실과 기름은 반드시 수면 위로 떠오르게 마련이다. 부정선거의 내막은 밝혀지고야 말 것이다. 오만은 누가 옳은가에 관심을 갖지만, 겸손은 무엇이 옳은가에 관심을 갖는다. 오만 무능한 정권은 무반응으로 일관하고 있지만, 시간이 지나면 "책망받는 모든 것은 빛으로 나타나게 될 것이다"(에베소서 5:13). 진실과 기름은 반드시 수면 위로 떠오른다고 하지 않았는가!

　2021년 4월 7일 서울과 부산의 보궐선거 참패 후, 문희상 전 국회의장은 이번 야당의 승리는 문재인 정권의 오만과 독선, 무능(비효율성) 등 모든 것에 대한 심판이라고 평가했다. 그는 김대중, 노무현, 문재인 3대 정권 핵심부에서 일한 바 있는 민주당 사람이다. 노정객은 '혁신과 개혁'으로 국민의 신뢰를 회복하는 것밖에 문재인 정부에 다른 희망이 없다고 주문했다.

정상적이고 건강한 사람은 어떤 사람인가? 자신이 처한 주변 현실을 정확히 파악하고 인식할 수 있는 사람이다. 문제를 정확히 파악하고 진단할 수 있어야 문제해결이 가능하다.

속과 겉이 다른 이중인격자

문재인 대통령은 속과 겉이 다른 이중인격자처럼 행세하고 있다. 윤석열 검찰총장이 지난 10월말 국감에서 "지난 총선 후 민주당에서 사퇴하란 얘기가 나왔을 때 대통령이 '흔들리지 말고 임기를 지키면서 소임을 다하라'는 메시지를 전해왔다고 했다. 문 대통령은 뒤로는 윤 총장을 식물총장으로 만들어 쫓아내려 갖은 궁리를 다하면서 겉으로는 윤 총장에게 흔들리지 말고 소임을 다하라"고 한 것이다.

문 대통령은 전 정권을 겨냥한 적폐수사를 이끌던 윤석열을 초고속 승진시켜 검찰총장에 임명하면서 '살아있는 우리 권력도 눈치 보지 말고 수사하라'고 지시했다. 당시 모두가 문 대통령의 이 지시를 높이 평가했다. 검찰이 문 대통령의 이 지시만 지키면 그것이 진정한 검찰개혁이다. 윤 총장은 문 대통령의 지시를 그대로 이행했다. 때마침 문 대통령이 조국 씨를 법무장관으로 내정했다. 검증 과정에서 조국의 파렴치가 양파껍질 벗겨지듯이 드러났다. 잠시 뒤엔 청와대가 문 대통령의 친구를 울산시장에 당선시키려 경찰을 동원한 공작을 벌인 혐의가 적나라하게 드러났다. 이 역시 검찰이 수사하지 않을 수가 없었다.

그러자 문 대통령은 '살아있는 권력도 수사하라'는 자신의 지시를 이행하는 윤 총장을 포위 공격하기 시작했다. 산 권력을 수사하는 검사들을 인사 학살하고 수사팀을 공중분해했다. 추미애 법무 장관을 임명해 윤 총장에 대한 공세를 한층 더 강화했다. 추 장관은 윤 총장의 수족을 모두 잘라 완전히 식물총장으로 만들었다. 이 모든 일의 뒤에 문 대통령이 있다는 것을 모르는 국민은 없다.

뿐만 아니라, 문 대통령은 취임사에서 여러 약속을 하는 가운데 한미동맹을 강화하겠다고 했다. 그러나 지난 3년간 그는 한미동맹을 계속 약화시키고 중국과의 관계를 강화하려 하고 있다. 겉으로는 온갖 좋은 말, 옳은 말, 선한 말을 다 하나, 겉과 속, 말과 행동이 이렇게 다를 수가 없다. 이러한 대통령을 국군통수권자로 두고 있는 국민은 보통 불안한 것이 아니다.

하나님은 진리와 공의의 하나님이시다. 하나님을 두려워하지 않는 좌파 주사파가 게임의 룰을 억지를 써서 자기들에게 유리하게 바꿨다. 헌법정신에도 어긋나는 연동형비례대표제, 공수처법을 만들더니 총선에서는 사전선거 표 조작을 통해 거대여당을 만들었다. 축구 경기로 말하면 파울 플레이를 계속하고 있다. 심판(하나님, 양심, 상식, 10계명, 헌법)의 말도 듣지 않는다. 그야말로 백성을 아무 것도 모르는 무지몽매한 개돼지로 취급하고 있다. 오죽하면 진보 사회학자 강준만 교수(2020)가 현 정권은 개혁을 외치지만 오히려 개혁대상이 되고 있다고 하였겠는가! 하나님을 두려워하지 않는 불의하고 부도덕한 정권의 도모를 누가 막을 수 있는가!

이해찬 민주당 전 대표는 의원들을 향해 "잘못된 현대사에서 왜곡된 것을 하나씩 하나씩 바로잡아 가는 막중한 책무가 여러분에게 있다"고 했다. 현 정권은 KAL 858기 폭파사건, 제주 4·3사건, 여수 반란사건, 천안함 폭침 등을 재조사하겠다고 한다. 한명숙 전 총리의 불법정치자금 사건은 유죄가 확정돼 복역까지 끝난 사건인데 재수사해 무죄를 만들겠다고 한다. 대법원의 확정판결도, 국정원 진실위의 최종결론도 뒤집으려 한다. 재심 청구, 진상재조사는 기본이고, 친일파묘도 불사한다. 조만간 과거 뒤집기 특별법이 여럿 탄생할 것이다.

교육전문가 황인희(2020)는 묻고 있다. "대체 이게 무슨 꼴인가? 몽매 중에 헤매고 있던 이 땅에 자유민주주의국가를 세우는데 앞장서고, 대통령이 되어 국가의 기초를 다진 건국 대통령 이승만과 세계 최빈국까지 떨어졌던 대한민국을 세계10위권까지 오를 수 있도록 그 발판을 마련해준 박정희 대통령의 업적을 제대로 가르치지 않고 어떻게 대한민국의 아이들에게 현대사 교육을 할 수 있다는 말인가?"

6·25전쟁 영웅 백선엽 장군을 친일파로 몰아 국립묘지에 모실 수 없다고 하고, 국립묘지에서 이승만, 박정희를 분단과 친일 세력의 원흉이라며 친일파로 규정해 '친일파 묘'를 파내야 한다고 한다. 미국과 같은 자유민주정권은 아무리 정권이 바뀌어도 국부들의 이상과 비전, 지혜를 되새기고 자주 인용한다(켄고르, 2020). 이것은 문명국가가 따르는 기본 습속이다. 그런데 이른바 진보 정권이라는 현 주사파 정권은 근현대사에 민주화와 산업화를 이뤄낸 두 대통령을 기리는 것이 아니라 폄하, 비하, 저주하고 있다. 친북, 친공산주의 정책을 썼던 김대중, 노무현은 칭송하면서, 반공정책을

썼던 이승만, 박정희는 민족분단의 원흉으로 비하하고 있다.

5·18광주사태에 대해서는 해석하기에 따라 폭동(uprising)으로 보는 시각도 있고 민주화운동이라는 시각도 있다. 그런데 거대여당이 '당론 1호'로 들고 나온 법안이 '5·18광주사태를 부인, 비방, 왜곡, 날조하거나 허위사실을 유포하면 감옥에 보낸다'는 것이다. 해석의 영역으로 남아 있는 5·18까지 역사왜곡금지법을 만들어 재론을 막겠다는 것이다.

6·25남침을 전쟁 유도설로 바꿔 남침을 북침이라고 호도하는 세상이다. 문재인은 스웨덴 의회에서 6·25가 남북상호 책임이라고 했다. 해방 이후 현대사를 모두 좌파시각으로 재구성하겠다는 것이다. 역사를 친일, 반일의 관점에서 일방적으로 해석하는 것은 민족 앞에 죄를 짓는 것이다. 권력은 유한한 것이다. 사마천이 말한 대로, "역사는 있는 모습 그대로 파악해서 거기에 필주를 가함으로써 있어야 할 모습을 살리는 일"이다. 그런데 권력이 국민에게 말할 수 있는 범위를 정해주고 따르지 않으면 징역형에 처한다면 그런 나라는 더 이상 민주국가가 아니다.

드디어 민주당은 10월 27일 의원총회에서 5·18 광주민주화 운동을 부인, 비방, 왜곡, 날조하거나 이와 관련한 허위사실을 유포하면 7년 이하 징역이나 7,000만 원 이하 벌금형에 처한다는 법안을 당론으로 채택했다. 정부발표와 다른 내용을 주장하면 감옥에 넣는다는 것이다.

우리 헌법은 국민의 자유와 권리를 제한하는 경우에도 그 본질은 침해할 수 없다고 규정하고 있다. 과잉 헌법은 안 된다는 것이다. 역사는 과거와 현재와의 대화다. 우리는 아직도 과거의 기억을 해석하고 재편집하는 과정에 있다. 역사란 과거 사실에 대한 냉정한 평가를 바탕으로 기술되어야 한다.

6월 초에는 김정은의 여동생 김여정이 탈북민단체의 대북전단 보내기를 막지 않으면 "금강산 관광 폐지, 개성공단 완전철거, 남북연락사무소 폐쇄, 남북군사합의 파기 등을 각오하라"고 했다. 통일부는 즉각 "대북전단중단법안을 준비하고 있다"고 반응했다. 꾸준히 대북전단을 보내 북한동포들의 눈을 뜨게 했던 박상학 대표는 갖가지 수모를 주어 활동을 못 하게 하고 있다. 드디어 민주당은 12월 2일 군사분계선 일대에서 북한을 향한 확성기 방송이나 전단 살포 행위 등을 금지했고, 이를 어길 경우 3년 이하 징역 또는 3,000만 원 이하의 벌금에 처하도록 하는 법안을 야당의 반대에도 단독 처리했다. 야당은 이를 '표현의 자유를 침해하는 법률' '김여정 하명법'이라고 반발하는데 여당은 '한반도 평화증진법'이라는 입장이다. 북한의 인권 문제를 외면하더니 급기야 김여정 하명법이라 불리는 대북전단금지법까지 만들었다. 천영우(2020) 전 외교안보수석이 지적한 것처럼, "북한주민들이 외부 정보에 접근할 길을 차단하는 것은 2,500만 동족을 세계 최악의 폭압체제에서 노예처럼 영원히 살아가라고 저주하는 반민족 행위가 된다." 지금 정권은 못 하는 게 없고 안 하는 게 없다. '민주화 운동'을 내세우는 정권이 미국과 같은 동맹으로부터 인권감시대상 취급을 받는 기막힌 일이 벌어지고 있다.

윈스턴 처칠은 "자유주의는 국민 모두를 행복하게 하고, 사회주의는 모두를 불행하게 만든다"고 했다. 자유주의는 가난한 자를 끌어올리려 한다. 사회주의는 부유한 자를 끌어내리려 한다. 우리가 선택해야 할 길은 개인의 행복을 우선하는 체제이다. 민족의 이름으로 개인을 억압하는 선택은 불행으로 달려가는 지름길이다(탁석산).

좌향좌는 '가난으로 가는 길'(road to poverty)이다. 지금까지 왼쪽을 선택했던 사회 중 성공한 사례는 없다. 사회가 평등을 추구할 때 우리는 평등은커녕 자유조차 잃어버릴 수 있다. 자유보다 평등을 앞세우는 사회는 평등과 자유 모두를 잃는다는 것이 역사의 교훈이다. 좌향좌 사회는 결코 번영할 수 없다(공병호, 2019). 체제의 선택은 중요하다. 진보라는 이름으로 포장된 사회주의 혹은 유사 사회주의, 전체주의에 현혹되어서는 안 된다. 지난 100여 년간 사회주의는 정치적으로나 학문적으로 그리고 현실적으로 충분히 검증을 받고 역사의 뒤안길로 사라졌다. 그런데도 지금에 와서 실패한 사회주의를 다시 시도하는 이유가 무엇인가!

자본주의 시장경제가 승리했고 사회주의는 실패했다

하나의 경제체제로서 자본주의와 사회주의, 그리고 공산주의는 어떻게 다른가? 자본주의(資本主義)란 개인의 사유재산권을 인정하고 개인의 자유선택과 자유경쟁에 의하여 경제활동이 이뤄지는 사회제도이며, 자유기업제도 또는 자유시장제도라고도 한다. 사회주의(社會主義)란 국가의 토지, 노동력, 자본 등을 소유하고 계획에 의해 경제활동을 하게 하는 제도이다. 반면에 공산주의(共産主義)란 개인의 사유재산권을 부정하고 개인의 자유를 통제하는 사회주의의 한 형태로 혁명적이고 강제적인 방식을 통해 경제적인 평등을 추구하는 제도이다(김효성, 2020).

　20세기 최대의 역사적 사건이 무엇일까? 20세기 초 러시아의 볼셰비키 혁명으로 사회주의(공산주의)가 공식적으로 등장한 후 72년 존속하다 소련의 붕괴로 지구상에서 실질적으로 사라진 것이 20세기 최대의 역사적 사건이다. 좌파 사회주의 사상은 개인보다 집단을 앞세우며 인간의 이성으로 세상을 설계하면 인민이 다 같이 잘사는 지상낙원의 건설이 가능하다고 믿는다. 마르크스는 여러 가지 이유로 자본주의는 붕괴하고 사회주의가 등장하게 된다고 주장하였다. 그러나 엄연한 역사적 사실은 마르크스의 예상과는 달리 경제체제 전쟁에서 공산사회주의의 처절한 몰락과 자본주의 시장경제의 완벽한 승리이다. 사실이 이러함에도 문재인 좌파세력은 무지하고 무능해서 빛바래고 망한 사회주의 망령을 되살려 친노동, 반기업 노선을 경제정책의 기조로 삼아 오늘날과 같은 경제파탄을 초래했다.

　좌파들의 전유물인 평등 이념은 어떠한가? 문재인 세력은 평등을 강조하고 항시 자유보다 평등을 앞세운다. 문제는 좌파들이 평등을 자유보다도 앞세우는 사회가 결국 평등도 자유도 달성하지 못하게 된다는 사실과 자유를 첫째로 내세우는 사회는 보다 큰 자유와 보다 큰 평등을 달성한다는 사실에 대해 무지하다는 것이다.

　마르크스-레닌도, 모택동도, 김일성도 모두 평등을 내세웠지만 그들이 손에 쥔 결과는 처참한 실패였다. 레이건 대통령의 설파는 의미심장하다. "자본주의의 태생적 결함은 행복을 불평등하게 분배해 주는 것이고, 공산주의의 태생적 결함은 불행을 평등하게 분배해 주는 것이다. 마르크스-레닌을 제대로 이해한 사람들은 어느 누구도 좌파가 되지 않는다."

여당은 벌써 장기 독재를 위해 원 포인트 개헌을 하겠다고 공언하고 있다. 헌법에서 자유를 빼고 인민을 넣어 우리나라의 기본 틀을 인민민주주의(사회주의)로 바꾸겠다는 의지를 드러내고 있다. 남북경제교류협력법을 제정하여 남한에 합법적 북한 기업을 만들어 연방제 통일을 준비하겠다고 공언하고 있다. 기업과 언론, 교회 패권을 손봐 사회주의 헌법으로 개정하겠다고 한다. 국가비상사태인데 국민들은 그 심각성을 전혀 의식하지 못하고 있다. 우선 국민의힘 국회의원 당선자 108명을 비롯한 자유 민주주의를 지키고자 하는 모든 국민들은 한 마음, 한 뜻이 되어 개헌을 막아내야 한다.

민주화 운동가들이 모였다는 더불어민주당에서 민주주의가 죽어가고 있다. 법치는 약해지고 인치는 강해졌다. 민주주의의 핵심은 '책임'이다. 그러나 문재인 정권은 '탈원전' '지소미아 종결' '김경수 드루킹 댓글조작,' '부동산 정책' '부정 조작 선거' 등 어느 잘못에 대해서도 잘못을 인정하지도, 사과하지도, 책임지지도 않는다. 모든 게 전 정권 탓, 검찰 탓, 야당 탓이다. 민주주의는 '책임을 지는 것'과 '책임을 묻는 것'이다. 집권 세력은 책임을 지고, 야당은 책임을 물을 자격과 의무가 있다. 그렇게 해서 우리는 함께 민주주의를 만들어가는 것이다(박성민, 2020).

386 운동권은 박정희와 전두환의 독재와 인권유린, 살인과 같은

고통에 저항했던 사람들이다. 그런데 당신들은 독재와 인권유린에 대해 말할 자격이 없다. 당신들이 추구했던 사회주의 혁명, 공산주의 체제야말로 바로 독재와 인권유린, 죽음과 같은 고통을 체재를 비판하는 이들에게 안겨주고 있지 않은가! 전광훈, 김경재, 정창욱 '신발열사'가 구속당할 만한 범죄를 저질렀는가!

악인을 의롭다하고 의인을 악하다 하는 이 두 사람은 다 여호와께 미움을 받느니라(잠 17:15). 의인을 벌하는 것과 귀인을 정직하다고 때리는 것은 선하지 못하니라(잠 17: 26). 공의는 나라를 영화롭게 하고 죄는 백성을 욕되게 하느니라(잠 14:34). 악인을 두둔하는 것과 재판할 때에 의인을 억울하게 하는 것이 선하지 아니하니라(잠 18: 5).

우리 국민은 나라의 정체를 자유민주주의에서 공산주의 사회주의로 바꿔달라고 문재인 대통령에게 요청한 적이 없다. 나라가 공산화되면 더 부강하고 행복한 나라가 된다면 쌍수를 들어 환영할일이지만, 지구상에 공산주의와 사회주의를 실험하여 성공한 사례는 한 번도 없었다! 종교를 박해하고 시진핑과 김정은만을 숭배하도록 강요하는 전체주의 국가 중국과 북한을 모범사례처럼 따라가려 하는 이유가 무엇인가!

드디어 사회주의 주사파 정권이 그 본색을 드러내고 있다. 대공수사권을 뺀 국가보안법을 야당과 국민의 반대를 무시한 채 통과시키려 한다. 이인영 장관이 교회를 재편하겠다고 예고하더니 더불어민주당 의원들이 교회폐쇄법과 예배금지법, 주민자치기본법을 발의했다고 한다. "공산주의라는 이념은 무신론적, 반기독교적 이념으로 억압과 범죄와 폭력과 살인을 재분배한다. 도둑질하고 죽이고 학대한다. 사회주의와 기독교는 절대로 화해할 수 없다. 종교적 사회주의, 기독교적 사회주의는 서로 모순되는 용어다" (Kengor, 2020). 사회주의 정권이 교회를 억압, 탄압하다 못해 아예 폐쇄시키겠다고 한다.

마르크스의 종교관은 전투적 무신론이다. 이들의 세계관에는 계급투쟁론, 자본가와 노동자의 갈등이 깔려있다. 하나님의 존재 자체를 무시하는 이들은 자유와 인권을 억압하며, '반동분자'는 척결의 대상이다. 자유민주주의 국가가 천국에 가깝다면, 중국과 북한 같은 사회주의국가는 지옥에 가깝다. 천국을 맛본 국민을 지옥으로 끌어내리려 한들 국민이 이에 순응하고 따라가겠는가!

2020년 성탄절을 전후해 사람들은 두 가지 성탄선물을 받았다고 환호했다. 조국 전 법무장관의 부인 정경심에게 재판부가 4년 징역형과 5억 원의 벌금을 선고하였다. 대통령과 법무장관이 합작해 윤석열 검찰총장을 2개월 정직시켰는데, 윤 총장이 징계취소소송에 승소해 업무에 복귀하는 일이 벌어졌다. 모든 게 역리로 돌아가는데 오랜만에 사법부가 국민이 수긍할 수 있는 판결을 해준 것에 대해 안도하고 환호한 것이다.

현명한 자는 타인의 경험에서 깨닫고, 평범한 자는 겪고서야 깨달으며, 어리석은 자는 겪고 나서도 깨닫지 못한다. 미국은 현명했고, 유럽은 평범했으며, 베네수엘라와 그리스는 어리석었다. 한국은 어느 길을 갈 것인가?(김대호 외, 2019).

분단도 모자라 대한민국은 서로 적대하는 진영으로 완전히 갈라졌다. 한 국가 두 국민이다. 사회디자인연구소장 김대호(2020)는 나라가 '보수와 진보, 우파와 좌파, 자유주의(자본주의)와 사회주의, 친미와 친중'으로 갈라져 서로 대결하고 있다고 본다.

안보에 대한 종북좌파의 기본입장은 평화를 원하기에 전쟁을 준비하지 말아야 하고, 안전을 원한다면 위협을 하지 말아야 하며, 협조를 원한다면 타협을 해야 한다는 것으로 요약된다. 종북세력들은 평화를 원하는 것이 아니고 그들의 최종목적인 낮은 단계의 연방제 통합형식으로 김일성의 숙원인 남한 전복과 적화를 평화론으로 위장한 것에 불과하다. 문재인이 주창한 평화경제는 남북한 한민족 경제공동체를 만드는 형식을 취해 사회주의 경제를 구축하겠다는 것이다(최광, 2019).

역사적 정통성과 도덕성에 빛나는(?) 문재인 정부가 하는 모든 일은 선이요, 정의요, 개혁이다. 당연히 이를 반대하는 것은 수구, 보수, 기득권의 음험한 음모다. 이들의 눈에는 대한민국은 온통 보수·기득권이 지배하는 나라다. 아니다. 역사적 정통성은 1948년에 세운 이승만의 대한민국에 있어 공산주의 체제를 뒤로하고 자유민주주의, 법치주의, 시장경제, 해양문명(미국, 일본, 유럽)에 친화적인 체재로 되돌아가는 것이 역사의 순리라고 믿는다.

미국 민주당과 한국 민주당은 성도덕 해체당

일찍이 예수님은 말씀하셨다. "사람에게서 나오는 그것이 사람을 더럽게 하느니라. 속에서 곧 사람의 마음에서 나오는 것은 악한 생각 곧 음란과 도둑질과 살인과 간음과 탐욕과 악독과 속임과 음탕과 질투와 비방과 교만과 우매함이니 이 모든 악한 것이 다 속에서 나와서 사람을 더럽게 하느니라"(막 7:21-23). 음란, 간음, 음탕, 질투 등 많은 죄악이 남녀관계, 성과 관계되어 있다.

사상과 이념, 사이비종교 전문가의 시각에서 볼 때, 우리나라의 위기는 공산주의를 경험하지 않은 젊은 세대가 프랑스에서 시작된 68혁명과 포스트모더니즘에 무방비로 노출되고 있다는 것이다. 철학자 조던 피터슨은 포스트모더니즘이 공산주의의 다른 이름이라고 규정하였다. 이들의 공통된 주장은 "절대적 진리 같은 것은 없다. 우리는 모든 형태의 억압으로부터 해방되어야 한다"는 것이다. 프리섹스, 동성애, 제3의성, 젠더주의 같은 타락한 성문화를 주입하여 가족과 교회를 파괴하고 도덕을 파괴해야 한다는 것이 바로 문화막시즘이 노리는 것이다. 이 사상이 포괄적 차별금지법, 낙태법 입법 시도로 나타나고 있다. 이런 '정치적 올바름'(political correctness)의 탈을 쓰고 나타나는 투쟁적인 세속주의는 반(反)기독교적이고, 반(反)하나님적이며, 반(反)전통주의 혁명이다. 이런 풍조를 받아들인 나라들은 예외 없이 우울증, 이혼률, 자살률이 높아져 국민행복도가 떨어진다는 것이 드러나고 있다.

우리는 남자, 아니면 여자로 창조되었다. 보통 섹스(sex)와 젠더(gender)를 구분할 때, 섹스는 생물학적인 성이고, 젠더는 사회학적인 성으로 이해된다. 하지만 레즈비언 주디스 버틀러(Judith Butler)의 퀴어이론에 의하면, 섹스뿐 아니라 젠더까지도 사회적으로 구성된 산물이라 주장하며, 젠더는 수행(performance)이라고 주장한다. 즉 남성이 여성적인 행동을 수행하면 여성이 된다는 것이고,

여성이 남성적인 행동을 수행하면 남성이 된다는 것이다. 모든 정체성은 허구일 뿐이며, 젠더는 수행적으로 구성된다고 주장한다. 사람의 성별이 남성과 여성 외 수십 가지 제3의 성이 있고, 남성이 여성 화장실과 목욕탕을 출입하며, 병역을 기피하고 여성 운동경기에도 선수로 출전할 수 있다는 것이다(정일권, 2020).

성경은 남자가 (일정한 나이가 되면) 부모를 떠나 아내와 연합하여 둘이 한 몸이 되어야 한다(창 2:24)고 말하고 있다. 신학자들과 가정 사역자들의 공통된 입장은 (1) 성은 생명창조와 쾌락(즐거움)을 위해 하나님이 창조하신 선물이다; (2) 성경은 성관계를 할 수 있는 대상을 부부 사이로 제한하였다. 혼전 성관계를 음행으로, 결혼 후 타인과의 성애를 간음으로 정죄하고 있다. (3) 부부가 피차 합의하에 성애를 누릴 경우, (체위 등) 어떻게 성관계를 할 것인가에 대하여는 제한하지 않으셨다.

그러나 가정을 무너뜨리는 것을 목표로 하는 공산주의자들은 (1) 책, 잡지, TV, 영화에 선정적인 내용을 넣어 성도덕의 기준을 무너뜨린다; (2) 동성애, 성문란, 불륜관계를 '정상이고 자연스러우며 건강한 것'으로 만든다; (3) 가정을 폄하하고 성문란(불륜)과 이혼을 부추긴다는 지침에 따라 전통적 도덕과 전통을 무너뜨리고 있다 (Skousen, 2017).

유럽 68세대와 한국의 86운동권 세대 사이에는 모두 사회주의 노선을 지향한다는 점에서 공통점이 있다(김누리, 2020). 마르쿠제를 영웅시하는 문화막시스트들은 남녀의 생물학적 차이라는 창조 질서를 가르치는 기독교 가르침을 '악마적 이데올로기'라고 평가한다(정일권, 2020). 문화막시스트에게는 자본주의, 가부장제, 기독교, 부르주아 가정제도와 결혼제도, 일부일처제, 기독교 성도덕 등이 비판대상이 된다(정일권, 2020).

문화막시즘(프로이드막시즘)은 성적인 금기를 금기시한다. 동성애는 물론, 트랜스젠더, 소아성애, 근친상간, 제3의 성을 인정하고 권장한다. 원래 진보주의는 기독교로부터 나왔지만, 기독교를 배신하고 있다(Rene Girard, 2010). 우리나라에서는 진보진영의 문란한 성도덕이 안희정, 오거돈, 박원순, 김종철 성추행 사건으로 드러나고, 미국에서는 민주당 바이든 대통령의 동성애 부부 주례와 동성애자의 교통부장관 임명, 군대 내 트랜스젠더 허용, 해리스 부통령 레즈비언 부부 주례, 수많은 지도자들의 소아성애 연루 등을 통해 반기독교적 타락상으로 나타나고 있다.

예수님은 어떤 사람이 거짓 선지자(지도자)인지 참 선지자(지도자)인지는 그 행위의 열매를 통해 분별할 수 있다고 말씀하셨다(마 7:20). 더불어민주당은 '더듬어 만짐당'이라는 말을 들을 정도로 지도자들의 성희롱 사건이 반복되고 있다. 그리고 동성애와 젠더 이데올로기를 지지하는 현 민주당 정권에서는 포괄적 차별금지법(평등기본법)과 낙태법 제정을 추진하고 있다.

반면에 도널드 트럼프로 대표되는 공화당은 일부일처 등 전통적 기독교적 도덕과 윤리를 지지한다. 기독교적 가치관에 따라 낙태와 동성애를 반대하며, 트랜스젠더, 소아성애를 적극 반대한다. 오바마가 성탄절에 Happy Holiday라고 했던 것을 트럼프는 Merry Christmas라고 성탄인사를 나눌 수 있게 하였다.

"모든 사람은 사상, 양심의 자유, 종교의 자유를 누릴 권리를 가진다"(세계인권선언). 인간의 기본권은 "국가안전보장, 질서유지, 또는 공공복리를 위하여 필요한 경우에 한하여 법률로서 제한할 수 있으며, 제한하는 경우에도 자유와 권리의 본질적인 내용을 침해할 수 없다"(헌법37조 제2항).

자유와 평등의 가치는 자유주의 헌법에 이미 담겨 있다. 그럼에도 불구하고 평등주의적 차별금지법을 강제하려는 저의에는 사회주의적 언어검열(PC)이 존재한다. 약자, 희생자, 성소수자, 외국인, 사이비종교를 배려해야 한다는 '정치적 올바름'은 정치계뿐 아니라, 대학 캠퍼스에도 지배적인 이데올로기로 자리 잡고 있다(정일권, 2020).

북한에서 20년을 살다가 남파된 고정간첩 박성엽(2019)은 90여 세의 나이에 남한사회를 향해 고언하고 있다. "마치 내가 내 몸 안에 암이 자랄 것을 전혀 예상하지 못했던 것처럼, 우리사회는 너무 고도성장과 발전과 오랜 시간의 평화에 취해 국가적 과제의 논의를 하지 않았고⋯ 비판 없이 세월만 가기를 기다린 것이다. 적은 수의 '그들(주사파)'이 한국 사회 전체를 마비시킬 수 있다는 사실을 뒤늦게 모두가 깨닫고야 말았다.

나라 전체가 주사파에 의해 접수된 이래 헌법 외교, 안보, 국방, 사법, 교육, 언론, 문화, 방송, 경제, 재정, 기업, 행정, 인사 등 모든 분야에서 이뤄진 파괴로 인해 이제 대한민국은 만신창이가 되었다. 끝없는 대북 저자세로 안보는 위태로워지고, 중국 눈치 보기에 미국, 일본 등 우방과의 관계는 삐걱거리고 있다. 한때 대한민국을 다스렸던 경험이 있는 노재봉, 정홍원 두 전직 국무총리와 여러 지도자들이 한 목소리로 말하고 있다. "대한민국이 조용히 해체되고 있다!"

정치철학자 윤평중(2021)은 문재인 정권의 최대문제는 민주적으로 선출된 권력이 민주 절차와 다수 국민의 지지를 동원해 삼권분립과 법치주의를 공격했다는 데 있다고 말했다. 문재인 정권 4년 통치는 민주주의의 미명으로 헌정질서를 해체한 과정에 다름 아니었다. 대북전단살포금지법과 5·18 역사 왜곡 처벌법, 국가보안법 폐지법이 보여주듯 문 정권은 시민적 자유와 권리에 입각한 민주주의 규범을 무시해왔다. 문재인이 이대로 폭주하면 '못 살겠다. 갈아보자'의 태풍이 한국사회를 강타할 것이다(조선일보, 2021. 1.8).

한국현대사를 살아온 102세의 노 철학자 김형석(2021) 교수는 말했다. "전두환, 노태우 대통령 때까지는 권력과 힘이 지배했고, 김영삼 대통령부터 법이 지배하는 사회가 됐습니다. 선진국이 되려면 법치사회에서 도덕과 윤리로 유지되는 사회로 넘어가야 하는데, 현 정부는 권력으로 몰아대고 이끌어가니…. 다시 권력사회로 떨어지고 있어요. 청와대 사람들 얘기 들으면 도덕과 윤리가 없잖아요. 또 북한 인권문제는 우리가 더 원해야 하는데 그런 건 언급하지 않고 오직 북한 정권하고만 손을 잡으려고 하니…. 양심과 도덕, 윤리가 살아있어야 해요. 사회가 유지되려면 진실, 정의, 휴머니즘이 있어야 해요. 그래서 나 같은 사람은 나라 걱정이 많아요."

드디어 좌파 정권의 폭주에 제동을 걸 수 있는 기회가 주어졌다.

이 정권의 누적된 실정과 폭주, 내로남불, 반칙, 파렴치, 오만에 국민들의 피로감과 배신감과 분노가 쌓일 대로 쌓였다. 서울과 부산 시장 보궐선거에서 국민의 힘 오세훈 후보와 박형준 후보가 큰 표차로 압승했다. 문재인 정부 4년 실정에 대한 분노가 마침내 투표로 분출되었다. 정권교체에 대한 희망이 보이기 시작했다. 하나님이여! 이 나라를 주사파 공산주의자들의 사악한 궤계로부터 지켜주옵소서!

3장

역사왜곡은
반역에 해당하는
범죄다

역사왜곡은
반역에 해당하는 범죄다

"진실과 기름은 반드시 수면 위로 떠오른다. 진실은 언젠가 드러 나게 마련이다"라는 말이 있다. 그러나 현실은 거짓과 왜곡이 진실 을 덮어버리는 일이 허다하다. 진실은 용기와 끈기를 가지고 찾으 려고 노력하지 않으면 밝혀지지 않는 법이다. 왜곡된 역사적 진실 을 바로 잡는 데는 도덕적 용기가 필요하다.

역사를 자신의 입맛대로 해석하거나 특정한 의도를 갖고 사실을 취사선택해선 곤란하다(심천보, 2021).

지나간 시간과 인물에 대해 경외심을 갖지 않는 나라는 미래가 없다(김인호).

과거와 현재를 싸우게 하면 우리는 미래를 잃게 될 것이다(Winston Churchill).

대한민국 역사를 바로 아는 것이 중요하다. 이는 개인이나 가족 의 역사를 바로 아는 것 못지않게 중요하다. 1948년 8월 15일 대한 민국이 건국되었다. 1949년 8월 15일 건국 2주년 표어는 '한 번 뭉 쳐 대한민국 수립, 다시 뭉쳐 실지 회복'이었다. 1948년 대한민국 이 건국되었고, 이제 우리는 다시 뭉쳐 북한 영토를 찾아야 한다.

우리나라 헌법에 따르면, '북한 주민도 대한민국 국민이다.' 북한이 대한민국 영토라는 것, 북한 주민도 우리와 같은 대한민국 국민이라는 것, 이들이 끔찍하게 고통을 받고 있다는 것을 우리 아이들이 어렸을 때부터 교과서를 통해 배울 때 북한의 인권문제가 개선될 수 있다.

　대부분의 사람들은 역사가 단순히 사실들을 정확하게 아는 것만의 문제가 아니라는 것을 안다. 역사는 과거와 현재 사이의 대화이다. 과거라는 존재는 역사가의 생각 속에서만 존재하는 것이다. 과거의 기억을 편집하는 역사가의 안목이 역사를 좌우하게 마련이다. 따라서 역사가는 그가 가지고 있는 사상의 해석적 틀의 관점(세계관)에서 역사적 사실을 대변하는 것이다(로널드 웰즈, 1995).

　현재 우리나라의 역사는 민족사관의 지배를 받고 있다. 필자는 이 책에서 자유사관의 관점에서 우리나라의 왜곡되어 있는 근현대사를 재조명할 것이다. 역사교과서를 저술하고 가르치는 이들에게 일제로부터 해방된 이후의 근현대사에 대해 올바른 역사를 후세에 가르치는 것은 무엇보다 중요한 과제이다. 역사교육은 어느 나라에서나 자기 나라의 정치체제를 긍정적으로 생각하도록 행해지고 있다. 따라서 역사교과서는 자기 나라와 정치체제의 정당성과 자랑스러운 점을 느낄 수 있는 내용으로 서술되어 있다.

　우리나라 전국 중·고등학교들이 대한민국의 정당성을 부정하고 북한을 긍정적으로 기술하는 국사교과서들만 채택하고, 그런 문제점들을 다소라도 개선한 국정교과서는 단 하나의 학교에서도 채택되지 않았다(양동안, 2017). 이것은 국가적 비극이다.

　현 정부의 문제는 이승만의 건국을 인정하지 않고 임시정부를 대한민국의 뿌리라고 인식하는데서 시작된다. 대한민국을 "태어나지 말았어야 할 나라"라고 규정한다. 태어나지도 않은 나라가 70년 동안 이렇게 살 수는 없다. 세상에 태어나지 말았어야 할 존재는 없다. 나라의 출생을 무효화하려는 극도의 자기부정은 반역이거나 국가적 자살과 다를 바 없다. 대한민국의 올바른 자랑스런 긍정의 역사를 가르치지 못하므로 성공의 역사를 친일·독재·부패의 부끄러운 역사로 가르쳐 패배감을 심어줌으로 성숙한 인간교육에 실패하고 있다(심천보, 2021).

2017년 문재인은 중국 충칭시에 있는 임시정부 청사 앞에서 말했다. "임시정부는 대한민국의 뿌리이자 법통이다. 헌법에 대한민국이 임시정부의 법통을 계승한다고 명시했다. 임시정부 수립을 대한민국의 시작으로 보고 있다. 2019년은 3·1운동 100주년이면서 임시정부 수립 100주년이 되고, 그것은 곧 대한민국 건국 100주년이 된다"(김세의, 2019). 완전한 역사왜곡이다!

1948년 대한민국의 건국을 부정하고 1919년 임시정부 출범을 건국의 기점으로 삼는 것은 대통령 자신의 법적 지위를 부정하는 것이요, 대한민국의 정통성을 부인하는 것이다. 대통령이 임의로 국체와 정체를 변경할 수는 없는 것이다(노재봉, 2018).

현 정권의 뒤틀린 역사관: 전교조가 역사를 왜곡하고 있다

오늘날 대한민국에는 문재인 대통령이 1948년 8월 15일 이승만의 건국을 부정하고 종북 주사파 사상을 가진 자들이 일어나, 6·25전쟁은 민족해방전쟁이고, 미군은 한반도를 분단시킨 원흉이라고 외친다. 해방 후 박헌영과 여운형, 남로당의 목표였던 인민공화국 건설을 위해 정치, 경제, 사회, 군사, 외교, 문화, 교육, 언론 등 각 계각층에 침투하여 거짓으로 국민을 선동하며, 자유 대한민국을 부정하고, 그들의 세력을 확대하고 있다.

이승만은 주로 미국에서 독립운동을 했고, 김구는 주로 중국에서 독립운동을 했다. 우파 진영은 이승만 대통령이 1948년 8월 15일에 대한민국을 건국했다는 데 동의하고 있다. 국가의 3요소인 국민, 영토, 주권을 모두 갖춘 때가 1948년이기 때문이다. 반면 좌파 진영은 중국 상하이 임시정부가 수립된 1919년 4월 11일이 바로 대한민국 건국일이라고 하고 있다. 따라서 현 주사파 정권에서는 이승만이 아닌 김구가 국부가 되어야 한다는 것이다.

문재인 대통령이 1948년 건국을 부정하고 1919년 상해 임시정부 수립을 건국이라 천명한 것은 권력에 의한 역사의 오만한 왜곡이자 대한민국의 정체성과 대통령의 존재성에 대한 자기부정이다. 이는 독립운동의 역사성을 부정하는 일이며 1948년 8월 15일 이후 성립된 대한민국의 역사를 지워버리는 일이다(노재봉 외. 2018).

중고생 70%가 배우는 교과서는 대한민국 건국을 정부수립으로 기술하고, 북한을 조선민주주의인민공화국 수립으로 묘사해 정부의 수립의 정통성과 합법성이 김일성 정권에 있는 것으로 가르치고 있다. 대한민국과 조선민주주의인민공화국을 대등하게 배치함으로써 대한민국 교과서인지 북한의 교과서인지 구별이 되지 않는다. 북한의 공격에 의해 일어났던 KAL기 폭파사건을 조작이라고

하거나 '천안함 폭침'은 아예 언급하지 않거나 '사건'으로 취급해 '현대사를 왜곡하여 사실관계를 잘못 전달하고 있다'(조선일보, 2021. 1.18). 북한 어뢰에 의한 폭침이라는 게 국제조사단에 의해 확인되었는데도, 주사파 정권은 이것이 북한의 공격과 관계없이 일어난 사고인 것처럼 조작하려고 안간힘을 쓰고 있다.

얼마 전에는 공영방송인 KBS에서 "이승만은 친일파를 써서 나라를 세운 부끄러운 대통령이니, 그 무덤을 파헤쳐야 한다"는 방송을 내보냈다. 도올 김용옥은 우리나라의 국부 이승만을 '개새끼'라고 부른다. 이와 같은 좌편향된 교육을 받은 젊은 세대는 이승만과 박정희의 공적을 꺼내면 친일파 독재를 변호하고 합리화한다고 비난하기 일쑤다. 참으로 부끄러운 일이 아닐 수 없다(심천보, 2021).

뿌리 없는 나무가 자랄 수 없듯 이승만과 박정희를 잊은 대한민국은 희망이 없다. 우리가 우리를 낳아준 부모를 잊는다면 패륜아로 매도당할 것이다. 이승만이 없었다면 대한민국은 없다. 이승만은 19세기 말부터 한민족이 겪은 슬픈 역사의 표상이다. 그러나 그 슬픈 역사를 대한민국의 건국이라는 희망의 역사로 전환시킨 인물이 바로 이승만이다. 이 인식이 전국민에게 확산될 때 대한민국은 다시 기운을 얻고 더욱 더 힘차게 뻗어나갈 것이다(노순규, 2013).

친북종북세력의 종주국 북한의 프로그램대로 진행되는 한국의 역사교육, 북한이 망하면 대한민국의 역사가 바로잡힐 것인가! 역사교육이 이럴진대 남한이 먼저 망하지 않는다면 기적일는지 모른다.

6·25는 남침인가, 북침인가?

6·25 한국전쟁은 '북한군이 남한 좌익과 합세한 전쟁'이다. 공작과 모사를 통한 공산화 작전이 실패하자 김일성은 1950년 6월 25일 18만 병력과 T-34 전차 242대, 자주포 142대, 100대의 전투기와 폭격기를 앞세워 전면 남침을 감행했다. 6·25전쟁은 500여만 명의 인명피해를 야기했다. 6·25 남침 때 최일선에 서서 인민군을 이끌었던 장교의 80%, 그리고 18만 명 인민군 중 6만 명이 모택동의 중국공산당이 북한에 보낸 조선족 병력이었다. 6·25는 스탈린, 모택동, 김일성 합작의 남침전쟁이었다(김인호, 2016).

김일성 집단은 공산주의와 사회주의 통제경제, 소련, 중공과의 공산동맹을 선택했으나 70여 년이 지난 오늘날 국제사회에서 인간이 살 수 없는 패륜국가, 불량국가, 신정국가, 악의 축으로 전락했다. 남북한의 체제경쟁은 대한민국의 압도적 승리로 결말이 났다. 남한의 경제력은 북한에 비해 50배를 능가하고 있다. 북한에서 20년을 살다가 남파된 간첩 박성엽(2019)은 현 정권에 의한 역사왜곡이 심각함을 지적하면서, "어느새 '사태'는 '양민학살'로, '봉기'는 '민주화'로, '투쟁'은 '의거'로 바뀌어 가는 것을 보고 있다. 점점 교과서에서 '이쪽 이야기'는 빠지고, '저쪽 이야기'들이 삽입되기 시작했다"고 탄식하고 있다.

대다수 국민들은 "초대 대통령 이승만이 강력한 반공정책을 펼쳐 공산주의세력으로부터 자유민주주의를 지켜낸 것"에 대해 감사하고 있는데, 좌파세력은 김구의 좌우합작을 통해 우리나라를 김일성이 주도한 공산주의 통일국가로 건국하지 못한 것은 이승만 때문이라고 이승만을 분단의 원흉으로 몰아가고 있다. 이것은 좌우를 떠나 민족반역적인 태도다. 이승만은 반공으로 남한을 보호하였고, 자유민주주의 시장경제로 국가의 기틀을 세워 오늘의 대한민국을 이룩하였는데 이게 웬일인가? 이승만 때문에 적화통일이 안 된 것이 그렇게 한이란 말인가? 공산주의자 문재인은 처음부터 우리나라가 자유민주국가가 아닌 공산국가로 시작되었어야 했다고 말하고 있는 것이다(심천보, 2021).

문재인 대통령은 친일 독재세력을 척결하면 사회정의가 바로 서고 누구든 성실하게 노력하면 잘 살 수 있는 상식이 기초가 되는 나라를 만들 수 있다고 본다. 그래서 그는 "친일 - 반공 - 산업화 - 군부독재 - 지역주의 - 보수 - 부패, 위선, 허위세력을 하나로 연결하고, 대한민국의 온갖 모순 부조리, 특히 뒤틀린 사회정의의 원인을 역대 정권이 이들을 척결, 청산, 심판, 교체하지 못한데서 찾는다. 최근 들어서 친일 - 군부독재 - 부패 - 허위 세력과 자유한국당(국민의힘)으로 대표되는 보수를 연결한다. 2019년 7월부터는 친일 매국 - 토착왜구까지 연결하고, 이들을 궤멸시키기 위해 죽창가를 노래한다"(김대호, 2020).

2019년 5.18 기념식에서 문 대통령은 '임을 위한 행진곡' 제창에 이어진 기념사에서 "독재의 후예가 아니라면 5·18을 다르게 볼 수 없다"고 했다. 우리가 존경하는 두 지도자, 이승만과 박정희의 생애와 업적을 '독재자'라는 말로 일축하고 있다. 이는 한반도 유일의 합법 정부인 대한민국의 정체성을 부정하는 것이다.

자유한국당 원내대표를 역임한 나경원(2020)은 우리는 독재의 후예가 아니라 '기적의 후예'라고 말한다. "우리는 전쟁의 폐허, 가난과 절망의 늪 위에 풍요와 긍정의 땅을 일군 역사의 주인공들이다. 우리는 번영과 기적의 후예들이다. 우리는 건국, 산업화, 민주화를 빠르게 이뤄내고 당당한 세계중진국으로 자리 잡았다." 문재인이야말로 좌파 독재의 화신이다.

대한민국 역사의 본질은 북한과 북한을 추종하고 대한민국의 정통성을 부정하는 반정부 세력의 도발과 그에 맞서는 자유 민주세력의 싸움이다. 수많은 간첩사건, 무장공비침투, 대통령 시해시도, 영부인 살해, 민항기 납치폭파, 해상과 섬 지역 포격과 군 함정 격침사건, 남북연락사무소 폭파 등등 지금도 계속되고 있다. 주사파는 친북, 종북 세력을 향한 보수 국민의 비판을 '일제잔재, 토착왜구'라는 프레임으로 매도해 버린다. 국민의 절반을 친일세력으로 몰아붙여 정치적으로, 역사적으로 생매장해 버리겠다는 전략이다.

종북 주체사상파는 남한을 미국의 식민지로 보는 뿌리 깊은 인식을 갖고 있다. 특히 한국의 기독교 세력이 극우반공세력으로서 미 제국주의자들과 연결되어 통일을 방해하고 있다는 역사관을 갖고 있다(이정훈, 2018). 현실적으로 한미 동맹에 안보를 의존하고 있는 대한민국 입장에서 한미일 삼각공조는 불가피한 안보의 방패다. 그런데도 한미 동맹과 한미일 공조를 강조하는 세력에 어김없이 '친일딱지'가 붙여진다. 우리 안보와 정치를 매우 어렵게 만드는 고질적 병폐이며 왜곡된 역사관이다(나경원, 2020).

문재인 정권은 국가의 정통성이 조선민주주의 인민공화국에 있다고 믿으며, UN이 인정한 이승만의 유일합법 정부를 '외세의 꼭두각시'라고 낙인찍는다. 1948년 당시 항일과 건국의 간극, 즉 완전한 친일청산이 이뤄지기에는 시대적 한계가 있었던 것이 사실이다. 그러나 북한과 종북 좌파들은 정작 북한의 초대내각에 친일파 출신이 남한보다 더 많이 기용되었다는 사실은 외면한다. 이들은 이승만, 박정희는 항일 정통성이 없는 '가짜 세력'이고, 이분들의 '건국과 산업화'의 유산을 계승하는 보수우파세력 역시 '친일의 잔재'로 치부한다.

한신대 윤평중 교수(2020)는 '반일, 종북 민족주의가 나라와 시민적 자유를 위협한다'며 다음과 같이 일갈하고 있다. "반일 감정의 씨줄과 종북 정서의 날줄이 한국 민족주의를 왜곡한다. 즉물적 반일 감정을 넘어 냉정한 극일과 용일(用日)이 새로운 민족주의의 화두가 되어야 마땅하다… 북한은 우리가 생각하는 한 민족이 아니다. 스스로 '김일성 민족'을 선포한지 오래되었다. 공허한 종전선언에 집착하는 문 정권의 종북민족주의는 나라를 해치는 망상이다. 광복 75주년에 실체도 없는 친일파 타령은 자유롭고 정의로운 공화정의 적이다"(심천보, 2021). 북한은 체제·사상·이념이 남한과 완전히 다르다. 이대로 통일되면 남북은 모두 붕괴된다!

교사는 자신의 개인사상을 주입해서는 안 되고, 좌우 양자의 입장을 충분히 보충하여 학생을 지도해야 한다. 특정 정치사상 및 종교를 세뇌시키는 것은 곧 아동학대 행위이다. 공무원은 정치적 중립을 지켜야 한다. 특히 교사는 학생들에게 정치적 언급을 해서는 안 된다. 교사는 정치적 사상 등에 철저하게 중립을 지켜야 한다.

자유민주주의 사회에서의 교육은 탈정치, 탈이념적이어야 한다. 한국교원단체총연합회 하윤수(2020) 회장은 말했다. "한국의 교육계는 하나의 집단으로 똘똘 뭉친 교육감 협의회는 한목소리를 내는 거대한 교육카르텔(cartel)로 변질됐고, 교육부는 이들의 주장을 받아 법과 제도를 바꾸기에 몰두한다. 이들의 신념체계는 일반의 상식과 큰 차이가 있다. 40년 전에 신봉하고 행동했던 특정신념이 오랜 세월이 흘러도 여전하다. 현상을 보는 다양한 해석은 인정하기 힘들다. 항상 달의 한쪽 면만 보고 있는 듯하다. 자신들의 신념에 편향이 더해져 하나의 절대 선으로 고착됐다. 그 사이 교육 도그마(교조주의)는 더 확고해졌다. 이제는 미몽에서 깨어서 지금의 철옹성과 같은 교육지배 구조를 되돌려놔야 한다"(조선일보, 2020. 12.30).

102세의 원로철학자 김형석(2021) 교수는 "국가의 장래와 민족 문화의 세계 참여를 위해 이념교육을 포기하고 인간 교육의 옥토를 준비해 주어야 한다"고 조언하고 있다(조선일보, 2. 6).

현행 교과서에 나타난 비뚤어진 역사관

1948년 8월 15일 대한민국이 건국한 이후부터 현재까지의 우리 나라 역대 대통령들의 이름을 적어본다. 이승만, 윤보선, 박정희, 최규하, 전두환, 노태우, 김영삼, 김대중, 노무현, 이명박, 박근혜. 이분들은 현재까지 우리 대한민국을 이끌어 온 우리나라의 대통령 들이다. 나이와 가치관에 따라 호불호가 갈릴 것이다.

그런데 이상하게도 우리나라 근현대사에 가장 중요한 인물인 건국 대통령 이승만과 한강의 기적을 이룩한 박정희 대통령에 대해서 부정적으로 비판하는 젊은이들이 많다. 두 분을 비판하는 사람들은 이상하게도 북한의 3대 세습을 통한 인류 최악의 전체주의 체제에 대해서 침묵하고 있다. 이승만, 박정희에 대하여는 '독재자, 친일파'로 매도하고 북한의 공개처형, 정치범수용소, 인권유린, 핵무기와 미사일개발에 대해서는 침묵을 지킨다.

객관적 진실은 무엇인가? 대한민국이라는 큰 제도적 틀이 없었다면 5·16 산업화 세대가 움직일 공간도 없었다. 이승만 대통령이 닦아놓은 기초 위에 박정희 대통령이 경제건설을 추진할 수 있었다. 또한 이승만이 이룩한 한미동맹이 없었다면 대한민국의 경제발전은 불가능했다.

주사파 정권의 역사관을 관통하는 것은 "이승만, 박정희가 창조한 정치적, 경제적 성과는 그리 중시하지 않고, 소신과 지조를 지키다가 쓰러진 김구를 지표로 삼는다"는 것이다(김대호, 2020). 이승만은 폄훼하고 좌우합작을 주장하며 공산주의에 농락당했던 김구에 대해서는 한없는 존경심을 표현하고 있다.

모택동 숭배자 리영희 교수도 김구를 "사심 없이 동포를 사랑하고 민족의 자주독립을 염원하고, 외세에 굴종하거나 예속되는 것을 거부하고, 민족의 분단을 한사코 반대한 정치인"으로 여기고 존경했다. 현 정권의 이인영 장관도 이승만 대신 김구를 국부로 모셔야 한다고 주장한다.

북한에는 김일성, 김정일 등의 동상 수만 개가 북조선 전역에 세워져 있다. 그런데 대한민국의 건국과 발전을 이끈 이승만 대통령과 박정희 대통령의 동상건립에는 반대하고 있다. 문제는 우리 어린 학생들이 이승만과 박정희 대통령에 대해서 알지 못하고 배우지 못하고 부정적인 가르침을 받으면서 성장하고 있다는 것이다.

박근혜 대통령은 학생들에게 '올바른 역사관, 다양한 역사관'을 심어주자는 취지에서 국정역사교과서를 도입하려 시도하였으나 좌파 교육감과 전교조 교사들의 반대로 단 한 곳에서도 국정교과서는 채택되지 못했다. 문재인 대통령은 취임하자마자 적폐1호로 국정역사교과서를 지목하였다. 박 대통령과 문 대통령은 역사를 대하는 시각과 태도가 완전히 상반되고 있다.

민중사관이란 무엇인가?

역사학계의 원로인 이기동 교수는 좌편향된 민중사관이 1980년대부터 도입되었다고 말한다. "편협된 민족중심, 계급중심을 앞세우는 민중사학의 정체를 알면 한국사 교과서의 왜곡은 당연하다는 사실이 이해된다. 그들의 한국 근현대사 기본인식은 반외세와 반자본주의이다. 대외적 측면에서 식민지 시대는 반일, 광복 후는 신식민지 시대로 보아 반미가 중심이고, 대내적 측면에서는 민중해방과 체제타파가 목적이다. 민중사학은 북한 역사학계의 연구 결과가 남한에 유입되면서 대두한 마르크스주의 역사학의 일종이다. 민중사학의 근현대사를 기본적으로 반봉건의 근대화와 반제국주의 항쟁의 과정으로 파악하고 있다"(조선일보, 2015.10.22.).

대한민국 교과서가 왜곡되기 시작한 것은 북한의 역사관과 역사연구 방법론이 대한민국에 도입되기 시작하면서부터이다. 북한역사관의 도입시기는 학생운동에 주체사상과 그 혁명론이 도입되기 시작하는 시기와 정확히 일치한다. 북한 역사학 연구와 도입이 오늘 대한민국 교과서 좌편향을 이뤄 낸 것이다(이동호, 2016). 좌파 민족주의자들은 '좌파는 민족해방세력', 그리고 '우파는 분단세력'으로 양분하고 미국을 '한반도의 적'으로 본다. 이것은 바로 김일성과 박헌영, 그리고 문재인의 공통된 역사인식이다.

현재 사용되고 있는 7가지 교과서는 모두 공산주의(사회주의) 이념성향의 민중사관에 입각해서 집필된 것으로 좌편향 일색의 중고등학교 교과서에는 다음과 같은 내용이 수록되어 있다: 다음의 왜곡된 진술은 북한이 정식화한 민중사관을 그대로 반영하고 있다.

첫째, 대한민국은 '정부수립', 북한은 '조선민주주의 인민공화국수립'으로 기술하여 정통성이 북한에 있는 것으로 이해하도록 서술하였다. (대한민국 건국일을 실제로 건국된 날인 1948년 8월 15일로 아는 인구가 25% 내외이고, 엉뚱하게도 1919년 4월 임시정부수립일이 건국일이라고 생각하는 인구가 65% 내외로 나타나고 있다: 양동안, 2017).

둘째, 스탈린이 북한 지역에 단독정부 수립을 지시한 사실을 은폐하고 남북분단의 책임이 소련과 북한이 아닌 남한에 있는 것처럼 왜곡하였다.

셋째, 북한의 남침으로 시작된 6·25전쟁의 책임이 남북한 모두에게 있는 것처럼 기술하고 있다(북한은 6.25를 민족해방전쟁이라고 부르고 있다).

넷째, 공산침략에 맞서 나라를 구한 연합군과 국군을 학살자로 모독하고, 북한의 수많은 학살만행은 기재하지 않았다.

다섯째, 북한에서의 토지강탈을 토지개혁으로 미화하고, 대한민국의 농지개혁은 평가절하하였다.

여섯째, 김일성이 독립운동을 주도한 혁명가인 것처럼, 과장하여 기술하고, 이승만의 독립운동은 부정적으로 축소, 왜곡하고 박정희와 함께 독재자로 기술하였다.

일곱째, 주체사상을 비판하는 데에는 인색하고 많은 분량을 주체사상에 대한 해설 및 북한 자료 원문을 인용하여 기술하면서, '북한에 대한 부정적인 인식이 형성되지 않도록 주의하라'는 지침을 달아놓았다.

여덟째, 김대중 전 대통령의 긍정적 사진은 4장, 북한 김일성의 긍정적 사진은 3장인 반면, 박정희 전 대통령의 사진은 부정적인 사진으로 단 1장에 불과하다.

이들은 자유민주공화국 대한민국을 부정하며 북한 김일성-김정일 세습 공산왕조에 민족의 정통성이 있다고 믿는다. 그들에게는 대한민국을 조선민주주의인민공화국에 복속시키는 것 자체가 혁명이다. 전교조의 한국 근현대사 기본인식은 반외세, 반자본주의이다. 밑바탕에 반일, 반미, 친북, 친중 사상을 기본전제로 하고 있다.

중학교 역사 교과서 속의 종교 서술 분량이 이슬람교 46.1%, 불교 16%, 천주교 15.5%, 힌두교 10.4%, 정교회 6%, 개신교 3%였다. 그리고 이슬람이 역사적으로 침략과정에서 기독교를 박해하였고, 지금도 특정종교를 핍박하고 신도들을 살해하고 있는데, 아무 문제가 없는 완전한 종교인 것처럼 왜곡 미화해서 기술해 놓았다. 기독교는 현실적으로, 역사적으로 우리나라 독립과 번영에 가장 큰 영향을 미친 종교다. 그런데 교과서가 현실을 반대로 기술하고 있다(박은희, 2020).

전교조에서 말하는 참교육은 참다운 인성교육이 아니고, 실제로는 "'민족교육'(대한민국은 미제식민지다. 미국을 몰아내고 해방시키자), '민주교육'(노동자 농민 수탈하는 자유민주주의를 제거하고 혁명을 통해 인민민주주의를 설립하자), '인간화교육'(인민민주주의 설립, 민중에 의한 연방제 통일)이라는 사실을 알 필요가 있다"(이동호, 2016).

경제, 윤리, 사회, 문화 교과서 등 모든 교과서가 김대중·노무현 정부에 대해 우호적으로 서술한 반면, 이명박·박근혜 정부에 대해서는 부정적으로, 북한 김정은 정권에 대해서는 우호적으로 서술하는 경향을 보이고 있다. 좌파 교수들과 전교조 교사들의 좌편향된 역사관을 반영하고 있는 것이다. 모택동의 홍위병처럼 우리나라의 자랑스런 역사를 수치스런 역사로 왜곡해 다음 세대를 의식화하고 있는 전교조에 대해 남정욱(2012) 작가는 전교조의 정체에 대해 다음과 같이 결론을 내리고 있다.

"전교조는 일종의 병이다. 영혼을 타락시키고 온화한 사람도 폭군으로 만든다. 법과 질서에 대한 경멸이 확산되면서 나라가 무정부 상태로 진입하고 있다… 공산주의는 정당이 아니라 일종의 병이다. 공산주의에 전교조를 대입하면 이 집단의 정체가 그대로 드러난다. 이 조직의 색체는 '친북'과 '반미'와 '반국가'로 압축된다. 한때 전 세계 피압박 인민들에게 희망의 이름이었던 레닌이 얼마 후 넘어서야 할 압제의 상징이 된 것처럼, 낡은 것은 털고, 더 높은 단계로 진입할 것인가, 아니면 진흙탕 싸움 끝에 추락하여 목이 부러질 것인가"(남정욱, 2012). 전교조는 무너져야 한다.

지금 남과 북은 완전히 이질화되어 있다. 어쩌면 말이 안 통하는 선교지에 가서 복음을 전하는 것이 더 쉬울지도 모른다. 북한 선교는 우리와는 사상과 가치관, 문화가 완전히 다른 미전도종족 선교 대상이라 생각해야 한다(추부길, 2016).

역사적 진실은 무엇인가? "이승만 대통령은 공산주의 국가가 아닌 자유시장 경제를 추구하는 자유민주주의 국가를 건국하였으며, 박정희 대통령은 북한의 공산주의가 호시탐탐 노리는 상황에서 국방의 안보를 튼튼히 하면서 선진국으로 도약할 수 있는 산업화의 경제발전을 이룩하였다"(이명호, 2018). 이승만은 우리나라를 공산국가가 아닌 자유민주주의 국가로 건국한 국부이고, 박정희는 우리 민족을 가난의 질곡에서 구출한 부국강병의 토대를 놓은 개발 대통령이다.

대한민국 교과서를 이대로 둘 수는 없다. 대한민국의 올바른 역사관, 긍정의 역사관, 품질 좋은 교과서로 학생들을 가르치는 일을 다시 시작해야 한다(심천보, 2021).

광복회까지 역사왜곡에 앞장서고 있다

광복은 독립을 의미하는 것이지 해방을 의미하는 말이 아니다. 광복은 일본으로부터 해방된 1945년 8월 15일이 아니고 1948년 8월 15일 독립된 나라로 건국한 것을 의미하는 말이다. 대한광복회가 처음에는 '국권회복'의 은유적 표현으로 국권이 사라진 것을 암흑기로 표현하고 국권의 회복을 광복이라 표현했었다. 그러나 독립운동을 광복운동이라 한 것에서 볼 수 있는 것처럼, 광복과 독립은 호환적으로 사용되었다. 우리 민족은 일제로부터 해방된 것이고 1948년 독립국가로 광복하였다고 하는 것이 역사적 진실에 부합하는 것이다(양동안, 2019). 안중근, 윤봉길, 유관순, 김구, 신채호, 이봉창, 홍범도 등은 좌우를 떠나 우리 모두가 인정하는 대표적 독립운동가이다.

광복회는 역사적으로, 정치적으로 중립적 입장에서 독립운동가들을 기려야 한다. 정관에도 '특정정당 또는 특정인을 지지·반대하는 등 일체의 정치활동을 할 수 없다'고 명시하고 있다. 그러나 친북 주사파 정권이 집권한 기간에 여당, 야당을 수차례 오가며 철새정치를 하던 김원웅이 회장에 취임한 이후 설훈, 안민석, 추미애 등 친여, 좌파 인사들에게 각종 명목의 상을 만들어 상을 수여함으로 논란을 일으키고 있다. 김원웅의 왜곡된 역사관은 사실과 다르게 "이승만은 친일파와 결탁했다, 미국과 한국은 동맹국이 아니다. 미국은 우리나라 분단의 원흉이다. 애국가를 작곡한 안익태는 민족반역자다'라는 말에 반영되어 있다. 극히 참람한 역사왜곡이다!

게다가 김원웅은 6·25남침에 공을 세워 김일성 훈장을 받은 '김원봉에게 훈장을 주어야 한다'고 주장하는가 하면, 국가전복을 기도하다 구속되어 있는 '이석기 전 통진당 의원을 찬양'했다. 김원봉은 투철한 공산주의자로서 1948년 북한으로 건너가 북한 최고인민회의 상임위원회 부위원장을 역임한 사람이다. '박근혜보다 독립운동가 가문에서 자란 김정은이 낫다. 북한 핵개발을 옹호하고 미군철수와 한미동맹 포기'를 주장했다. 최근에는 역사를 완전 왜곡해 소련군은 우리 민족에게 해방군이었고, 미군은 점령군이었다고 발언함으로, 6·25전쟁 전후 상황을 남로당 시각에서 해석하는 반역을 자행했다. '빨갱이'가 광복회장이 되어 반일을 기준으로 역사를 왜곡함으로 민족을 반역하고 있다(조선일보, 2021. 1.27).

왕조시대에는 역적이 왕을 능멸하는 죄를 반역죄로 다스렸다. 자유민주주의 현대사회에서는 대통령도 법치파괴나 안보포기, 공문서 위조, 국익을 팔아먹는 매국행위를 통해 반역자가 될 수 있다. 김정은이 전술핵무기를 개발하여 통일혁명을 한다고 해도 저자세로 무대응하고 탈원전 정책으로 국익에 막대한 손해를 끼치고, 헌법정신에 어긋나는 5·18왜곡금지법이나 대북전단금지법을 제정하는 것은 국가반역에 해당하는 중대한 범죄다(유튜브 [김광일이 입], 2021. 1.18).

심리문학가 이도수(2020) 교수의 말은 우리 국민 대다수의 심정을 반영하는 것이라고 생각한다. "나는 한국의 현 집권세력들이 그동안에 저지른 죄 가운데 가장 용서 받지 못할 죄는 자랑스러운 우리나라 역사를 부끄러운 역사로 둔갑시킨 죄라고 생각한다. 세계인물사전만 뒤져봐도 국제적인 혁명가 이승만의 영웅적인 행적과 한강의 경제기적을 이룬 박정희 대통령에 대한 상세한 기록을 쉽게 찾아볼 수 있다. 어찌하여 이런 자랑스런 역사를 외면하고 가짜 역사로 바꿔치기해 가르치려 하는지 이해하기가 어렵다."

4장

김일성 주체사상과
이승만의 기독교 간
이념대립이 계속되고 있다

김일성 주체사상과 이승만의 기독교 간 이념대립이 계속되고 있다

사상은 결과를 낳는다(Ideas have consequences: Max Weber).

대저 그 마음의 생각이 어떠하면 그 위인(사람됨)도 그러하다(As he thinks in his heart, so is he: 잠 23:6)

생각(사상)은 행동과 정책이라는 결과를 낳는다

생각을 바꿔라. 그대의 행동(태도)이 달라질 것이다.

행동을 바꿔라. 그대의 습관이 달라질 것이다.

습관을 바꿔라. 그대의 성품이 달라질 것이다.

성품을 바꿔라. 그대의 운명이 달라질 것이다.

개인에게도 국가에게도 사색과 성찰의 시간이 필요하다. 삶의 태도를 재설정하는 이 성찰의 시간은 인생에서 가장 중요한 '본질'의 시간이다(최형만, 2015).

사상을 바꾸는 것은 담배를 끊는 것보다 어렵다(김문수).

I. 이승만과 김일성의 사상적 대결

인생은 속도보다는 방향이다(Emanuel Pastreich). 속도보다는 방향이 중요하다. 자본주의로 가느냐, 공산주의로 가느냐; 사상과 이

넘은 방향타 역할을 한다. 이념과 종교는 사회가 나아가야 할 방향을 제시한다.

20세기를 지배해 온 자유민주주의와 공산주의의 이데올로기 대결에서 자유민주주의가 최종적으로 승리했다(Francis Fukuyama).

세계관(世界觀) 전쟁

세계관이란 '마음의 안경'과 같은 것이다. 사람이라면 누구나 갖고 있는 사물과 세상을 보는 관점을 말한다. 세계관은 '전제'(前提)라고 말할 수도 있다. 일반적으로 다음 단계의 판단으로 나아가기 전에 갖고 있는 선입관이라 할 수 있다.

대부분의 사람들은 무의식적으로 세계관을 가지게 되지만, 일부의 사람들은 자신이 선택한 세계관이 어떤 성질의 것인지, 그리고 그것이 어떤 결과를 낳을 것인지를 심사숙고한 후에 결정한다. 세계관은 삶의 의미를 제공하고, 세계에 대한 신념을 제공하며, 그 신념은 삶에서 실제적인 행동으로 나타난다. 간단히 말하자면, 그것은 "우리의 모든 사고와 행동에 관한 믿음의 함의를 드러내는 것이다"(정승태, 2011).

다양한 세계관은 신에 대한 관점이나 입장에서 나뉜다. 하나는 신을 긍정하는 세계관이고 다른 하나는 신을 부정하는 세계관이다. 신을 부정하는 세계관에는 크게 무신론, 자연주의, 회의론 등이 있고, 신을 긍정하는 세계관에는 범신론(pantheism), 이신론(deism), 범재신론(panentheism), 유신론(theism) 등이 있다. 기독교 유신론은 무신론과 다르게 신을 ① 창조주로 받아들이고, ② 인격적 사랑의 하나님을 믿으며, ③ 거룩한 존재로 이해한다.

반면에 마르크스-엥겔스의 공산주의는 현대 인류역사에 가장 파괴적인 영향을 미친 이단적 세계관이다. 프랑스의 여성 철학자 시몬 베유는 "막시즘(Marxism)은 의심할 여지없이 가장 낮은 단계에서의 의미로 볼 때 하나의 종교이다… 막시즘은 지속적으로 민중의 아편으로 사용되어 왔다"고 보았다(웜브란트, 2019). 무엇보다 공산주의는 자본주의와 기독교에 적대적인 '세속적 종교'다. 마르크스는 모든 종교, 특히 기독교를 혐오했다.

마르크스는 『공산당 선언』에서 선언했다. "무신론이 시작되는 곳에서 공산주의는 시작된다. 공산주의는 영원한 진리들을 소멸하고, 모든 종교와 모든 도덕을 소멸한다. 종교와 공산주의는 이론적으로, 실제적으로 양립할 수 없다. 종교는 인민의 아편이다. 이 진리를 가능한 모든 노동자들에게 알리는 것이 공산당의 책무이다." 무신론적 공산주의는 마르크스가 물려준 유산이다(Kengor, 2020). 세계관에는 그 사람의 철학과 상식, 신앙, 사고방식이 담겨있기 때문에 세계관은 그 사람의 신념체계(belief system)라고 할 수 있다(성인경, 2004).

'나는 누구인가? 나는 어디에 있는가? 무엇이 문제인가? 그 치료책은 무엇인가?'라는 질문에 대한 대답이 세계관을 구성하는 중요한 신념이다. 현재 세계에는 사람들과 국가, 문화에 영향을 미치는 여러 가지 세계관이 공존하고 있다. 우리나라에 혼재하여 갈등을 벌이고 있는 세계관에는 기독교와 불교, 이슬람교, 주체사상(마르크스주의: 공산주의: 사회주의), 인본주의, 신비주의, 기독교에서 파생된 여러 이단사상 등 여러 가지가 있다.

사상은 반드시 결과를 낳는다. 특히 신앙과 삶과 문화에 결정적인 영향을 미친다. 그것이 어떠한 사상이든지 모든 사상 체계는 그것을 받아들이는 사람의 신앙뿐만 아니라 일상적인 삶을 바꾸거나 결정짓게 된다. 사상이 결과를 낳는 것처럼 세계관도 필연적인 결과를 낳는다. 좋은 세계관은 선한 결과를 낳지만, 나쁜 세계관은 악한 결과를 낳는다.

이승만의 기독교 vs 김일성의 공산주의

20세기 헌법학자인 칼 슈미트(Carl Schmitt)는 주저『정치적인 것의 개념』에서 '적과 친구의 구분'을 정치적인 것의 핵심으로 분석한 바 있다. 최근 보수와 진보, 좌파와 우파를 넘어서 새롭게 주목받고 있는 것은 바로 이러한 인류 정치학에 뿌리잡고 있는 '적과 친구의 구분'에 대한 그의 날카로운 분석적 가치 때문이다.

한국 정치현실에서도 정치적인 것의 개념 속에 자리 잡고 있는 '적과 친구의 구분'을 생생하게 발견할 수 있다. 친북, 반미, 친중, 반일, 친공, 반공, 등 모든 정치적인 것은 '친(親)'과 '반(反)'이라는 '친구와 적의 구분'으로 구조화되어 있다(정일권, 2020).

남과 북의 현대사 전쟁은 이승만의 기독교 대 김일성의 주체사상교의 싸움이라 해도 과언이 아니다. 북한의 국가 정체성은 김일성 유일사상체계(종교), 군사독재, 국가자본주의, 왕조국가이다. 북한은 그 정체성이 주체사상에 기초한 민족주의국가다. 남한의 국가정체성은 반공, 종교의 자유, 자유민주주의, 시장경제체제이다.

이승만은 대한민국을 반공산주의, 기독교국가로 만들기를 원했다. 반면에 김일성은 소련의 지령에 따라 공산주의국가를 건설했다. 국가정체성은 종교, 사상, 정치, 경제체제, 국가역량, 국민역량의 총집결태이다(박요한, 2020).

자유민주주의 체제, 시장경제 체제를 신봉하는 이승만과 박정희가 나라를 이끈 결과, 자유민주주의 대한민국은 세계 10위권의 선진 대한민국을 이루었다. 공산주의, 주체사상 전체주의 체제를 신봉하는 김일성이 이끈 북조선인민공화국은 세계에서 가장 극심한 인권탄압국, 빈곤국으로 전락했다. (현재 미국과 중국의 싸움은 자유민주주의와 공산주의의 싸움이며, 트럼프(공화당)와 바이든(민주당)의 싸움은 자유주의와 사회주의의 싸움으로 드러나고 있다).

북한은 주체사상이 지배하는 노예국가, 신정국가, 전체주의 국가다. 북한체제의 내부고발자 태영호(2018) 공사는 진술하고 있다: "북한 주민에게는 인간의 기본권리인 의사표시의 자유, 이동의 자유, 생산수단을 보유할 자유, 자기 자식을 관할할 수 있는 자유조차 없다. 오늘의 북한은 현대판 노예사회다. 거듭 말하지만 북한은 나라 전체가 오직 김정은 가문만을 위해 존재하는 노예국가다."

일제 36년 식민 지배를 거치면서 우리는 우리 힘이 아니라, 미국, 소련 같은 외세에 의해 해방을 맞이하였고, 그 결과 남과 북이 둘로 나뉘게 되었다. 김일성은 소련 중국 등의 공산주의 대륙세력과 연합하여 공산주의 국가를 세웠고, 남한의 이승만은 미국을 중심으로 하는 자유 민주주의 해양 세력과 연합하여 자유 민주주의 대한민국을 세웠다.

김일성과 이승만의 세계관 비교

폐쇄, 고립, 대륙지향	개방, 통상, 해양지향
공산주의, 사회주의, 전체주의	자유민주주의, 시장중심, 자본주의
종교탄압, 사이비 주체교	종교자유, 기독교지향
소련, 중국 공산당 소속 3중 국적	한국 국적 끝까지 유지
허구의 항일 투쟁	국제사회 움직이는 외교독립운동
중학교 중퇴	프린스턴대 국제정치학 박사
자력갱생 교류단절	무역, 세계시장, 인적교류
주민 등쳐먹고 뜯어먹는 마적형 유격대	문명 개화, 부국강병, 국민의 삶의 질 향상
계획경제	자유시장경제
항일 반미 빼면 쓰러지는 나라	국리민복의 나라

    남한과 북한은 같은 조건에서 시작하였으나 70여 년이 지난 지금 이 둘의 상태는 천양지차를 보이고 있다. "콩 심은 데 콩 나고 팥 심은 데 팥 난다"는 속담이 있다. 북한은 사회주의, 공산주의와 더불어 어버이 수령 동지를 숭배하는 종교를 심었고, 그 결과 2018년 기준 국민 1인당 총소득 1,200 달러, 최악의 인권국가로 온 국민의 자유박탈이라는 사악한 열매를 거두었다. 정권에 반대하는 사람들은 감시하고 투옥하고, 고문하고, 죽이며 사람들을 가혹한 강제노동으로 내몰아 착취하는 정권이다. 지구상에서 가장 가난하고 인권이 무시되는 나라가 되었다.

    북한은 더 이상 공산주의 국가가 아니다. 사회주의, 공산주의 이념으로 출발했지만, 1970년대 이후 북한은 한 개인이 모든 권력과 부를 독점한 사이비 봉건적 교주국가가 됐다(강철환, 2018). 변질된

'수령독재 국가'일 뿐이다. 수령정치, 선군정치, 인덕정치, 광폭정치, 공포정치를 펼치는 독재공산주의 국가라 할 수 있다. 자신의 권력을 유지하기 위해서 고모부인 장성택과 이복 형제마저 무참히 사살하는 김정은의 공포정치가 계속되는 전체주의 국가일 뿐이다.

북한은 인민을 위해서 정권이 존재하는 것이 아니라 수령을 위해서 당과 인민이 존재한다고 선전하며, 주민들의 인권을 침해하고 있다. 20만이 넘는 인민이 정치범 수용소에서 신음하고 있다. "10만 명의 북한주민이 노동당의 숙청으로 살해당하고, 150만 명이 강제수용소에서 50만 명이 기근으로, 그리고 10만 명이 식량부족으로 살해당했다"(김태형, 2020). 300만 명이 굶어죽고 3만 5천명의 탈북자가 발생해도 김정은의 권력은 유지되고 있다.

반면에 대한민국의 국부 이승만은 다른 사상을 심었다. 봉건주의 왕조국가에서 기독교인으로 거듭나 국제정치학을 공부한 최초의 자유운동가 이승만은 다음과 같은 사상을 심었다. (1) 우리는 자유롭고 독립적인 개인이다; (2) 대한민국은 자유인의 공화국이다; (3) 우리는 자유통상과 영구평화의 세계를 지향한다; (4) 우리는 거짓을 배격하며, 명리에 현혹되지 않는다(이영훈, 2020).

미국 정치학자 디드러 매클로스키는 "한국이 자유민주주의 국가로 성공한 비결은 이승만과 박정희와 같은 지도자의 현명한 리더십과 함께 '자신의 자유와 능력에 자부심을 지닌 개인들'이 존재했기 때문이다. 반면에 북한 주민은 100% 통제받는 노예이기 때문에 발전할 수 없었다"고 평가했다. 대한민국의 역사는 자유의 위대함과 효용성을 입증하는 산 증거라 할 수 있다.

자유 민주주의 시장경제와 더불어 양심과 종교의 자유를 허용하는 체제를 심었고 그 결과 2018년 기준 국민 1인당 총소득 3만 달러, 온 국민의 번영이라는 열매를 거두었다. 민주화와 산업화를 함께 성취한 세계 10위권 경제대국으로 발전했다. 사실 대한민국의 성공과 번영은 자유와 평등, 봉사, 근면을 강조하고 가르치는 기독교 프로테스탄트 정신에 기인한다고 해도 과언이 아니다.

민주주의 지수에서 우리나라는 167개국 중 23위, 북한은 최하위인 167위이다. 2019년 세계은행 국내총생산 순위에서 우리나라는 12위인데, 북한은 203위 밖에 있는 10여 나라 중 하나다(the Economist, 2019). 법치(法治)와 인치(人治) 중 어느 쪽이 옳은가가 극적으로 판명된 셈이다.

만주에서 청년 시절을 보낸 한 사람(박정희)이 산업화의 토대를 놓은 국가는 그 뒤 민주화를 거쳐 세계 10위권의 중강국가(middle power)를 이룩했고, 만주에서 항일 빨치산 운동을 했다는 다른 한 사람(김일성)이 만든 국가는 세계 최빈국가로 기아선상에서 허덕이는 최악의 실패국가가 되었다. 박정희와 김일성으로 상징되는 두 세력은 비슷한 시기에, 같은 공간에서 활동했음에도 불구하고 결정적인 체험의 차이가 존재한다. 그 결과 친일과 항일, 반공과 친공이라는 정반대의 길을 걷게 되었다.

박정희는 이승만으로부터 물려받은 자본주의 시장경제체제의 틀을 권위주의 체제하에서 심화, 확대, 발전시킨 반면, 김일성은 전체주의 시스템 아래서 사회주의 통제경제를 강화해 나갔다. 박정희와 만주군 출신 리더 그룹은 만주국 시절 자신들의 체험을 통한 시스템을 고스란히 이 땅으로 옮겨 와서 개방, 교류, 통상, 국제화, 중화학공업화를 대한민국에 이식하는 데 성공하여 국제사회의 모범국가로 자리매김하는 기회를 창출해 낸다.

반면에 김일성은 만주국 시절 토벌대에 쫓기고 굶주림, 학살, 납치라는 어두움의 추억을 국가 지도자가 되어서도 그대로 답습했고, 토벌대에 포위되듯 폐쇄, 쇄국, 자급자족, 우리 식대로를 외치면서 자신들의 나라를 지구촌에서 가장 실패한 폐쇄국가로 고립시키는데 완벽하게 성공했다. 남한에서는 수많은 사람들이 다이어트를 위해 매년 수천억 원의 비용을 지출하고 있는 데, 북한 주민들은 여러 차례의 고난의 행군을 거치며 굶주려 죽어가고 있다(김용삼, 2018)

반공자유주의가 옳았다. 사회주의와 공산주의는 지상낙원, 유토피아를 약속한다. "모든 인간의 평등과 자유, 굶주림과 사회계급이 없는 사회를 약속했던 사회주의는 자본주의 사회보다 더 엄격한 계급사회를 형성하였고, 사회주의적 이상의 실현을 위해 2천만 명 이상의 인간 생명을 죽이는 무서운 독재체제로 변하였음을 우리는 눈으로 보았다··· 사회주의 혁명을 통해 지상낙원이라는 유토피아를 폭력적으로 건설하고자 했던 소련의 강제수용소(굴락), 북한의 정치범수용소와 강제수용소, 킬링필드의 캄보디아, 모택동의 중국 문화대혁명 운동 당시의 폭력, 야만, 학살은 모두 지상낙원이 아니라 지상지옥을 가져왔다"(정일권, 2020).

분단 이후 한반도에는 두 개 정치제도가 존재하여 왔다. 자유민주주의 사회가 설립된 남한에서는 12명의 대통령이 국민의 투표로 선출되었다. 반면 북한 체제가 세워진 북한에서는 지금까지 김일성 일족이 집권하는 1인 독재정권이 유지되고 있다. 남과 북의 경제발전 수준은 50배 차이가 난다. 국가예산의 40%를 수령 동상, 박물관, 기념관 건립 등 우상화 사업에 쓰이니 인민들이 죽을 먹는 것이다. 너무나 배고픔을 참지 못해 목숨 걸고 38선을 넘어오거나 바다를 건너오거나 외국을 경유하여 남한에 입국한 탈북민들이다. 탈북민은 북한 정치의 희생자이다(림일. 2019).

우리 선배들의 확신은 정당했다. 해방 후 70여 년이 지난 오늘의 차이가 이를 말해준다. 공산주의자들에 의해서 일어난 6·25전쟁에서 우리 선배들은 죽음을 무릅쓰고 싸워 대한민국을 지켜냈다. 이들의 희생이 있었기에 오늘 대한민국의 번영이 있는 것이다. 6·25전쟁에서 우리 선배들은 공산주의의 실체를 몸소 경험했다. 제주 4·3사건과 여수 순천 반란 사건을 통해 증오와 폭력과 파괴의 철학을 몸소 경험한 우리 국민은 반공주의자들이 되었다.

이승만이 "유대-기독교의 전통유산인 '도덕적 양심'과 그리스 전통유산인 '지성적 양심'이 어우러진 인간창조의 개화기로서 자유민주주의"를 이 땅에 도입한 것은 우리민족에게 베푸신 하나님의 은혜였다. 건국 이래 우리의 이념적 합의는 자유민주주의가 되었다(조우석, 2019; 최흥순, 2020).

따라서 우리 선배들에게 '반공주의'는 더 이상 말이 필요 없는 사회적 합의 이상이었다. 오히려 '반공주의'가 오늘 좌파들이 주장하는 것처럼 국민을 억압하기 위한 통치 이데올로기로 등장했다는 것은 사실왜곡이다. 오히려 반공주의는 인간의 존엄과 가치를 지키는 운동이었다. 자유와 민주, 시장경제를 지키기 위한 가치투쟁이었다. 좌파 학자 리영희(2016)는 "해방 이후 30년간 이 사회를 지배해 온 유일한 가치관은 민주주의가 아니라 반공주의였다"고 진단했다. 김대중 대통령이 집권할 때까지, 이승만 대통령부터 김영삼 대통령까지 우리나라는 반공주의를 기치로 자유민주정치체제를 유지하였다.

70여 년이 지난 오늘 이러한 공통의 가치와 한미동맹은 도전당하고 있다. 공산주의의 실체를 직접 경험하지 못한 후세들은 자유민주주의의 혜택을 가장 많이 받았으면서도 선배들의 공통의 가치인 '반공주의, 자유민주주의'를 의심하기 시작한 것이다. 80년대 이후 북한의 대남공작이 주사파 운동권에게 뿌리를 내리고 있다. 2020년 현재 한미관계가 안보와 경제 양쪽에서 삐걱거리고 있다. 북한 공산주의자들의 끊임없는 대한민국 흔들기가 시간이 지나면서 효과를 거두고 있는 것이다.

이념 전쟁은 치열하게 전개되고 있다. 한반도 북쪽에서 세계 최고의 독재국가가 있는 한 자유대한민국을 지키고 발전시키려는 우리의 투쟁은 멈출 수 없다. 3만 5천 명의 탈북민이 통제사회보다는 자유민주사회가 우월하다는 것을 웅변적으로 말해주고 있지 않은가! 우리 남한의 성공이 한반도 전역의 성공으로 확산되어야 한다.

건국 대통령 우남 이승만은 말했다. "공산주의는 콜레라와 같아서 협력이나 타협은 불가능하다. 공산전체주의에 굴종하느냐 아니면 반대하느냐의 선택이 있을 뿐이다. 공산주의를 제대로 이해한 사람들은 어느 누구도 좌파가 되지 않는다."

지금 한국은 선진국으로 올라서고 평화통일, 자유통일의 시대로 가느냐, 베트남과 같은 3류 국가로 전락하여 북한과 외세에 끌려 다니는 나라가 될 것이냐 하는 중대한 갈림길에 서 있다.

II. 자유민주주의와 공산주의의 싸움이 재연되고 있다

1. 통합의 정치 vs 분열의 정치

72년 전 이승만 정권 나라 세우기 프로젝트의 핵심 키워드는 농지개혁이었다. 1949년 농지개혁은 국민 절반을 넘던 소작농을 새로운 땅 주인으로 만들었다. 번지르르한 선전에 그친 북쪽의 무상몰수, 부상분배 농지개혁과 달리, 지주들을 다독여 농민들에게 실제로 땅을 나눠준 '유상몰수, 유상분배'는 신생국 국민통합에서 신의 한 수와 같은 것이었다. 남쪽 농민들은 자기 땅을 소유하게 되면서 비로소 대한민국의 국민이 됐다.

1956년 박헌영을 숙청한 김일성은 "6·25 때 남반부 인민들이 조금만 봉기했어도 부산을 해방하고 미국 놈들 상륙을 막았을 것"이라고 했다. 농민의 아들들이 봉기는커녕 내 땅, 내 나라를 지키기 위해 기꺼이 총을 들었기에 대한민국이 살아남았다. 국민이 소속감을 가질 때 국가는 존재한다. 이승만 대통령은 국민통합을 추구하였고, 뭉치면 살고 흩어지면 죽는다고 했다. 대한민국 역대 대통령들도 늘 전국을 국민의 이름으로 모으려고 고민했다.

여당에도 바른 말을 하는 의원이 있다. 2020년 11월 박영진 의원은 "정치는 미래를 향해야 하고, 미래 세대의 것이다. 선동, 대립, 갈등이 아니라 통합, 설득, 문제해결과 개혁의 길로 가야 한다."고 했다. 진보 논객으로 좌파 진영의 내부고발자라 할 수 있는 진중권 교수는 문재인 우상화가 수령무오설에서 유래된 것이라고 지적했다. "문재인 대통령의 우상화에는 NL(민족해방파)의 개인숭배 문화가 있는데, 북한식 정치문화가 남한의 부르주아 정치에까지 투영된 것이다. 지지자들이 NL의 개인숭배문화를 답습하고 있다. 수령님 문화 비슷한 것이다."

4년 전 문재인 대통령도 취임사의 첫 문장 주제어도 국민통합이었다. "통합과 공존의 새로운 세상; 특권과 반칙이 없는 세상"을 만들겠다고 했다. 그러나 이 정권은 국민통합이 아니라 분열을 목표로 움직이는 것 같다. 건국 이래 한 번도 경험해 보지 못한 사태다. 문재인, 조국, 추미애의 국민과 바리케이드를 사이에 두고 대치한다는 느낌이다. 분열의 정치는 1980년대 주사파 운동권 주축인 정권의 타고난 속성인 것 같다. 나만 정의고 바리케이드 건너편은 타도해야 할 적으로 여긴다. 집권하자마자 적폐청산의 이름으로 유혈 숙청극을 벌였다. 편 가르기는 자신들 치부를 가리는 유용한 도구이기도 했다. 대통령 친구를 당선시킨 선거 공작이 들통나자 지지층을 향해 '검찰개혁' 주문을 외며 수사팀을 해체시켰다. 대한민국 72년이 만든 여러 원칙과 상식들은 이미 쓰레기통으로 들어갔다.

천주교의 정의구현사제단
놀라운 것은 박정희, 전두환 독재에 반정부적 활동을 하던 천주교 신부들로 구성된 정의구현사제단이 '정의'라는 이름으로 친북적이고 친정권적인 태도를 나타내고 있다는 것이다. 정의구현사제단은 함세웅 신부에 의해 만들어진 단체로 한국 천주교인 560만 명 중 10%를 차지하는 191명의 사제들이 대한민국을 공산혁명 기지로 만들고 있다(이계성, 2021). 좌경화된 사제들로 구성되어 있는데, 국정교과서 반대, 광우병 난동, 사드배치 반대, 4대강 반대, 제주 해군기지 반대, 국정원 해체, 평택쌍용자동차 파업지지, KAL기 폭파범 김현희 가짜 주장, 조국, 윤미향, 추미애 지지에 앞장서 친북, 반미, 친정부 활동에 앞장서 왔다. 대한민국 수호 천주교인 모임을 대표하는 이계성(2020)에 의하면, 신부들은 모두 북한에 다녀온 사제들로서 김일성 3대를 우상화, 인권탄압, 핵개발을 비판한 적이 없다. 정치범 수용소에 갇힌 고난 받는 북한동포를 위해 촛불을 켠 적이 없다.

'정의구현사제단'에 해당하는 활동을 하는 개신교 단체가 바로 한국기독교교회협의회(NCCK)와 WCC이다. 이들은 해방공간에서 좌우합작, 종북활동을 했던 여운형과 이동휘처럼 종북좌파 입장을 대변하는 활동을 한다. 한미군사훈련중단, 주한미군철수, 지소미아종료 지지, 사드배치반대, 제주해군기지반대, 동성애 차별금지법을 지지하며 사실상 북한 입장을 대변하는 일을 하고 있다. 2021년 초에는 목사로 위장한 간첩이 총신대와 같은 신학교에 침투하여 활동하고 있는 것이 드러났다.

백낙청 교수의 「창작과 비평」

문화예술계에 1960년 중반부터 좌파적 영향을 미친 인물은 백낙청 교수이다. 2018년 문 대통령이 평양을 방문했을 때 동행했으며 적폐청산의 지침을 제공한 것도 백낙청 교수였다. 박원순 시장 장례위원장을 맡은 것도 백 교수였다. 소설가, 영화인과 시인들이 그의 영향 아래서 정치사회적 문제가 대두될 때마다 성명서를 발표하여 정의구현사제단과 같은 친북, 반미, 친정부적 입장을 취하곤 한다.

편 가르기에 재미를 붙인 정권은 없던 갈등까지 만들어내 싸움을 붙인다. 반정부 기독교 보수세력을 코로나19 확산주범으로 몰고 있다. "재인장성"을 쌓아 국민저항을 막고 있다. 국민을 쪼개고 갈라도 얼마든지 재집권할 수 있다는 자신감(뻔뻔함)이 넘쳐난다… 72년 전 이승만과 나라세우기가 있었고, 지금은 문재인과 나라 쪼개기가 있다(이동훈, 2020).

2019년 8월 전직 외교관 66명은 "대한민국은 비상사태에 있다"고 성명을 발표했다. "대한민국의 외교는 우방국들 사이에서 완전히 고립되었고 중국과 러시아, 이에 연합한 북한에 의해서도 포위된 상태에 놓여있어 국가적 비상사태에 직면해 있다… 주사파 정권의 등장이 바로 작금의 비상사태의 직접적인 원인이다. 5,200만 대한민국 국민은 마치 공중 납치된 여객기의 승객과 같은 처지가 되었다."

'느슨한 형태의 내전 상황'이 반공적 자유민주주의 체제를 와해시키려는 좌익세력과 반공적 자유민주주의체제를 수호하려는 우익세력 간에 전개되고 있다. 미국의 유명한 동아시아전문가 고든 창(Gordon Chang) 변호사는 2019년 서울 프레스센터에서 열린 '한국자유전선' 창립대회에서 "일반적으로 민주주의는 외부로부터 공격을 받고 있으나, 여러분의 민주주의는 여러분의 대통령으로부터 공격을 받고 있다"고 주장했다. 호남의 목회자들은 2019년 성명서에서 "대한민국은 건국 이후 최대의 위기에 직면해 있다. 그 위기의 진원지는 청와대"라고 선언했다. 보다 구체적으로 표현하면, 우리나라가 총체적 위기를 맞고 있는 원인은 현 정권 지도층이 추종하고 있는 주체사상, 즉 공산주의 사상에 있다.

문재인 대통령의 7대 '국가자살, 패망정책'은 ① 한미동맹파괴; ② 소득주도성장; ③ 경제파탄; ④ 국가안보해체; ⑤ 원전파괴; ⑥ 4대강 보 해체; ⑦ 국제외교 왕따로 요약할 수 있다. 무엇보다 가장 심각한 것은 문 대통령이 김일성의 주체사상에 사로잡혀 대한민국을 해체하고 고려연방제를 통하여 사회주의나 공산주의로 가려고 하는 의도를 가지고 있다는 것이다(전광훈, 2021).

지금 한반도에서 자유와 평등 사이에 가치의 전쟁, 기독교와 주체사상 사이에 이념전쟁이 벌어지고 있다. 현재 한반도에는 세 가지 전선이 있다. 미중 패권전쟁, 남북 체제전쟁, 한국사회 좌우대결이다(구해우, 2020). 이 책은 이 중에 남북, 좌우 대결에 초점을 맞추고 있다.

개인과 개인의 자유 그리고 인권을 짓밟는 순간 그 어떤 조직이나 그룹 또는 나라도 존재이유를 상실한다. 이것이 세계사의 가르침이다. 인류역사는 서로 대치되는 이념 사이의 투쟁의 역사인데,

마지막으로 공산주의가 망한 이상 최고 최신의 이념인 자유 민주주의에 대항할 이념은 없어졌다(박 근, 2011).

부유한 대한민국 vs 가난한 북한 인민공화국

독일의 역사학자, 정치학자, 사회학자 라이너 지텔만(Rainer Zitelmann, 2019)은 『부유한 자본주의/가난한 사회주의』에서 남한과 북한의 현대사를 대조하여 기술하고 있다.

1948년 자본주의 남한과 공산주의 북한으로 분단되기 전만 하더라도 한국은 가난한 나라로 손꼽혔다. 한국은 1960년대까지 매우 가난한 상태였다. 1인당 국민소득이 79달러였다. 현재 자본주의인 남한의 GDP는 3만 달러다. 1960년 박정희 대통령이 정권을 잡으면서 한국의 경제는 비약적으로 발전했다. 북한이 민영기업을 국유화한 반면, 남한에서는 민영기업에 전쟁 피해보상금을 지원했다. 건국대통령 이승만의 자유시장 경제의 틀 안에서 수출위주의 경제정책을 채택해 세계 10위권의 경제대국이 되었다. 삼성, 현대, LG 등 한국산 제품은 전 세계에서 사랑을 받고 있다.

광복 후 무정부상태를 거치며 이승만 대통령은 민족이라는 혼돈된 이념에 빠져있던 김구와 공산주의자들을 제압하고 UN과 미국의 협조로 (1) 자유민주주의, (2) 시장경제, (3) 한미동맹, (4) 반공보안법, (5) 기독교입국 등 원칙 위에 대한민국을 건국하였다. 그 틀 위에서 4·19와 5·16. 박정희 대통령의 새마을 운동과 산업화, 김영삼, 김대중 대통령의 민주화를 이루게 됨으로 우리나라는 세계경제 10위권의 자랑스러운 대한민국을 이루었다.

정확한 수치는 아니지만, 북한의 1인당 GDP는 대략 600달러다. 현재 북한에서는 수천 명의 사람들이 굶어죽고 있다. 이것만큼 공산주의 경제체제보다 자유민주주의 자본주의가 우월함을 확실히 입증할만한 증거도 없을 것이다.

북한에서는 '영원한 통치자' 김일성, 그의 후계자인 아들 김정일과 손자 김정은보다 현명한 존재가 있을 수 없다. 조선인민민주주의 헌법에 위대한 수령 동지 김일성과 김정일이 발전시킨 주체사상을 바탕으로 한 건국 이데올로기와 업적이 구체화되어 있다. 세계 어느 곳에도 북한처럼 국가원수를 신격화하여 우상시하는 나라는 없다. '김일성 그이는 하나님'이다. 북한 정권 수립자 김일성의 생일 4월 15일은 소위 '태양절'로 북한 최고의 명절이다. 김일성이 만졌거나 보았다는 물건은 성스러운 유물로 숭배 대상이 된다. 집집마다 그 가정의 상석에는 김일성과 그의 아들 김정일의 사진이 걸려 있고, 사진을 걸어놓는 장소는 법으로 엄격하게 정해져 있다.

2. 두 개의 세계관 간의 충돌: 기독교와 공산주의의 대결

예수께서는 일찍이 "거짓 그리스도들과 거짓 선지자들이 일어나…택하신 자들도 미혹하리라"(마 24:24)고 말씀하셨다. 자신을 신격화하는 이단과 다른 복음을 전하는 이단이 일어나 순진한 사람들을 미혹할 것을 예고하셨다. 이단이란 본질적으로 교리적인 문제로서, 성경과 역사적 정통교회가 믿는 교리를 왜곡 변질시키고 바꾼 '다른 복음'을 말한다. 사탄숭배자로 살았던 마르크스의 억압적 이념 공산주의는 20세기에만 1억 명 이상의 죄 없는 생명을 앗아갔다. 기독교가 사람과 가정과 국가를 살리는 세력이라면, 공산주의는 파괴하고 소멸하고 죽이는 세력이다.

공산주의 사상을 창시한 마르크스는 인류 역사를 지배계급과 피지배계급 간 투쟁의 역사라고 정의했다(계급투쟁론). 지배계급이 피지배계급을 착취하면, 피지배계급이 분노를 쌓다가 폭력혁명을 일으켜 지배계급을 타도하고 다음 시대로 변화해 간다는 것이다(사적유물론). 근대 자본주의 국가에서도 자본가인 부르주아 계급이 노동자인 프롤레타리아 계급을 착취하는데, 프롤레타리아 계급이 분노를 폭발시켜 부자들을 제거하고 노동자가 주인이 되는 사회주의 체제로 바뀌간다는 것이다. 결국 마르크스 이론에 따르면, '자본주의 체제는 나쁜 체제다. 왜? 노동자가 만든 가치를 자본가가 착취하기 때문이다(노동가치설; 착취설). 자본가 즉 개인기업가들은 노동자를 착취하고 피 빨아 먹는 거머리와 같다. 그러므로 자본가 즉 부자들은 죽여 없애 자본주의 체제 자체를 없애려 한다'(구국제자훈련원, 2020).

이념과 사상전의 관점에서 보면, 자본주의와 공산주의와의 갈등은 유대기독교와 공산주의와의 싸움이라고 할 수 있다. 마르크스가 기동전을 대변한다면, 이탈리아공산당 창설자 그람시는 진지전의 필요성을 주장한 적이 있다. "문명 세계는 무려 2000년 동안이나 기독교로 철저히 물들여졌다. 그러므로 유대-기독교 가치에 바탕을 둔 나라는 모두 그런 뿌리들을 잘라내기 전까지는 뒤집어질 수가 없다. 그러나 뿌리를 자르고 문화를 바꾸기 위해서는 문화기관들을 통한 '긴 여행'이 필요하다. 오직 그렇게 할 때에만 권력은 잘 익은 과일처럼 우리 손에 굴러오게 될 것이다"(김승규, 2020).

이때 공산당원들은 하층의 국민들을 선동하는 도구로 '평등하게 사는 세상을 만들어주겠다,' '인권을 보장하겠다,' '부자들의 착취를 없애 다 같이 잘살게 해 주겠다' '나쁜 평화가 전쟁보다는 낫다' 등의 거짓말로 포장하여 선동한다.(현 정부에서는 기업이익 공유제, 이자 감면법, 공매도 금지연장을 법제화하겠다며 경제의 근간을 사회주의화하겠다고 선동하고 있다).

"그리스도인은 때로 마르크스가 협동적이며, 노동자 자신을 만족시키며, 소외가 없는 노동에 관한 성서적 이해에 너무 가까워 당황할 정도라는 사실을 부인할 수 없다. 그러나 그리스도인은 마르크스의 결정적인 거부, 즉 창조주 하나님을 거부하는 것에 대해서는 결코 양보할 수 없다. 왜냐하면, 그리스도인의 인간이해는 마르크스가 잘 알고 있는 것처럼, 사람에서부터 시작하는 것이 아니라 하나님에서부터 시작하기 때문이다"(로널드 웰즈, 1995).

공산주의자 후르쉬초프는 사회주의는 공산주의의 초입단계라며, 사회주의와 전체주의와 공산주의는 본질이 기본적으로 똑같다고 평가한다. 개인의 가치가 전체의 이름으로 침해받는다. 공산주의는 영적, 문화적, 경제적, 사회적, 도덕적으로 황폐한 상태를 말한다. 공산주의는 1당 독재로 전체주의적 폭정을 한다. 급진적 사회주의가 곧 공산주의다.

미국 공화당의 트럼프 대통령과 폼페이오 국무장관은 모두 기독교인들이다. 그들은 모두 종교의 자유, 낙태반대, 동성애 반대 등 보수적 가치를 대표하는 정책을 쓰고 있다. 반면 바이든, 해리스,

클린턴, 샌더스, 오바마, 펠로시가 이끄는 민주당은 사회주의적 정책을 지향한다. 이들은 pro-choice라는 이름으로 낙태를 찬성하며, 소아성애와 동성애, 트랜스젠더를 지지하며, 종교다원주의적 정책을 옹호하고 있다. 바이든은 동성커플의 결혼에 주례를 하고 동성애자를 장관으로 임명함으로 자신이 사회주의자임을 분명히 하고 있다.

미인계의 활용. 몇 년 전 중국의 미모의 여성이 젊은 미국 정치인들을 포섭했다가 사라진 스캔들로 미국 정계가 소란하다. 미국은 요즘 군사, 정보, 산업, 첨단기술 부문 등 모든 영역에서 중국의 침투를 색출하느라고 분주해졌다. 공산주의자들이 천주교, 개신교, 성공회 신학교에 사상적으로 침투하고 정치계와 경제계에 돈 살포로 침투하고 미인계로 정보를 빼어낸다는 것은 널리 알려져 있다 (Kengor, 2020). 우리나라 천주교 사제들과 개신교 목사들 상당수가 북한방문 중에 미인계 전략에 넘어갔다는 것은 전혀 근거가 없는 낭설이 아니다. 양국의 민주당은 정권 탈취와 연장이라는 목적달성을 위해서는 비윤리적인 수단방법을 동원하여도 괜찮다는 공산주의자들의 원칙을 실천하고 있는 것이 아닌가 하는 합리적 의심을 사고 있다.

공산주의의 사특한 신조는 무엇인가?

세계 인구의 수백, 수억 명의 충성을 얻어낸 이념은 어떤 것인가? 기독교 작가 로이 로린(Roy Laurin)은 공산주의를 다음과 같이 평가하였다:

정치적으로, 공산주의자는 개인의 존엄이라는 천부적 신분을 파기하고, 국가가 최우선이며 개인은 국가의 복지를 위해 존재할 뿐이라고 믿는 자이다.

경제적으로, 공산주의자는 토지와 자본에 대한 개인 소유권을 공동소유권으로 대체해야 하며, 사적인 관리를 공동관리로 대체해야 한다고 믿는 사람이다.

사회적으로, 공산주의자는 결혼을 하나님이 제정해주신 제도로 믿지 않으며, 공산 국가에 후손을 재생산하는 데 적합하도록 생리적으로 배열된 것일 뿐이라고 믿는다.

국제적으로, 공산주의자는 혁명론자로서, 한국이든, 중공이든, 모로코이든, 오늘날 세계 도처에 불안정을 부채질하는 자이다.

윤리적으로, 공산주의자는 '큰 거짓말'(the big lie)을 믿고 그 거짓말에 헌신하는 자이다.

신학적으로, 공산주의자는 무신론자이며, 교회들의 약탈자이며, 기독교인들의 학살자이다.

세속적인 것과 영적인 것 사이에 전 세계적으로 이념전쟁이 벌어지고 있다. 전장에서 실제 벌어지고 있는 전투는 전 세계 사람들의 마음속에서 벌어지고 있는 더 큰 싸움의 물리적인 현상일 뿐이다. 진리냐 거짓이냐? 유물론적 철학을 따를 것인가, 영적 능력을 따를 것인가? 여호와 하나님의 인도를 받을 것인가, 사단에게 기만을 당할 것인가? 전선은 명확히 그려져 있다!

공산주의는 '경제적 막시즘'과 '문화막시즘'으로 구분된다. 고전적 (경제적) 막시즘은 "노동자들이 노동 계급을 억압, 착취하는 자본가들을 타도한 후 사유재산제도를 폐지하고 생산수단과 생산물을 사회화하면 평등하고 행복한 유토피아 사회가 건설될 것이라고 생각했다. 사회주의 혁명을 통해 지상낙원이라는 유토피아를 폭력적으로 건설하고자 했던 공산국가들은 모두 지상낙원이 아니라 지상지옥을 가져왔다(정일권, 2020).

"공산주의는 모든 것을 계급투쟁의 시각으로 본다. 봉건주의나 자본주의 모두 타도의 대상이고, 그 어떤 경우도 양립할 수 없는 적대세력으로 본다. 특히 종교인들은 기독교인들뿐 아니라 타 종교인들도 부르주아라고 일차 숙청 혹은 적발대상이 되었다"(박성엽, 2019).

경제적 막시즘이 실패하자 등장한 것이 네오막시즘, 문화막시즘, 신좌파 운동인데 이는 프로이드 막시즘으로 요약할 수 있다. 프로이드막시즘(동성애 운동, 퀴어이론, 젠더이데올로기)과 사회주의 성정치운동을 전개해 교육, 언론, 학계, 예술, 문화 등 광범위한 영역에 좌파의 진지를 구축하여 전통적인 (기독교) 진리나 가치체계를 거부하고 "소외, 억압, 착취가 없는 해방된 유토피아"를 이루려 하였다. 기본적으로 신좌파는 가정과 교회와 국가를 문화혁명을 통해 무너뜨리려 한다(박광서, 2018).

공산주의는 모든 종교에 대해 적대적이다. 종교에 대한 전방위적인 공격은 개신교, 천주교, 동방정교회 등 기독교인들만을 대상으로 하는 게 아니다. 유대교, 이슬람, 불교 및 기타 종교도 박멸의 대상이 되고 있다. 소련에서 시작된 종교적인 신앙을 제거하려는 무자비한 운동은 오늘 이 시간에도 중국에서 북한으로, 쿠바로까지 계속되고 있다. 이 과정에서 얼마나 많은 순교자가 나왔고, 얼마나 많은 피해자가 고문을 당하고 죽어갔는가!(Kengor, 2020).

자본주의를 타도하는 것만으로는 인민이 행복을 이룰 수 없다. 종교는 인간을 행복한 환상에 빠뜨린다. 이를 철폐하는 것이 진정한 행복을 얻기 위한 필수 조건이다. 마르크스에 의하면, 공산주의 이상을 실현하는 것만이 세상의 문제를 해결할 유일한 해답이다(웜브란트, 2019).

북한에서 공산주의를 20년간 몸소 경험하고 남파간첩에서 기독교인으로 전향한 박성엽(2019)은 말한다. "이제 분명한 것 한 가지는 마르크스-레닌주의는 환상이며, 실현 불가능한 이론이라는 것이다. 결코 완성될 수 없는 철학임을 고백한다… 저 북유럽의 한 미친 인간이 마약에 찌든 것처럼 환상에 빠져들어 만들어 낸 이론 하나로 지난 100여 년 동안 1억 명이 넘는 사람들이 무모하게 죽어갔다. 그들은 그것조차도 역사 발전의 단계라는 궤변을 늘어놓고 있다. 원래 김일성이 호언장담하기를 자력갱생의 시기가 끝나면 이밥에 고깃국을 배불리 먹게 해준다고 했는데, 지난 70년 동안 북한은 자기백성들을 한 번도 배불리 먹게 해준 적이 없다."

중앙일보 백성호(2020) 기자가 진술한 것처럼, "이단 신흥종교는 하늘에서 뚝 떨어지지 않는다. 그들 뒤에는 뿌리가 있고, 사연이 있고 계보가 있다. 이단이 이단을 낳고 다시 그 이단이 이단을 낳는다." 주체사상은 마르크스-레닌의 공산주의라는 이단사상과 김일성이 어린 시절에 경험한 기독교에서 파생된 이단이다.

한국은 경제적으로 북한보다 50배는 더 잘 사는 나라가 되었다.

북한은 아사하는 사람이 많은 지구상 가장 불행한 '지상낙원'이다. 주사파에서 전향한 미래전략연구원장 구해우(2019)는 현 상황을 다음과 같이 진단했다.

"한국은 경제적으로만 앞서 있을 뿐 군사·외교적으로 '핵 국가' 북한에 추월당했다. 배부른 돼지와 굶주린 늑대의 경쟁으로 비유될 수 있다. 한반도의 주인은 문재인이 아니라 김정은이고, 김정은은 문재인의 국정운영에 영향력을 행사하고 있다." 재일 언론인 이상철(2019)은 한국 문재인 대통령은 김정은이 만들었다고 일갈하였다. 북과 남을 오가면서 파란만장한 삶을 살아온 순국선열유족회의 김인호(2016) 선생은 말한다. "김일성에게 두 번 속지 마라. 김일성은 지금도 (주체사상으로) 살아서 다스린다."

주사파(PD 계열)에서 전향해 자유우파의 대표적 지도자로 활동하고 있는 김문수(2020) 전 경기도 지사는 현 시국을 이렇게 진단하고 있다. "지금 집권하고 있는 문재인 대통령과 이해찬 대표, 이인영 원내대표, 심상정 정의당 대표 등 운동권 출신 대부분과 함께 활동하고 같은 시대를 꿈꾸고 투쟁해왔다… 대한민국은 이미 종북 주사파와 좌파 연합에 넘어갔다고 판단된다. 현재의 정세는 문재인+김정은 주사파 공동체가 사상이념 권력의 고지를 점령했다. 자유대한민국은 주사파의 수십 년 전복전략에 의해 점령됐다. 자유파와 주사파는 적대적 관계로서, 박근혜 대통령 탄핵 이후, 지금은 사상이념 체제투쟁에서 주사파가 승리하고 집권하고 있다. 주사파는 군사력과 무기를 쓰지 않고 촛불집회로 승기를 잡았다… 제가 아는 한 세계 어떤 공산혁명 때보다 더 완벽하게 국가권력을 장악했다. 현재 대한민국은 공산화과정에 있다."

월간 조선 전 편집장 김용삼(2020) 기자의 평가에 따르면, 1900년
대 이후, 한반도에는 두 가지 사고체계가 대립격돌하고 있다고 할
수 있다. 하나는 주자성리학의 고수를 통한 기존 체제(조선왕조·대한
제국)의 유지, 즉 폐쇄쇄국의 길이 있다. 다른 하나는 개혁 개방을
통한 개인의 자유 확보, 즉 근대화의 길이었다. 이 두 상이한 가치
관은 1876년 일본에 의한 개항 이래 지금 이 순간까지 한국인들을
두 패로 갈라 죽기 아니면 살기, 서로 마주보고 달리는 기관차 식
의 충돌 대립을 야기하고 있다. 북한은 주체사상이라는 이름으로
폐쇄쇄국의 길을 가고 있고, 남한은 개혁 개방의 길을 가고 있다.

김정은은 자신과 측근들이 권력을 독점한 채 전 세계에서 유례
없는 강압통치를 하고 있다. 주민들에게 최소한의 자유나 권리조
차 인정하지 않는다. 주민들이 자기 생각을 이야기했다간 보안요
원들에게 적발돼 강제수용소에 끌려갈 수 있다. 주민들은 김정은
체제유지를 위한 수단이자 착취의 대상일 뿐이다.

북한이 남한과 비교할 수 없을 정도로 가난한 나라가 된 건 김일
성, 김정일, 김정은 3대 75년간 권력유지에만 집착한 채 주민의 삶
을 개선하는 데 관심이 없었기 때문이다. 김씨 왕조는 주민들의 삶
이 나아지면 정권에 위협이 될까봐 탄압과 감시를 이어왔다. 북한
은 지금도 착취적인 경제체제를 유지하고 있다(정재홍, 2020).

세계무대 속의 공산주의

공산주의는 서방측뿐 아니라 기독교에도 커다란 위협이 아닐 수

없다. 전 세계를 다니며 복음을 전한 부흥사로 유명한 고 빌리 그래함(Billy Graham: 1968) 목사는 말했다. "공산주의와 자유와의 투쟁은 우리 시대의 당면 문제다. 이것은 우리의 급선무다. 이 투쟁은 우리의 시대를 반영하고 있다. 인류의 미래는 이 투쟁의 승산에 달려 있다."

공산주의자들은 '목적은 수단을 정당화한다'는 철학을 가지고 있다. 목적이 신성할 때 그것을 수행하는 수단과 방법은 따라서 절로 신성해진다(Marx). 공산주의자들의 목표는 혁명을 통해 자본주의와 종교를 소멸(abolition)하는 것이다. 마르크스는 인간의 본성을 바꿈으로써 사회를 근본적으로 변화시키려 했다. 마르크스는 잘못된 계산만으로 실수한 것이 아니라 죄와 이단(heresy)을 통해 오류를 범했다. 공산주의는 "실패한 신"(god that failed)이며 반기독교적 이단이다(Kengor, 2020).

'종교적인 사회주의, 기독교 사회주의'라는 말은 서로 모순되는 용어다. 사회주의는 절대로 기독교와 화해할 수 없다. 냉전시대에 소련을 붕괴시켰던 레이건 미 대통령은 경고했다. "인간의 운명은 물질적 통계에 의해 측정되지 않는다. 세상에 위대한 힘이 움직일 때, 우리는 우리가 동물이 아니라 영(spirits)이라는 것을 알게 된다. 결국 집단주의(collectivism)와 개인주의(individualism), 선과 악의 싸움, 영적 전쟁으로 귀결된다. 그리고 영은 한쪽을 선택하지 않으면 안 된다."

하부구조(토대)와 상부구조. 공산주의의 원조 마르크스는 사회의 구성요소를 토대(하부구조)와 상부구조로 나눈다. 그는 한 사회의 상부구조(법, 제도, 문화, 관습 등)는 그 사회의 하부구조(토대: 경제 시스템, 먹고 사는 방식)에 의해 결정된다고 보았다. 경제적 토대가 '존재'라면 상부구조는 '의식'에 해당하는 것이다. 20세기 말 유럽에서 시작된 문화막시즘은 안토니오 그람시의 진지전 이론에 따라 자본주의 사회의 상부구조를 바꾸어 사회주의화하는 데 주력하였다.

고전적 마르크스주의(공산주의)는 계급투쟁론을 따라 하부구조를 바꾸어 이상세계를 실현하는 것을 목표로 하였다. 마르크스는 소외와 억압, 착취, 빈곤이 없는 지상낙원(유토피아) 건설을 약속한다. 오스트리아 자유주의자 칼 포퍼가 주장한 것처럼, 종말론적으로 유보된 하나님 나라를 폭력적으로 강제하고 선취하고자 하는 사회주의자들의 지상낙원 건설은 결국은 유토피아가 아니라, 디스토피아, 곧 지상지옥을 가져오게 된다. 지난 100년의 역사는 이를 입증해 보여주고 있다. 지옥으로 가는 길은 선한 의도로 포장되어 있다고 했던가. 사회주의 혁명을 통해서 지상낙원이라는 유토피아를 폭력적으로 건설하고자 했던 소련의 강제수용소(굴락), 북한의 정치범수용소와 강제수용소, 캄보디아의 킬링필드, 모택동의 중국 문화대혁명 당시의 폭력과 야만, 그리고 학살은 모두 지상낙원이 아니라 지상지옥을 가져왔다(정일권, 2020).

가치관의 충돌

남한과 북한, 좌익과 우익, 자유시장경제와 계획경제, 진보와 보수, 자유통상 대 자력갱생, 개인의 자유와 파쇼적 전체주의, 해양문명 대 대륙문명, 자유민주주의와 공산주의, 친미·친일과 친중·

친북이라는 대립구도는 번지르르한 레토릭일 뿐, 그 핵심본질은 쇄국과 근대화의 가치충돌이다.

대한민국의 건국에는 미국에서 유입된 기독교 정신이 큰 기여를 했다. 기독교 윤리에는 진실, 성실, 정직, 사랑의 미덕이 포함된다. 남한의 가치관은 기독교 반공주의로 요약된다(변희재, 2021). 종북 주사파집단이 추대한 문재인 대통령이 집권한 이후, 촛불혁명 정부는 대한민국 자유민주주의세력을 적폐세력으로 몰아서 마구잡이로 구속하고 있다. 지금은 특히 북에서 김정은만 집권하고 있을 뿐 아니라, 남한에서도 문재인이 집권하고 있어, 남과 북이 '우리민족끼리' 드러내놓고 서로 협력하고 있다. 문재인 정권은 종북 주사파 정권이며, 김정은과 연방제 통일을 하는 것이 일차 목표이다.

"한국 대부분의 386 진보들은 민족공산주의라는 낡은 이념이 낳은 자식들이다. 이들이 입으로 자유와 민주, 평등과 정의를 외친다지만 기실 그 내면에는 민족공산주의 가치관이 자리하고 있다. 이들이 지금 대한민국 사회의 중추가 되어 있다. 북한 민족공산주의, 김일성 수령사상은 이들의 정신적 고향이라 할 수 있다"(김대호 외, 2019).

공산국가는 사라질지 모르나 공산주의는 결코 사라지지 않는다. 많은 공산주의 국가가 쇠망해 갔으나 공산주의는 계속 변신을 거듭하며 네오막시즘(문화막시즘), 프랑크푸르트 학파, 68혁명 등을 통해 세계적으로 그 영향력을 이어가고 있다. 국가 전복을 시도하는 세력이라고 볼 수 있는 김일성 주체사상파는 지금도 우리사회에서 동성애차별금지법, 교회폐쇄법 발의를 통해 기독교를 와해시키려 하고 있다.

정신적 월북자

북한 정권의 온갖 만행을 다 덮고 변호하는 NL, 운동권 출신들을 '정신적 월북자'라고 한다. 남한의 주류 정치인으로 등장한 NL은 진짜 반미, 진짜 종북으로 드러나고 있다. 북한의 핵미사일 도발, 개성의 우리 재산 폭파, 평양의 무관중 폭력 축구, 국제공항에서의 화학무기 암살, 우리 측 GP에 대한 사격 등 북의 모든 행태를 변호한다. 북한 정권과 북한 사람의 처지에서 북한을 이해하는 것을 '내재적 접근법'이라고 한다. 개성공단의 남북연락사무소를 폭파했는데도, "그래도 대포로 폭파하지 않은 게 다행이다"고 반응하는 여당 국회의원이 있는가 하면, 우리 해수부 공무원이 잔인하게 피살되었는데도, '미안하다'는 사과문을 보내오지 않았느냐고 감지덕지한다.

정신적 월북자들의 속마음은 아마도 다음과 같을 것이다; "북한이 못사는 건 체제 때문이 아니고 미국 때문이다. 3대 세습은 불가피하다. 북한은 못살아도 건강하고 남한은 잘살아도 썩었다. 북한 체제에서 자유 인권은 필요 없다. 북한 핵은 미국 공격을 막기 위한 방어용이다. 북한이 남한에 핵을 쓸 리가 없다. 북한 핵은 인정하는 수밖에 없다. 남북이 손잡고 남한 보수를 없애야 한다"(양상훈, 조선일보, 2020. 10. 29)

3. 원인분석력과 회복탄력성: 문제가 있으면 해결책도 있다

비행기가 어디로 가는지는 조종사의 생각에 달렸고, 차량이 어디로 갈지는 운전사의 생각에 달렸다. 나라도 마찬가지다. 누가 어떻게 나라를 이끄느냐에 따라 국가의 모습이 달라진다. 통치자가 어떤 사상, 세계관을 갖고 있느냐가 매우 중요하다. 지도자의 이념에 따라 국가 운영방향이 완전히 달라지기 때문이다.

지도자의 종교는 그 국가의 운명을 좌우할 수가 있다. 박근혜 대통령이 기독교나 천주교, 불교와 같은 보편적 종교를 신앙했다면, 탄핵당하는 비극을 맞지는 않았을 것이다. 그가 최태민과 최순실의 영세교에 영향을 받지 않았다면, 역사는 다르게 전개되었을 것이다. 미국 대통령 오바마가 아프리카 태생의 무슬림(이슬람)교인이 아니었다면, 친이슬람 정책을 펴지 않았을 것이다. 우리나라 역대 대통령 중 김영삼, 이명박은 기독교 장로였다. 여러 가지 과오가 있었지만, 그들은 반공산주의적이고 친미주의적인 정책을 채택했다.

긍정심리학이 발달하면서 개인이든 국가공동체든 회복탄력성을 높이기 위해 반드시 필요한 것이 원인분석력과 자기조절능력, 대인관계능력이라는 것이 밝혀지고 있다. 원인분석력이란 "내게 닥친 문제를 긍정적으로 바라보면서도 그 문제를 제대로 해결할 수 있도록 원인을 정확히 진단해내는 능력"을 말한다(김주환, 2011). 원인분석은 주변 상황을 정확하게 인식하고 파악하는 능력을 전제로 한다.

이 책은 현재 우리나라가 직면하고 있는 총체적 위기의 원인을 다각도로 분석하고 국가적으로 다시 일어날 수 있는 대안을 제시하는 것을 목적으로 한다.

현재 우리나라의 문제는 ① 낮은 단계 연방제 추진과 헌법 파괴, ② 거짓 평화를 빙자한 종전선언과 안보해체, ③ 부동산과 경제파탄, ④ 부정선거와 삼권분립 해체, 사법부, 언론장악, ⑤ 교회탄압과 차별금지법 추진, ⑥ 종북굴종과 역사왜곡, ⑦ 탈원전과 태양광 발전 추진 등으로 요약될 수 있다.

필자는 위에 여러 정책과 시도들, 그리고 우리나라가 직면하고 있는 총체적 위기의 원인이 현 집권세력, 즉 주사파들이 추종하고 있는 이념인 주체사상에 있다고 본다. 문재인 대통령을 비롯해 공산주의 주체사상에 세뇌된 사람들이 2017년 이후 나라의 정체와 운명을 바꿀 수 있는 사회주의 정책을 펼치고 있다. 드디어 김일성의 회고록 『세기와 더불어』가 남한에서 출판되어 시판되는 시대가 되었다. 2021년 현재 공산화가 80-90% 완성되었다고 보는 이들도 있다.

무엇이 대한민국 발전의 발목을 잡고 있는가? 철지난 586운동권 정치가 대한민국의 발목을 잡고 있다. 더불어민주당 지도층이 추종하고 있는 주체사상, 즉 운동권 정치가 잘못된 정치와 정책의 원인이 되고 있다. 종북 주사파 세력은 빛바랜 공산주의 이념에 경도돼 공산당 선언에 명시된 '사유재산의 폐지'를 내세우며 경제의 핵인 기업을 적폐세력으로 몰고, 토지국유화-이익공유제 등을 계속 주장하고 있다. 소득주도성장, 반기업적 친노동정책, 토지공유제, 이익공유제, 각종 포퓰리즘 정책, 등은 주체사상을 포함하는 사회주의 통제경제 이념에 귀인하는 것이다(이동호, 2016).

종북 주사파 집권세력은 공산주의자 그람시의 진지전 전략에 따라 여러 가지 주요정책을 주도하였다. 참여연대는 그 '진지전'의 거점이었다. 참여연대는 조국이 주도한 사법개혁 운동, 장하성의 소액주주운동, 재벌저격수 김상조의 재벌개혁운동, 박원순이 이끈 부패 정치인 낙천 낙선 운동 등을 통해 국민적 지지를 받았다. 피지배층이 자발적으로 복종할 만한 권위를 축적한 것이다. 결국 헤게모니 투쟁에서 승리를 거둔 참여연대는 문재인 정권을 통해 대한민국을 지배하는 실세집단으로 등극했다. 그들이 권력을 잡은 후 대한민국은 내로남불 부동산 천국이 되었다. 젊은이들은 저임금 불안정 노동에 빚을 내 주식과 가상화폐 투전판에 뛰어들고 있다. 종교의 자유에 대한 권리는 양도 불가한 인간의 보편적 기본권으로 사람은 누구나 이 기본권을 누릴 자격이 있다. 모든 인간은 태어날 때부터 자유롭고 존엄하며 평등한 존재로서 창조주 하나님을 사랑하고 예배할 권리가 있다.

20세기를 이끌어온 대표적인 이념은 자본주의(capitalism)이다. 공산주의, 사회주의자들이 붙여준 이름이다. 더 정확한 명칭은 자유시장경제체제다. 자유시장경제체제가 성립하려면, ① 사유재산권 보장; ② 자유로운 이익추구활동 보장; ③ 자유경쟁분위기 조성; ④ 선택의 자유 보장이라는 4가지 요소가 충족되어야 한다. 현재 대한민국 헌법은 자유시장경제를 지향하고 있다(남정욱, 2012). 자본주의에는 아담 스미스의 '도덕감각론'(theory of moral sentiment)이 통합되어 있다. 자기를 사랑하는 사람이 이웃을 사랑할 수 있으며, 받고자 하는 사랑과 주고자 하는 이웃 사랑이 함께 존재한다는 것이다(박명수, 2013).

공산주의는 무신론적이고 유물론적인 세계관이기에 기독교의 유신론적 세계관과는 완전히 배치된다. 기독교의 창조론 대신 진화론에 근거해 동성애를 지지해 가족질서를 무너뜨린다. "중국을 포함한 많은 사회주의 국가에서 공산주의라는 사이비종교가 국민들에게 종교대체제로 강요되고 있다."(Yang, 2017) 공산주의는 해방과 혁명이라는 목적을 위해서는 수단과 방법을 가리지 않아도 된다고 주장한다. 공산주의가 폭력적인 혁명을 정당화하는 점 역시 인간을 향한 인간의 폭력을 정죄하는 성경의 정신과 맞지 않는다. 기독교 세계관은 영혼이 육체적인 것보다 중요하다고 믿는다. 그러나 공산주의 체제와 사회는 종교와 예배의 자유를 허락하지 않는다(정성욱, 2004).

공산주의는 반종교적인 이론이다. 마르크스 이론에 의하면, 물질/에너지가 근본 실재이고, 물질 안에는 이른바 '변증법적' 발전 과정에 따라 사물을 변하게 하는 타고난 법칙이 있다고 한다. 은하계와 인간, 인간사회 등은 모두 변증법적 발전의 법칙에 의해 조직되는 물질의 산물이라고 한다. 무신론적 이론인 마르크스주의에서 물질은 그 어떤 것에도 의존하지 않고, 모든 실재는 물질과 동일하든지 물질에 의존해 있다(클라우저, 2017).

마르크스주의는 인간이 추구했던 꿈과 이상을 과학적인 이론으로 뒷받침했다. 1917년의 러시아 혁명으로 이어졌고 마르크스주의는 하나의 사상으로 되었을 뿐 아니라 하나의 이데올로기가 되었다. 공산주의는 이제 하나의 사상으로 끝날 것이 아니다. 20세기의 사회와 역사 발전을 지배하는 하나의 이데올로기가 된 것이다.

미국 레이건 대통령은 말했다. "공산주의는 경제·정치체제가 아니다. 정신질환의 한 종류다. 현실적으로 공산주의만큼 짧은 시간에 그토록 많은 생명을 앗아간 전염병을 찾아보기 힘들다. 공산주의는 지금까지 1억 4천 명의 생명을 앗아갔다. 공산주의는 막대한 사상자와 팽창주의적 야망을 초래하고, 지성과 종교, 양심, 출판, 집회, 언론, 이동, 이주 등 기초적인 시민의 자유를 파괴하는 사상이다. 무신론적인 공산주의는 특히 종교를 경멸과 파괴의 대상으로 여긴다. 자유민주주의가 신앙과 자유에 의해 이끌린 것만큼, 공산주의는 종교(기독교)를 상대로 전쟁을 벌여왔다"(켄고르, 2020).

공산주의자들은 유물론, 즉 물질에서 정신이 나오며, 모든 것은 물질로부터 도래한다고 주장한다. 주체사상은 사람 중심 세계관이지만, 종교(기독교)는 신 중심의 세계관이다. 하나님과 영혼, 내세를 인정하지 않는 공산주의(주체사상)는 종교를 비과학적인 환상이며 객관적 세계의 왜곡이라고 본다. 신을 환상으로 보거나, 비과학적인 미신으로 치부한다. 종교는 제국주의자들에 의해 계급적 억압과 착취를 합리화하기 위해서 사상적 도구로 사용되었고, 사회주의 혁명에 해독성과 반동성이 있다고 보았다(류성민, 2003).

주체사상은 인간의 본성적 욕구인 자주성과 창조성과 의식성을 인정하면서, 하나님 대신에 인민대중을, 천국 대신에 사회주의 사회를, 영생 대신에 사회정치적 생명을 대비시켜, 전자들은 환상이고 실재하는 것이 아니지만, 후자들은 현실적이며 실재적이라 하여 주체사상이 종교보다 우월하다는 주장을 펴고 있다(류성민,

2003). 오직 북한만이 '주체사상'을 신줏단지 모시듯 붙든 채 주민들의 자유와 인권을 볼모로 버티고 있을 뿐이다.

자본주의란 무엇인가?

자본주의는 개인의 재산 소유권을 절대적인 기본권으로 인정하는 경제체제로, 일반적으로 자유주의 시장경제체제와 연결되어 있다. 사유재산을 인정한다는 점에서 기독교와 자본주의가 공통점이 있다고 할 수 있다. 기독교의 청지기 정신은 돈과 재물을 하나님의 뜻에 따라 사용하고 관리할 수 있는 권한과 책임을 인정한다.

자본주의란 결국 사적 소유권을 절대적인 기본권으로 인정하는 경제체제이고, 일반적으로 자유주의 시장경제와 연결되어 있다. 본질적으로 기독교는 자본주의와 병존할 수 없다. 자본주의는 돈이 최고라고 하는 데 반해, 기독교는 하나님이 최고라고 하니까 두 가지가 함께 존재할 수 없다. 이러한 사실을 보완하는 것은 기독교의 청지기 정신이다. 청지기 정신이란 돈과 재물에 대한 사람의 소유권을 근원적으로 거부하고, 오직 하나님의 뜻에 따라 사용하고 관리할 수 있는 권한과 책임을 인정하는 정신이다. 사유재산을 인정한다는 점에서 기독교는 자본주의에 친화적이다(정성욱, 2004).

사회주의란 무엇인가?

사회대중의 재화와 생산수단을 공유하고, 경제활동의 결과를 정의롭고 평등하게 배분하는 것을 지향하는 경제체제이다. 분배과정에서 강제적인 공권력이 작용함으로써 개인의 자유와 재산 소유권을 억압하는 방향으로 타락할 수 있다. 독일과 스웨덴, 덴마크 같은 나라들이 사회주의 정책을 쓰고 있는 것으로 알려져 있다.

사회주의라는 것이 근원으로 들어가면, 공산주의 사상과 일맥상 통하기 때문에 공산주의와 동의어로 사용되기도 한다. 공산주의 에 비해 폭력적이지 않고, 사회주의 체제를 받아들이는 많은 국가 들이 어느 정도 종교의 자유를 허락한다는 측면에서 공산주의와 차별화될 수 있다. 그리고 사회주의가 부의 정의로운 분배와 나눔 을 강조하는 측면은 성경과 부분적으로 일치한다고 볼 수 있다.

사회주의의 속성

21세기 세계에서 사회주의라는 이념은 어떤 모습으로 나타나고 있는가? 최근 전 미국 대통령 도널드 트럼프(Donald Trump: 2019)는 UN총회에서 사회주의의 실체를 누구보다 잘 요약해 소개하였다.

"사회주의는 번영을 약속하지만, 그것이 가져다주는 것은 빈곤 이다. 사회주의는 단결을 약속하지만, 그것이 가져다주는 것은 증 오와 분열이다. 사회주의는 더 나은 미래를 약속하지만, 언제나 과 거의 암흑기로 돌아간다. 역사와 인간의 본성에 대한 무지에 기반 한 슬프고 용도 폐기된 이데올로기이다. 그것이 사회주의가 예외 없이 독재정권을 낳는 까닭인 것이다. 사회주의자들은 언제나 다 양성을 사랑한다고 말하지만, 그들은 언제나 절대적 순응을 강요 한다. 사회주의는 정의와 관계가 없다. 평등과도 관련이 없다. 가 난한 이들을 구제하는 것과도 관계가 없다. 사회주의가 관심을 갖 는 것 단 한 가지는 지배계급을 위한 권력일 뿐이다. 그들이 더 많은 권력을 가질수록 더 많은 권력을 갈망한다. 그들은 원하는 것은 결정권이다. 누가 이기고 누가 지는가, 누가 올라가고 누가 내려가는가, 무엇이 올바르고 무엇이 잘못되었는가, 그리고 심지어 누가 살고 누가 죽을 것인지를 결정한다. 사회주의는 진보라는 깃발 아래 나아가지만, 그것이 결국 가져다주는 것은 부정과 착취와 부패일 뿐이다."

현재 문재인 정권이 바로 '더불어 민주'의 이름으로 이와 같은 사회주의 국가를 지향하고 있는 것이다.

4. 종교란 무엇인가?

20세기 최고의 신학자 중 하나로 여겨지는 폴 틸리히(1886-1965)는 종교를 "궁극적 관심"(ultimate concern)이라고 정의했다. 그는 궁극적 관심의 대상으로 민족주의, 사회주의, 공산주의 같은 정치이념이라든가 사상체계나 교리 등은 유사종교라 분류하고, '진정으로 궁극적인 것'에 궁극적 관심을 갖는 것을 '종교 자체'라고 보았는데, 종교를 지적인 것이나, 감정적인 것이나, 의지적인 것 하나에 국한하지 않고 전 존재를 사로잡는 것으로 파악하고 있다 (오강남, 2003).

"종교는 초인적이고 초자연적인 힘에 관한 일종의 사회의식이며, 그 결과로 나타나는 그 힘을 향한 믿음과 숭배행위다. 이러한 의식과 행위를 종합해 주는 정상화되고 제도화된 사회문화적 체계이다"(Yang, 2017). 공산주의는 무신론적 사이비종교로 유신론적 기독교와 대척점에 있다.

북한의 종교관: 북한에서는 종교를 어떻게 보는가?

북한의 종교관은 기본적으로 마르크스 유물변증론에 근거한 종교무용론, 그리고 종교아편론에 근거하고 있다. 북한에서는 종교를 '반동적이며 비과학적인 세계관'으로 해석하고 있다. "종교는 현실에 대한 무관심성, 현실도피적인 사상, 노예적 복종의 사상을 설교하며 알지 못할 허망한 '하나님'이나 '귀신'의 힘을 믿게 한다… 가장 선진적이고 과학적인 마르크스-레닌 사상과, 그와 반대로 가장 낙후하고 반동적인 종교사상이 서로 양립할 수 없음은 당연한 일이다"(정하철, 2016). 이와 같이 북한에서는 종교와 미신을 동일시하며 종교를 비과학적이라고 강조하고 있다.

북한은 왜 종교를 반대하는가? 북한중앙방송 기자출신 이항구(1985)는 북한공산당의 입장을 다음과 같이 대변하고 있다. "종교는 과학과 진보의 적이며 우리 인민의 공산주의 사회건설을 위한 자각적이고 의식적인 투쟁을 방해하는 큰 장애물이다. 우리들 속에 남아있는 비과학적인 종교미신에 대한 잔재를 뿌리째 뽑아버려야 한다." 김일성도 "종교는 일종의 미신이다. 예수를 믿든지 불교를 믿든지 그것은 본질상 다 미신을 믿는 것이다"라든가 "종교란 반동적이며 비과학적 세계관이며 종교를 믿으면 계급의식이 마비되고 혁명의식이 없어진다"라고 주장하고 있다.

종교를 미신과 동일시하면서 종교적 가르침을 모두 허망한 것이라고 정의하는 마르크스주의 종교관은 북한 역사학계의 한국 기독교사 해석원리인 비과학주의, 제국주의, 소부르주아 개량주의, 반민족주의와 관련을 맺고 있다(정규훈, 2016).

종교 자체를 부인하는 북한에 존재하는 유일한 종교는 주체사상이다. 주체사상은 김일성 3대를 교주로 하는 세속종교라 할 수 있다. 주체사상은 김일성 일가를 교주로 섬기는 '사이비기독교이단'이다(정동섭, 2020). 주체사상은 기독교와 마르크스-레닌주의를 혼합해놓은 종교다. 주체사상을 직접 창안한 황장엽은 북한정권을 '수령절대주의' 혹은 유교적 봉건주의라고 표현하였다. 김일성 유일사상, 정치적 자주, 경제적 자립, 국방적 자위를 핵심으로 하며 남조선을 해방, 혁명화하는 것이 국가목표다(박성엽, 2019).

주체사상은 종교를 구성하는 모든 요소를 갖추고 있어, 사회학자들은 주체교를 종교로 인정하고 있다. 애미 내쉬(Amy Nash, 1999)는 북한에 주체사상 신봉자가 약 2,000만 명이 있으며, 이는 기독교, 이슬람교, 힌두교, 불교 등 전통종교에 이어 10대 종교에 속한다고 밝혔다.

주체사상은 살아있는 권력 김정은을 움직이는 사상이요 이론일 뿐만 아니라 조선민주주의인민공화국이라는 국가권력이다. 주사파는 김일성주의자들로서 자유주의자들의 적이다. 주사파는 대한민국을 부정하고, 조선민주주의인민공화국이 한반도에서 유일한 정통성이 있는 국가로 생각한다(김문수, 2019).

북한의 지도층은 6.25 동란을 전후하여 모든 종교시설을 몰수하여 회의장, 창고, 유치원, 선전장으로 전용했다. 그리고 성당이나 예배당은 전폐되었으며 수많은 사찰이 산림관리소, 당간부 휴양소로 돌려졌다. 종교인들이 비밀리에 미사나 예배활동을 하면 적발 즉시 체포, 처형했다. 독실한 기독교인들은 모두 지하에서 남몰래

기도를 올릴 정도의 신앙생활밖에 하지 못하고 있다. 그나마도 발각되면 그 즉시 체포, 처형을 당한다(이항구, 1985).

북한에서의 종교자유

북한의 사회주의 헌법에도 종교의 자유가 명시돼 있지만, 북한에는 헌법보다 더 높은 법이 있다. 김씨 3대의 '말씀,''당의 유일적 영도체제 확립의 10대원칙,''조선노동당규약'과 같은 수령과 당의 정책들이 그것이다. 당의 정책은 주체사상만을 믿어야 한다고 규정돼 있으므로 북한에서 종교를 가진다는 것은 당의 정책에 반대되는 행위이다.

북한은 종교를 '인민들을 억압하고 착취하는 도구,' '제국주의의 사상문화적 침투의 도구 내지는 앞잡이'라고 공격했고, 교회를 반동 통치계급이 인민의 계급의식을 마비시키는 사상을 선전하여 퍼뜨리는 거점이라고 규정했다.

1988년을 고비로 평양에는 봉수교회와 장충성당을 건설했다. 한국의 반정부 종교단체들과의 교류를 확대하려는 의도였고, 나쁘게는 이들을 포섭하려는 속셈에서 세운 대외선전용 위장교회이다. 교회와 성당에 나가는 교인들은 훈련받은 노동당원들로서 '가짜교인들'이다(태영호, 2018). 예배에는 통일전선부 요원과 가족들이 동원되고 있다. 훈련받은 공산당원들이 성도행세를 하고 있다. 김정은을 하나님으로 믿지 않고 참으로 살아계신 하나님을 신앙하고 살아남을 수 있겠는가!

사탄숭배자 마르크스는 종교에 대해 극히 부정적인 생각을 갖고 있었다. "종교는 인간의 노예상태의 사슬들을 장식해서 속이는 가상적인 꽃들이다. 종교는 '죽음 이후의 행복'이라는 꽃물을 들게 해서 사람으로 하여금 어리석게 고통을 감수하게 만든다. 그러나 언젠가는 사회적 분쟁과 관찰의 조명에 의해 이 꽃이 가짜임이 드러난다. 종교는 공산주의 혁명에 걸림돌이고 원수이기에 말살해야 한다. '나는 모든 신을 혐오한다'는 고백은 천상천하의 모든 신들에 대항하는 철학의 고백이며 그 슬로건이다"(김정민, 이호, 2020).

북한에는 주체사상 이외에는 다른 사상이 있으면 안 된다. 따라서 북한에서 종교는 아주 중요하게 관리되는 문제이다. 북한은 종교를 환상과 미신으로 규정하고 마약과 같다고 교육하고 있다. 종교활동이 발견되면 종교인은 정치범수용소로 가게 된다. 기독교선교단체인 Open Doors에 의하면, "5-10만 명의 신도들이 수용소에 갇혀 고문을 당하고 있다." 북한에는 심각한 종교탄압이 진행되고 있으며, 진정한 의미의 종교자유는 존재하지 않는다. 따라서 국제인권단체들은 북한을 가장 혹독한 종교탄압국가로 지목하고 있다.

중국과 북한은 모두 종교의 자유를 억압하는 공산주의 국가다. 인권단체 한국미래이니셔티브는 2020년 10월 보고서에서 중국으로 탈북한 북한이탈주민 중 기독교인이라는 이유로 북송된 이들이 215명에 달한다면서 "임의적인 구금은 물론이고 고문 및 지속적인 폭행, 성폭행, 처형 등도 빈번히 일어나고 있다"고 밝혔다. 고문이 너무 심해 "운 좋으면 총살, 운 나쁘면 정치범 수용소"라고 한다.

세계식량프로그램(WFP)의 케빈 킹(Kevin King)이라는 미국인은 북한을 방문한 후 "농촌지역에서는 나무뿌리를 캐먹고 나무

껍질을 벗겨먹는 일이 보편화되었지만 '낡아빠진 주체사상'(worn concept of self-reliance philosophy) 때문에 주민들은 굶어죽어 가고 있다"면서, 주체사상의 반기독교적 인간관의 문제를 지적하였다.

"죄로 인해 마음이 황폐해진 인간은 끊임없이 남을 미워하고 저주하면서 자신의 힘으로 천국을 만들겠다고 발버둥친다. 주체사상으로 무장하여 사회주의 지상낙원을 만들겠다고 발악을 하는 북한이나 인간의 힘과 지혜로 유토피아를 만들겠다고 발버둥치는 인간의 모습은 본질상 다르지 않다"(양승훈, 2001).

북한 인민군으로 사회주의를 몸으로 경험하다 월남해 크리스천이 된 탈북자들은 고백하고 있다. "하나님을 인격적으로 만난 후 오직 하나님만이 태초부터 영원까지 절대 진리임을 고백하게 되었다. 북한군 출신 탈북민인 우리는 북한에서 받은 사회주의 이념도 진리가 아니며 남한에서 체험하는 자본주의 사회도 결국 진리가 아님을 깨달았다. 오직 하나님의 절대주의만이 인류가 가야 할 최고의 강령임을 깨달은 '북한기독군인회' 회원들이다"(심주일, 2019).

기독교 관점에서 본 정통과 이단

성경에서는 정통(orthodoxy)을 "바른 교훈"(sound doctrine)이라고 표현하고, 이단(heresy)을 "다른 교훈"(false doctrine)이라고 표현하고 있다. "다른 이로써는 구원을 받을 수 없나니 천하사람 중에 구원을 받을 만한 다른 이름을 우리에게 주신 일이 없음이라"(행 4:12). 예수 그리스도는 절대 진리가 되신다. 따라서 바른 교훈을 벗어나면 이단이 된다.

이단이란 무엇인가? "성경과 역사적 정통교회가 믿는 교리를 변질시키고 바꾼 '다른 복음'을 말한다." 이단이란 "거짓 교리"를 주장하는 무리들이다. 정통교리를 왜곡하거나 부인한다. 성경의 진리를 거부하고 새로운 계시를 내세운다. 이단의 교주들은 자기를 "메시아"라고 신격화한다. 교주의 카리스마적 지도력에 맹목적인 복종을 요구한다(김영한, 1995).

이 책에서는 이단종교는 "특정 지도자의 잘못된 성경해석(거짓된 교리)을 중심으로 형성된 종교집단"이라는 전제 아래 주체사상을 비판한다. 이런 의미에서 북한은 주체사상이라는 교리로 전체 주민을 세뇌시킨 대표적인 이단집단 중 하나다"(현문근, 2019). 주체사상은 기독교에서 파생된 대표적 사이비기독교, 이단으로 거짓의 영(spirit of falsehood), 거짓된 교리(false doctrine)에 해당한다고 할 것이다.

5. 이단교주들에 대한 심리적 분석

예수님은 거짓 선지자, 즉 이단교주들은 그들의 열매를 통해 분별할 수 있다고 말씀하셨다(마 7:15-20). 이단은 추종자들에게 거짓된 구원의 확신을 심어주고, 탐심으로 교인들의 재산을 착취하며, 성적으로 착취하고, 가정을 무너뜨리는 일을 한다(벧후 2:1-3; 딛 1:11).

이단의 구성요소에서 가장 중요한 것은 그 집단을 만들어 이끄는 지도자이다. 주체사상이라는 이단의 창시자는 김일성이다. 후계자론에 따라 지금은 김정은이 주체사상의 교주로 행세하고 있다. 사도 베드로는 "무식한 자들과 굳세지 못한 자들이 다른 성경과 같이 그것도 억지로 풀다가 스스로 멸망에 이르느니라"(벧후 3:16)고 했다. 반면에 사도 바울은 "이들이 더러운 이득을 취하려고 마땅치 아니한 것을 가르쳐 집들을 온통 엎드러치는도다"(딛 1:11)고 진단했다.

다른 이단교주들과 마찬가지로 주체교 교주 김일성, 김정일, 김정은은 (1)인지적으로 무식하며, (2)역기능가정에서 성장했으며, (3)성격적으로 자기애적이며 반사회적인 성격을 소유하고 있다는 공통점이 있다.

심리학자 유영권(2008)은 이단사이비교주들의 심리적 특성을 분석하는 가운데, 모든 사이비종교 교주들에게 자기애적 성향과 반사회적 성향이 있음에 주목했다. 자기애적 성향의 대표적인 증상은 자기의 중요성에 대한 과대망상적 생각을 가지고 다른 사람의 평가에 대하여 과민반응을 보인다는 것이다. 이단교주들은 신천지 교주 이만희, JMS 정명석, 천부교 교주 박태선과 같이 과장된 자기(grandiose self)가 형성되어 있어 자신을 세상을 구원한 구세주로 생각하는 과대망상적 사고를 하는 경향이 있다. 다른 이단 교주와 마찬가지로, 김일성 3대는 자기애적 성향의 착취성과 특권의식, 지도력과 권위의식, 우월성과 거만, 공감능력의 결여, 자기몰입과 자기동경 등의 요소들을 골고루 지니고 있어서 특권의식으로 교인들의 재산을 착취하기도 하고 성적으로 착취하기도 한다.

사회학자 이강호(2021)는 주사파 정권의 특성을 말하면서, "좌익이념은 목적을 위해 수단을 정당화하고 무조건적 당파성을 합리화하며, 본질적으로 내로남불이자 소시오패스(반사회성 성격장애)"라고 진단하였다. 조국은 갖은 비리가 다 터져 나와도 일말의 가책도 보여주지 않고 남 탓으로 일관했다.

마르크스 이후의 모든 계승자들은 권력중독자들이었다. 레닌은 말했다. "독재의 과학적인 개념은 어떤 것에 의해서도 제한되지 않는, 어떠한 법률에 의해서도 절대로 구속되지 않는, 직접 폭력에 근거를 둔 권력이다. 독재란 법률이 아닌, 힘에 근거를 두는 무제한의 권력을 뜻한다." 스탈린, 레닌, 모택동, 카스트로, 김일성, 김정일, 김정은이 생각했던 근본문제는 "가난한 자의 처우개선, 짓밟히는 자의 인권문제, 착취당하는 사람들의 존엄성 회복"이 아니었다. 공산주의 지도자들이 추구한 혁명의 근본문제는 '권력의 문제'였다. 그들이 추구한 혁명의 목적은 권력을 쟁취하는 데 있었다(김정민, 이호, 2020).

이단교주들은 후회나 수치심, 죄의식 같은 감정을 느끼지 못하고 냉혹하고 잔인한 범죄를 저지르는, 겉으로는 매력적인 사람으로 보이는 특징이 있다. 김정은과 같이 고모부 장성택, 이복형 김정남, 60여 명의 당 간부를 살해 숙청하고도 죄의식을 느끼지 않는다. 하나님도 사후의 심판 같은 것도 믿지 않기 때문에 서해상에 표류해 북한해역에 들어온 해양 공무원을 무자비하게 살상할 수 있는 것이다.

김일성은 중학교 중퇴생의 실력으로 김일성대 총장 황장엽의 머리를 빌어 주체사상을 만들었다. 김정일에게는 성혜림, 김영숙, 고영희 세 명의 아내가 있었다. 김정은은 고영희의 아들로서 할아버지 김일성을 만나본 적이 없다. 김일성 3대는 모두 부모가 두세 번 결혼한 복잡하고 암울한 가정배경에서 성장했다는 공통점을 지니고 있다. 모든 이단 교주들은 예외 없이 불행한 역기능 가정 출신이다.

김일성 정권은 항일 빨치산 정권이라고 부른다. '자주'를 강력한 무기로 휘두르며 개인독재정치의 유지 강화에 방해가 되는 진정한 공산주의자들, 특히 프롤레타리아 국제주의로 무장한 공산주의자들을 도륙함으로써 국제공산주의자로부터 화려하게 이탈했다. 이후 모든 역사는 김일성 개인숭배에 맞춰 조작되었고, 당과 정부, 군대와 사법기관을 개인사유물로 만들었다. 초기 20년간 당과 군부 최고지도층에 포진해 있던 빨치산파들도 숙청한 후 자기 아들 김정일과 손자 김정은을 후계자로 지목하여 권력을 세습했다. 정적들을 차례로 제거하여 경쟁자가 사라지자 김일성은 세계에서 그 유례를 찾기 힘들 정도로 개인숭배에 돌입했다(김용삼, 2018).

김일성의 기독교 가정 성장 배경. 본래 주체사상의 교주 김일성은 기독교 가정에서 성장했다. 김일성의 아버지 김형직은 독실한 기독교인이었다. 그의 어머니 강반석은 칠골교회 집사였고 그의 외삼촌 강양욱은 목사였다. 김일성은 어린 시절 어머니를 따라 주일학교에 착실하게 참석했던 사람이다. 중학교 때에는 중국 지린의 손정도 목사의 보살핌을 받으며 교회생활을 했고 학생성가대 지휘를 맡을 정도로 교회활동을 활발히 했었다. 기독교 사상과 문화에 익숙한 사람이었다.

이러한 배경으로 볼 때 누구보다도 기독교의 정치, 조직, 운영

등에 대하여 잘 알고 있는 그가 세계에서 유래를 찾아볼 수 없는 북한의 조직과 운영을 기독교의 조직과 운영방법을 약간 변형하여 운영하고 있음이 여러 가지를 통하여 확인된다. 한 마디로 북한의 조직체계는 변형된 기독교이며 일종의 사이비 우상 종교국이다(박성엽, 2019).

그래서 그는 사회주의 이념으로 설명할 수 없는 권력세습을 단행했고, 북한 체제를 정상적인 사회주의 체제가 아닌 봉건적 사이비 교주(敎主)체제로 만든 것이다. 김일성을 아버지로 칭송하는 노래와 성경과 비교되는 '교시록'을 만들어냈다. 심지어 김일성 우상숭배를 위한 '당의 유일사상체계 확립의 10대 원칙'이라는 '십계명'까지 만들어 냈다. 주말 생활총화, 수요 강연회 등 교회에서 하는 것들을 흉내 내서 북한 주민들을 교육하고 통제하는 데 활용한 것이다.

"어린 시절 김성주(김일성의 본명)의 기독교와의 접촉은 북한에 헤아릴 수 없이 복잡한 요인을 제공했다. 오늘날 김일성을 신처럼 떠받드는 북한의 주체사상은 기독교적 프로토콜의 전형이다. 하나님의 자리에 김일성을, 예수의 자리에 김정일을, 성령의 자리에 김정은을 갖다놓고 기독교 외양을 입혀 오늘날 북한을 주체교라는 사이비 왕국으로 변모시켰다"(김용삼, 2018).

기독교 가정에서 성장한 김일성은 기독교를 차용, 표절하였다. 어릴 때 배운 하나님 사상을 자기 우상화에 악용한 것이다. 따라서 주체사상은 기독교에서 파생된 이단교리라 할 수 있다. 이단전문가 탁지일 교수에 의하면, 김일성의 주체사상은 2세대 이단이라 할 수 있다. 주체사상은 기독교를 표절하고 벤치마킹해서 생겨난 사이비종교이기 때문이다.

6. 주체사상의 형성과정

처음에 북한은 마르크스-레닌주의를 지향하고 양대 사회주의 국가인 중국과 구소련의 사상을 거부했다. 1960년대부터 북한 지도자들은 북한 체제의 독자성을 입증하며 북한식 사회주의를 선전했다. 이것이 소위 김일성과 김정일을 모범으로 하는 김일성주의-김정일주의다. 여기에 극단적 국수주의와 지도자 우상화가 독특하게 혼합된 이데올로기가 탄생했는데, 북한에서는 이를 주체사상이라고 부른다(지텔만, 2019).

북한의 공산주의는 마르크스-레닌주의를 조선화한 것으로 형식에서는 스탈린주의이지만 내용적으로는 민족주의, 대중주의를 취하고 있다. 주체사상의 입안자로 알려진 황장엽(1966)은 계급을 중심으로 역사를 바라보는 시각에서 인간 자체를 중심으로 역사를 보고자 하는 인식의 전환을 도모하여 "마르크스의 계급투쟁 및 프롤레타리아 독재이론과 결별하고 인간과 인류에 충실한 인간중심 철학으로 전환"하였다고 밝힌 바 있다. 그는 주체사상을 다음과 같이 정의하고 있다:

"주체사상이란 한마디로 말하여 혁명과 건설의 주인은 인민대중이며 혁명과 건설을 추동하는 힘도 인민대중에게 있다는 사상이다. 다시 말하면 자기 운명의 주인은 자기 자신이며 자기 운명을 개척하는 힘도 자신에게 있다는 사상이다." 마르크스-레닌주의를 북한의 현실에 맞게 변조한 사회주의 이론이다.

북한의 주체사상은 1955년에 통치로서의 주체사상이 등장했으며, 철학으로서의 주체사상이 1972년에 인간중심철학으로 황장엽에 의해서 완성되었고, 1974년에 수령론으로서의 주체사상이 김정일에 의해 수정되었다. 그리고 종교로서의 주체사상이 영생론으로 확립되었다(김태연, 2021). 1970년대에 주체사상이라는 말을 쓰기 시작하다가, 1980년대에는 주체사상을 현시대 노동계급의 영생불멸의 지도이념이라고 하여 마르크스 레닌주의보다 우월한 사상으로 추켜세우기 시작했다. 1982년 김정일이 주체사상을 하나의 이데올로기로 체계화하였다(이규학, 2020).

1982년에는 주체사상의 철학적 측면의 체계화가 일단락된 후, 1986년에는 수령론과 집단주의 사회조직 원리를 결합한 사회정치적 생명체론으로 발전시켜 민족주의로 나아갔다. 주체사상은 단순한 이데올로기로 출발하여 종교적 신앙으로 발전되고 있다. 주체교는 세계9대 사이비종교 중 하나다(장원재, 2021). 기독교집안 출신의 가계를 볼 때, 주체사상은 그 세계관과 역사관, 신관과 인간관, 구원관, 유사한 종교의식과 행위규범에 있어서 유사 기독교라 볼 수 있는 이단 사이비 세습 종교집단이다. 특히 성경의 삼위일체와 성육신의 논리를 그대로 따른 수령, 당, 대중과 김일성 3대의 주체사상은 하나의 교리를 내세우는 종교라 할 수 있다(김태연, 2021). 정치적 반대파를 제거하기 위함과 세습적 통치를 강화하기 위하여 주체·자주·자립·자위를 내세워 세습적 독재를 확립하였다(전석린, 2019).

기독교, 불교, 이슬람교와 같은 보편종교와 다르게, 한 나라 내에만 존재하는 종교는 '세계종교목록'에서 제외하는 것이 상례이 지만, 김일성의 주체사상교는 그 추종자가 2천만이나 되고 그들의 삶에 미치는 영향이 매우 크기 때문에 사회학자들은 주체교를 세계 10대 종교로 지목하고 있다. 주체사상은 하나의 통치철학이며 종교라고도 할 수 있다.

기독교와 불교에 성경이나 불경이 있는 것처럼, 북한의 교단에 마르크스의 자본론과 엥겔스의 논문이 있어서 사대주의, 교조주의, 종파주의를 비판하고 있다. 북한 세습독재의 종교의 대상은 당과 수령이다. 성도의 회개가 있는 것처럼, 자아비판이 있고, 당과 수령을 위한 열성분자와 반동이 구별되고 있다. 찬송가와 찬불가처럼, 김일성 장군의 노래가 불리고 있다(전석린, 2020).

유물론적 가치관과 진화론에 뿌리를 두고 있기 때문에, 인간의 경험적 영역을 초월하는 추상적 신(神)의 개념을 거부한다. 수령관과 주체철학, 사회정치적 생명체의 출현으로 주체사상 이데올로기는 종교적 신앙으로 진화되었다. 죽음과 고통, 악의 문제에 대한 궁극적 해답을 주고 있기 때문에 종교적 기능을 한다고 할 수 있다. 육체적 생명은 죽음으로써 끝이 나지만, 보이지 않는 정신인 사회정치적 생명은 육체적 죽음을 초월하여 영원히 존재한다고 설명한다. 따라서 주체사상은 종교적 색채를 지닌 세속종교의 범주에 속한다고 할 수 있다.

7. 주체사상의 핵심교리

1998년에 개정한 사회주의 헌법 3조는 명시하고 있다. "조선민주주의 인민공화국은 사람 중심의 세계관이며, 인민대중의 자주성을 실현하기 위한 혁명사상인 주체사상을 자기 활동의 지침으로 삼는다. 주체사상은 역사의 주체인 인민대중이 자기 운명을 자체의 힘으로 개척해 나가는 길을 밝혀주는 혁명사상이다. 인간이 인간을 해방시킬 수 있다는 사상이다."

북한에서는 북한 전체 인민들이 반드시 지켜야 할 지도이념 및 행동규범이 있는데, 그것은 주체사상과 유일사상 체제 확립을 위한 10대 원칙이다. 주체라는 용어는 1955년부터 대두되었지만, 이것이 하나의 사상으로 제시된 때는 김일성이 빨치산 아류인 갑산파를 제거하고 일인 독재 권력을 구축하게 된 1967년이다. 북한에서는 "당의 유일사상체계"와 "주체사상"은 동의어로 통하며, 북한의 국가종교(state religion)에 해당하는 주체사상은 북한주민의 정신세계를 지배하고 있다.

주체사상은 수령의 독재체제를 정당화하기 위한 이데올로기이다. 김일성의 혁명사상을 가리키며, 김일성을 혁명의 승리자로 조선의 구원자, 해방자로, 민족의 영도자(민족의 태양)로 공식 선언하는 제도적 틀이다. 김일성이 제시한 주체사상은 김정일에 의해 체계화되어 "김일성주의"로 발전했고, 이것은 김정일의 "유일지도체제"로 이어졌다. 김정일 사후, 사상의 독점권을 틀어쥐고 있는 김정은은 자신을 "김정일 애국주의"의 유일한 해석자요, 계승자라고 선언했다. 김정은은 '김일성-김정일주의'를 주체의 사상, 이론, 방법의 전일적 체계이며, 주체시대를 대표하는 위대한 혁명사상이라고 강조했다. 2013년에는 "유일사상체제 확립을 위한 10대원칙"을

"유일영도체계확립의 10대원칙"으로 전환시켜 자신의 지도와 영도를 제도적으로 절대화시켰다(정교진, 2017).

주체사상은 우선 무신론적 인본주의 사상이다. 주체사상은 인간중심주의 철학과 김일성수령 제일주의로 구성되어 있다. 주체사상은 황장엽이 만든 인간중심 철학에 마르크스의 계급투쟁론과 프롤레타리아 독재론, 민족주의와 수령론 등을 적절히 배합하여 만든 통치이데올로기이다. 칼 마르크스와 레닌의 공산주의사상을 북한의 실정에 맞게 변조한 사회주의이론이다. 김일성은 "종교는 일종의 미신이다. 예수를 믿든 불교를 믿든지 그것은 본질상 다 미신을 믿는 것이다. 종교란 반동적이며 비과학적인 세계관이며 종교를 믿으면 계급의식이 마비되고 혁명의식이 없어진다"고 주장했다.

기독교가 신본주의 창조론을 대표한다면, 주체교는 인본주의 진화론을 대변한다. 북한에서는 어릴 때부터 10계명을 표절한 10대원칙으로 세뇌를 받아 수령에게 절대 복종과 절대 충성을 다해야 한다. 주체교는 10대원칙을 지켜야 구원받을 수 있다는 행위구원론 이단이다. 북조선에서 허용되는 종교는 주체사상교뿐이다. 기독교, 천주교, 불교는 절대 허용되지 않는다. 그래서 북한동포는 모두 "총 폭탄 정신, 수령결사옹위 정신, 자폭정신"으로 무장하고 살아간다.

기독교에서 회개와 믿음을 통한 구원을 말할 때, 주체교에서는 인간개조를 말한다. 기독교에서는 "자신의 진정한 상태, 즉 죄인된 상태를 깨닫고, 회개하고, 믿고, 그리스도를 영접하여 구원받고 그리스도인이 된다"(피터 제프리, 2001). 그러나 무신론적 유물론은 죄의 존재를 인정하지 않는다.

사회주의 제도가 서기 이전의 계급사회에서는 돈이 가치의 절대기준이 되어 이기심과 개인주의, 봉건주의, 부르주아 사상 등 여러 가지 낡은 사상이 지배적이었다. 따라서 계급투쟁 혁명을 위해서는 교양과 학습, 투쟁을 통해 자본주의의 낡은 사상을 수정해 인간을 혁명적 인간으로 개조해야 한다고 주장한다. 기독교가 하나님만이 인간을 해방시킬 수 있다고 믿는 반면에, 주체사상 또는 공산주의는 인간이 인간을 해방(개조)시킬 수 있다고 주장한다(김명세, 1996). 주체사상의 핵심신조는 무엇인가?

(1) 인간중심철학과 수령제일주의

주체사상의 핵심 두 가지는 "자기 운명의 주인은 자기 자신이며, 자기 운명을 개척하는 힘도 자기 자신에게 있다"는 인본주의 인간중심철학 사상과 매사에 수령의 뜻에 절대복종해야 한다는 수령제일주의이다." 주체사상의 핵심은 수령제일주의이다. 북한에서 자기 운명의 주인은 김일성, 김정일, 김정은이다. 그리고 건설과 혁명의 주인은 인민이 아니고 수령의 지시를 받는 노동당이다. 북한에서의 자주는 인민의 자주가 아니라 수령의 자주이다. 북한에서는 주체사상을 유일사상이라고 하는데, 이 세상에서 유일한 사상이라는 뜻이다. 수령이 모든 조직의 최고지도자가 될 때 나라와 인민은 진정한 평화와 행복을 누릴 수 있다는 것이 주체사상이다(박성엽, 2019).

소련 스탈린은 장기적 정권집권을 위해 자신을 신격화했다. 북한체제도 마찬가지의 신정체제다. 김일성 3대우상화는 여느 사이비종교와 같이 김일성 신에 대한 찬양으로부터 시작된다. 북한 사람들이 삶을 영위하는 목적은 김일성 3대를 위한 것이다. 주체사상, 10대 원칙, 노동당 강령 등이 3대 신격화를 위해 종교적 경전과 같이 성문화되어 있다(박형식, 2021). 주체사상을 이론화한 황장엽은 증언한다. "북한의 체제는 백성은 당을 위해서 존재하며, 당은 김일성 3대를 위해서 존재한다." 북한이 주체사상을 유일한 지도이념으로 내세운 것은 김일성 유일지배체제를 구축하기 위한 것 이상도 이하도 아니다(류현수, 2015).

북한은 거대한 '사이비종교집단'이다. '우리 하나님은 김일성 주석입니다'라고 고백하는 나라다. 김씨 3대는 언제나 숭배와 찬양의 대상이다. 주체사상에서 김일성은 성부 하나님에 해당하며, 김정일은 성자 하나님, 그리고 주체사상(김정은)은 성령에 해당한다. 신적 경지의 김일성은 김정일이며 김정은이다. 북한은 실제 내부적으로 공공연히 '김정은이 김일성이고 김정일'이라고 정치교양을 한다(박형식, 2021). 북한은 주체사상의 4대 원칙으로 사상적 주체, 정치적 자주, 경제적 자립, 국방의 자위를 내세운다.

김일성 무오설

김일성의 생각은 언제나 옳고 오류가 없다는 것이다. 김일성 무오설은 기독교에서 오류가 없다는 하나님 무오설과 같은 것이다. 기독교는 성경의 무오설과 권위를 믿는다. 주체사상도 수령 김일성의 결정에는 오류가 없으며 그 권위를 무조건 따라야 한다고 주장한다. 북한 사회에서 수령은 공산주의 혁명, 특히 조선의 공산주의 혁명을 승리로 이끌어주는 하나님이며 예수이다(이규학, 2020).

북한의 법령체계는 김정은의 교시·로동당 규약·당 강령 및 지침·헌법·내각의 정령 및 지침의 순서로 되어있다(김용옥, 2019). 수령의 무오류성에 따라 수령은 인민대중의 최고수뇌이기 때문에 수령에 의해서만 혁명의 지도사상이 창시되고 심화발전된다. 수령은 그 누구도 가질 수 없는 비범한 예지와 과학적 통찰력을 지니고 지칠 줄 모르는 사상이론 활동과 실천활동을 벌인다. 수령은 백과사전적 지식과 끝없이 풍부한 혁명투쟁 경험을 가지고 있다(전미영, 2001).

수령은 오류가 있을 수 없고 신격화되어 사소한 것도 모독하면 안 되고 심지어 수령과 관련된 모든 물품도 신성시되어 수령의 사진이 있는 신문지로 신발을 쌌다가는 사람이 고문당해서 웜비어처럼 죽게 될 수도 있다. 결국 공산주의는 이론 절대이든, 영도자(수령) 절대이든, 절대주의적 속성을 지니며, 법의 지배대신 사람의 지배로 기울어지게 된다(도태우, 2019).

(2) 사회정치적 생명체론

주체사상이 종교적 신앙으로 심화된 것은 바로 사회정치적 생명체론이 완성되면서부터이다. 인간의 생명이 육체적(개체적) 생명과 사회정치적 생명으로 구분하여 개인이 소유할 수 있도록 만들었다는 사실은 주체사상이 종교로 발전하는 데 결정적으로 기여하였다. 사람은 모든 것의 주인이며 모든 것을 결정한다는 선언과 수령의 사상과 영도대로 실행해야만 공산주의 혁명을 이끌 수 있다는 선언은 상호 모순된다. 주체사상은 수령독재에 절대 복종해야 개인이나 인민이 주체가 될 수 있다는 논리적 모순에 빠지게 되었다. 그래서 수령, 당, 대중이 하나의 유기적 구조를 가져야 한다고 고안해낸 이론이 사회정치적 생명체론이다.

인간중심철학과 수령절대주의는 서로 모순되는 사상이다. 자기 운명의 주인은 자기 자신이라고 하면서, 사고를 마비시켜, 주체사상으로 세뇌시킨다. 주체사상에서는 육체적 생명은 부모에게 받는 것으로 유한하지만, 사회정치적 생명은 대를 두고 계승할 수 있는 '영원한 생명'이라고 한다. 김정일은 주체사상에서 '개인의 육체적 생명은 끝이 나지만 수령을 위해 목숨을 바친 사람들의 사회정치적 생명은 사회정치적 생명체와 같이 영생하게 된다'고 가르쳤다(박형식, 2021).

(3) 주체사상의 기술숭배

주체사상의 특성 중에는 기술숭배가 있다. 마르크스주의만 해도 레닌, 스탈린으로 내려올수록 기술숭배적인 것이 더 강해진다. 기술숭배적 경향은 북한의 주체사상에 와서 정점을 이루게 된다.

북한은 무엇에 집착하는가? 군사력에 집착하고 핵 기술에 집착하고 미사일 기술에 집착하고 해킹에 집착한다. 왜 그렇게 기술에 집착할까? 주체사상에서 기술은 도구적으로 사용된다. 도구적인 기술은 권력획득과 유지의 수단으로 연결된다. 그래서 권력숭배적인 태도는 당연히 기술을 물신으로 받드는 기술숭배적인 조류로 연결되기 쉽다(도태우, 2019).

(4) 유일사상체계확립을 위한 10대원칙

기독교의 십계명처럼 북한은 10대원칙이라는 율법을 만들어 모든 분야에서 김일성에게 충성하도록 하고 있다. 10대 원칙은 김정은에 의해서 2012년 '당의 유일통치 체계를 위한 10대원칙'이 되었다. 유일사상 10대 원칙은 다음과 같다.

① 위대한 수령 김일성 동지의 혁명사상으로 온 사회를 일색화하기 위하여 목숨 바쳐 투쟁해야 한다.

② 위대한 수령 김일성 동지를 충성으로 높이 우러러 모셔야 한다.

③ 위대한 수령 김일성 동지의 권위를 절대화하여야 한다.

④ 위대한 수령 김일성 동지의 혁명사상을 신념으로 삼고 수령님의 교시를 신조화하여야 한다.

⑤ 위대한 수령 김일성 동지의 교시 집행에서 무조건성의 원칙을 철저히 지켜야 한다.

여기까지는 수령절대주의와 관계된 원칙이다. 생활총화를 할 때도 이 원칙에 비추어 자아비판을 하고, 조건을 달지 말고 무조건 교시대로 살라는 것이다.

⑥ 위대한 수령 김일성 동지를 중심으로 하는 전당의 사상의 지적 통일과 혁명적 단결을 강화하여야 한다.

⑦ 위대한 수령 김일성 동지를 따라 배워 공산주의적 풍모와 혁명적 사업방법,

인민적 사업 작풍을 소유하여야 한다.

⑧ 위대한 수령 김일성 동지께서 안겨주신 정치적 생명을 귀중히 간직하여 수령님의 크나큰 정치적 신임과 배려에 높은 정치적 자각과 기술로써 충성으로 보답하여야 한다.

⑨ 위대한 수령 김일성 동지의 유일적 령도 밑에 전당, 전국, 전군이 한결같이 움직이는 강한 조직 규율을 세워야 한다.

⑩ 위대한 수령 김일성 동지께서 개척하신 혁명위업을 대를 이어 끝까지 계승하여 완성하여 나가야 한다.

위대한 수령의 말을 매일같이 학습하고 이를 바탕으로 삶을 살아가야 한다는 것이다. 수령절대주의는 수령을 절대화하여 생명을 주는 창조자가 되게 하고 주민들은 이 절대수령에 의해 생명이 수여되는 사회정치적 생명의 피조물이 되게 한다. 그래서 북한 주민들은 태어나서 죽을 때까지 이 10대 원칙의 굴레 속에서 살아야 한다.

주체사상교 신조(creed)

두레교회 김진홍 목사(2019)는 평양 고려호텔 서점에서 『김일성, 그이는 하나님』이라는 제목의 책을 사서 읽었는데, 그 책에는 다음과 같은 주체사상교 신조가 기록되어 있었다:

"전능하사 당과 인민을 영도하시는 김일성 주석을 내가 믿사오며 그 외아들 김정일 동지를 내가 믿사오니 이는 공산당으로 잉태하사 미제국주의자들에게 박해를 받으시고 저리로서 인민을 해방하러 오시리라. 아멘."

이와 같이 북한사회에서 김일성의 주체사상은 "정치발전의 목표와 정치활동지침을 결정해주는 최고의 이념이며, 사회구성원 모두의 일상생활의 행위준칙을 결정해 주는 도덕규범이고 행위의 선악을 가려주는 종교가 되어버렸다"(최완규, 1991).

김일성 3대는 창조주 하나님만 사랑하고 섬기라는 대신(對神)계명을 정면으로 도전하고 있다. 처음에는 "영명한 조선인민의 지도자"로 호칭을 정했다가, "경애하는 조선인민의 수령," "위대한 수령"으로 부르게 했다. 조선노동당 제6차 대회 이후에는 "위대한 수령 김일성 동지," "친애하는 지도자 김정일 동지," "최고 사령관 김정은 동지, 최고 존엄"이라는 표현이 등장했다. 기본적으로 주체사상이란 하나님이 있어야 할 자리에 김일성(김정은)을 앉히고 그를 숭배하는 것이다. 김일성의 출생지인 만경대는 '성지'로 탈바꿈해 참배객을 맞고 있다(김용삼, 2018).

"너는 나 외에는 다른 신들을 네게 두지 말라"(출 20:3). 하나님과 이스라엘은 언약관계에 있었다. 성경은 자주 이 관계를 결혼서약으로 맺어진 남편과 아내의 관계에 비교한다. 그래서 성경에서는 우상숭배를 다른 남자, 다른 여자에게 눈을 돌리는 간음으로 취급한다. 우리는 참되신 하나님을 섬기든지, 거짓된 신이나 우상을 섬긴다. 주체사상은 "썩어지지 아니하는 하나님의 영광을 썩어질 사람(김일성, 김정일, 김정은) 우상으로 바꾸어… 피조물을 조물주보다 더 경배하고 섬기는"(롬 1:23-25) 교주를 신격화하는 종교다.

기독교는 자신의 죄를 회개하고 예수를 믿음으로 구원받는다고 믿는다. 그러나 주체사상교에서는 유일영도체제 10대원칙을 어기는 것이 죄가 된다. 주체사상은 공산주의 사회를 건설하기 위하여 사회개조, 자연개조, 인간개조를 해야 한다고 가르친다. 주체사상의 인간개조는 낡은 사상이 청산되지 않은 상태에서 외적 작용(부단한 교육과 조직의 강한 통제)에 의해서 낡은 사상을 뽑는 과정이다. 주체사상은 사상교양과 사상투쟁, 교육이라는 외적 강제력을 통해 인간을 변화시킬 수 있다고 주장한다. 주체사상의 인간개조론(구원론)은 (기독교와는 다르게) 인간의 내면 변화보다 외면 변화에 치우친 기형적 인간개조론이다(김명세, 1996). 사상총화, 자아비판을 통해서 인민을 혁명전사로 개조하는 것이다.

기독교와 주체사상

기독교(그리스도교)와 주체사상은 본질적으로 다르다. 물과 기름처럼 주체사상과 기독교는 섞일 수 없는 것이다. 칼 마르크스가 사단숭배자였듯이, 주체사상 숭배자들은 기독교와 유사한 모습을 띠면서 기독교를 파괴하고 그 자리를 차지하려는 적그리스도의 세력이다. 빛과 어두움, 물과 기름은 양립할 수 없는 것이다.

김일성은 북한의 신이며, 북한체제의 본질을 꿰뚫어보는 방법은 북한을 국가가 아닌 신흥종교 집단으로 이해해야 한다(조갑제). 그들은 본인들이 믿는 하나님, 즉 김일성과 김정일, 김정은을 위해 존재한다고 믿는다. 북한에서 유독 기독교인들을 말살하려는 이유가 분명해진 것이다. 한 나라에 두 하나님이 존재할 수 없기 때문이다(박성엽, 2019).

지금 북한 주민들은 3대째 이어져 오는 폭압체제에 희망을 잃고 방황하고 있다. 북한 곳곳에 '샤머니즘'이 창궐하고 사람들은 미신에 빠져 자신의 삶을 점쟁이에게 의탁하고 있다. 김일성 우상화가 무너지면서 마음속에 생기는 공백을 미신이 대신 채우고 있다(강철환, 2018).

8. 주체사상학습체계: 주체사상학습은 어떻게 이뤄지는가?

수령은 최고 지도자로서 근로인민대중을 의식화, 조직화하며 정확한 투쟁강령과 전략전술을 제시하여 투쟁을 주도한다(이수원, 2011). 교회는 삼위일체 하나님을 섬기는 공동체로서 예배를 통하여 직접 하나님을 섬기며, 양육(교육)을 통하여 신자들을 섬기고, 증거(전도, 선교)를 통해 세상을 섬긴다. 교회는 기독교인의 중심공간으로 이곳을 중심으로 기독교인들의 신앙생활이 이루어지고 있다.

주체교는 기독교를 그대로 벤치마킹해서 전용하고 있다. 북한에서 일반인들의 주체사상 학습 중심공간은 김일성동지혁명사상연구실로 이곳은 주체사상을 북한주민들에게 내면화시키는 역할을 수행한다. 이 김일성동지혁명사상연구실을 각 지역 중심지의 가정 좋은 장소와 건물에 마련해 놓고 각종 모임과 학습을 갖고 있다. 교회가 한국 곳곳에 퍼져 있듯이 북한에서는 이 연구실이 10만여 곳에 설치되어 있다.

김일성동지혁명사상연구실의 목적은 당원들과 근로자들을 주체사상으로 철저히 무장시키고 김일성, 김정일, 김정은에게 끝없이 충실한 주체형의 '사회(공산)주의혁명가'로 튼튼히 준비시키며

전당과 온 사회를 주체사상으로 일색화하는 것이다(이수원, 2011).

위대한 수령 김일성 동지의 혁명 사상을 배우는 학습회, 강연회, 강습을 비롯한 집단학습에 빠짐없이 성실하게 참가하고, 매일 2시간 이상 학습하는 규율을 철저히 확립하여 생활화 및 습성화하고 학습을 태만하거나 방해하는 현상을 반대하여 적극적으로 투쟁하여야 한다(10대원칙 4조).

북한의 최종적인 목적은 온 사회를 김일성주의화하는 것이다. 이런 목적을 위해 새벽기도에 해당하는 일일총화가 있고, 주일에 배 대신 주 생활총화가 있고, 월례회 대신 월간 총화, 1년 한 번 하는 연간 총화가 있다. 수령의 뜻만을 매일 생각하며 매주 이것이 비추어 자기를 돌아봄으로 주체사상을 신앙화하는 것이다.

북한은 주체사상에 대한 교육을 유치원에 들어가기 전인 탁아소에서부터 시작한다. 한참 말을 배울 아이들에게 과자나 필요한 물건을 주면서 김일성, 김정일, 김정은에게 감사를 표현하는 법부터 가르친다. 그리고 소학교에 진학하면, 전체교육 시간의 약 7% 정도를 김일성, 김정일, 김정숙, 김정은에 대한 우상화와 사회주의 사상교육을 받는 데 사용하게 된다(북한이해, 2010).

김일성(김정은) 수령이 주체사상에서 하나님과 같은 절대적 지위를 차지한다는 점에서 '수령교'라고 부를 수 있다. 수령은 어버이시고, 당은 어머니이며, 인민대중은 수령과 당으로부터 사회정치적 생명을 부여받은 자식들이다. 수령은 뇌수이고, 당은 중추이며, 대중은 지체이다. 대중은 당을 통하여 수령에게 나아갈 수 있게 된다.

대남공작부

신천지 섭외부는 신천지의 전도전략과 조직을 운영하고, 신도들을 감시하고 조종할 뿐만 아니라, 교회에 추수꾼을 파송하고 산 옮기기와 같은 전략을 짜고 실행한다. 마찬가지로, 북한의 대남공작부도 대남 간첩에 대한 모든 전략과 조직을 운영하고, 비선들을 감시하고 그들의 정체가 드러났을 때의 대비책들을 강구하는 일을 한다(지영근, 2020).

북한에서 운영하는 간첩공작부서는 '대외연락부,' '225국,' '문화교류국'의 이름으로 활동하고 있는데, 우리나라 최대교단 언론사 사장이 목사의 이름으로 활동하고 있는 것이 드러나기도 하였다. 놀라운 것은 전국 여러 지부에서 간첩목사들이 친동성애 사상 교육을 통해 침투하고 있다는 것이다(펜앤뉴스, 2021. 2.2).

이런 식의 훈련을 받고 내려와 암약하는 고정간첩이 대한민국에는 부지기수다. 망명했던 황장엽 선생님은 남한 내에 5만 명의 고정간첩이 있다고 하였다. 진정한 간첩이 되려면 먼저 당원이 되어야 한다. 그러니 5만 명 전부가 간첩은 아닐 것이다. 그것은 종북세력을 포함한 숫자일 것이다. 즉 진보로 위장한 종북세력이 그들이다. 전향한 남파간첩 박성엽(2019)은 증언한다: "4·19 때도 124군 특수부대원들이 왔습니다. 그리고 5·18 때도 124군 부대가 왔습니다."

우상숭배는 가장 큰 최악의 죄

기독교와 공산주의는 절대 양립할 수 없다. 하늘 아래 두 개의 태양이 있을 수 없다. 하나님의 십계명은 우선적으로 우상숭배를 금하고 있다. "나는 너의 하나님 여호와로라. 너는 나 외에는 다른 신들을 네게 있게 말찌니라. 너를 위하여 새긴 우상을 만들지 말고… 아무 형상이든지 만들지 말며 그것들에게 절하지 말며 그것들을 섬기지 말라"(출 20:2-5).

북한은 거대한 사이비종교집단이다. '우리 하나님은 김일성 주석'이라고 고백하는 나라다. 김일성 3대는 언제나 숭배와 찬양의 대상이다. 김일성은 성부 하나님에 해당하며, 김정일은 성자 예수님, 그리고 김정은(주체사상)은 성령에 해당한다고 가르치는 우상숭배 종교다.

타락한 인간은 조물주 하나님 대신에 썩어 없어질 인간을 우상으로 섬긴다. 성경은 말한다. 인간은 창조주 대신에 피조물을 예배하고 섬긴다. 영원히 찬양을 받으실 분은 창조주 하나님이시다(롬 1: 21-25). 성경은 말한다. "만국의 신들은 우상들이지만, 여호와께서는 하늘을 지으셨음이로다. 존귀와 위엄이 그의 앞에 있으며 능력과 아름다움이 그의 성소에 있도다. 만국의 족속들아 영광과 권능을 여호와께 돌릴지어다. 여호와께 돌릴지어다. 여호와의 이름에 합당한 영광을 그에게 돌릴지어다"(시 96:5-8). 북한에서는 김정은을 최고 존엄이라고 한다. 하나님이 받으실 영광을 가로채고 있다.

북한주민은 모두 주체사상의 노예다. 많은 주민이 하나의 거대한 감옥에서 굶어죽고 맞아죽고 얼어 죽고 있다. 그리고 중국에서 물건처럼 팔려 다니며 인간 이하의 천대와 멸시를 받고 있다. 수만 명의 탈북여성들이 헐값에 중국의 성노예로 팔려가거나 강제결혼,

성폭행, 노동 착취, 유흥가 매춘 등으로 고통 받고 있지만, 북한으로 강제 송환될 것을 우려해 도주하지 못하고 있다.

1995년 금수산 기념궁전에 김일성 시신을 미라로 만드는 데만 100만 달러를 투입하였고, 미라를 유지하는 데 매년 80만 달러가 소요된다. 김일성, 김정일을 숭배하는 각종 동상, 사적지, 전적지, 현장 지도 기념비, 영생탑, 김일성 일가족의 우상 선전물까지 합하면 형상물은 전국에 약 14만 개에 달한다(임창호, 2016). 태영호 공사(2018)의 증언에 의하면, "북한 정치범 수용소에는 반체제활동이나 탈북을 시도했거나 기독교를 믿다가 잡힌 사람들이 약 22만 명 정도 구금되어 있으며, 그들은 고문, 굶주림, 강압적 중노동, 성폭행, 영아살해, 생체실험, 공개처형 등 처참하게 인권을 유린당하며 죽어가고 있다."

강명도, 지성호, 태영호, 박상학, 정성산, 이애란, 유혜란, 김길선 등 수령독재체제 아래 짓눌려 살다가 자유를 찾아 탈북한 이들 대부분은 "우상을 버리고 하나님께로 돌아와서 살아계시고 참되신 하나님을 섬기게 된 이들"(살전 1:9)이다. 이념적으로는 전향했다고 하지만, 기독교에서는 이를 회심(回心)이라고 한다.

9. 주체사상은 북한 주민에게 얼마나 영향을 미치고 있는가?

주체사상의 내면화 정도는 어떠한가? 주체사상의 내면화 실태를 분석하면 충성분자, 성실분자, 회의론자, 반대론자 등 네 부류로 구분할 수 있다. 북한학자 김병로(2002) 교수는 충성분자 15%, 성실분자 30%, 회의론자 45%, 반대론자 10% 정도로 분석했다. 그래도 45%에 해당하는 북한주민은 주체사상에 대해 자긍심을 갖고 있고 모든 분야에 주체사상을 창의적 북한식 사회주의라고 굳게 믿고 있다. 그러나 북한 주민 2,500만 명이 모두 주체사상에 동조하고 모두 주체사상화되어 있는 것이 아니다.

북한에서는 신체의 자유, 거주 이전의 자유, 알 권리가 보장되지 않는다. 이 기초적인 인권도 누릴 수 없는 곳이 북한이다. 세계에서 가장 인권이 열악한 곳이다. 북한은 구금 시설 공화국으로 불릴 만큼 대규모의 다양한 구금시설이 전국에 분포되어 있다. 2019년 오픈도어선교회 발표에 의하면 북한의 기독교 박해지수는 세계1위이다. 전 세계 민주화지수는 조사대상 167개국 중 167위, 경제자유화 지수는 180개국 중 180위, '언론, 표현의 자유는 199국 중 전 세계 최하위, 세계노예지수는 167개국 중 1위이다. 북한 동포들은 아직도 전 세계에서 가장 잔혹한 3대 세습 독재 아래에서 노예같이 살면서 억압과 고통을 받고 있다. 예수 믿다 발각되면 고문당한 후 총살을 당하거나 정치범수용소에 일가족이 끌려가서 강제노동, 고문, 학살, 강간, 강제낙태, 영아살해, 생체실험 등 충격적인 인권유린을 당하고 있다(이용희, 2019).

10. 주체사상은 남한 사회에 어떤 영향을 미치고 있는가?

무엇보다도 사상이 중요하다. 남조선 인민들 1천만 명만 주체사상으로 무장시키면 남조선 혁명은 이룩한 것이나 다름없다(김일성, 1991).

소련과 동구 사회주의권의 몰락, 그리고 북한 체제의 실상이 드러난 이후 방황하던 한국의 좌파 세력들은 바로 이 유럽을 휩쓸고 북미를 변화시킨 새로운 혁명 이데올로기를 수입해서 한국을 혁신적으로 변화시키려는 의욕에 사로잡혀 있다.

한국 사회의 정치, 경제, 사회, 문화, 학술 전 분야에 포진한 소위 좌파 성향의 인사들은 기본적으로 80-90년대 대학가에서 소위 '사회 구성체론'과 '종속이론'을 대학 내 지하 동아리와 운동권 조직을 통해 학습한 경력을 가지고 있다. 이 세력 중에서 주체사상으로 무장한 파벌을 NL(민족 해방세력)이라고 하고, 레닌주의를 내면화한 파벌을 PD(계급혁명세력)라고 지칭한다(이정훈, 2018).

"1980년 광주사태를 겪으면서 급속히 반미 친북운동이 확산되기 시작했고 김일성의 주체사상 혁명론이 운동권 학생들을 중심으로 광범위하게 침투되면서 수백만의 주사파들이 배출되었고, 지금 마침내 종북 주사파 세력이 청와대부터 대한민국의 권력기관뿐만 아니라 사회 각계각층을 완벽하게 장악하였다"(김문수, 조선일보. 2020. 1.1.).

북한에서 생활하다 탈북해 한국에서 박사가 된 이애란(2020)은 북한은 정치, 경제, 문화 모든 면에서 실패하였지만, 한 가지 대남공작에 성공하였다고 평가하였다. 주사파는 북한의 지령에 따라 사상전쟁, 문화전쟁, 용어전쟁(용어혼란전술) 등에서 성공했다. 주체사상으로 386 운동권을 학습시켜 80년대에 대남공작에 주력함으로, 남한에 친북 주사파 정권을 수립하는 데 성공한 것이다.

신군부의 12·12 쿠데타와 광주사태, 그리고 민주화의 좌절을 겪으며 종북주사파는 대학가로 급속하게 확산되었다. 1980년대에 매일 매일 대남방송으로 전파되기 때문에 대중성, 민족성, 적합성, 신속성은 기존 마르크스·레닌 공산 혁명이론보다 우리나라 현실에 맞아서 급속히 확산되었다. 주체사상파(主體思想派, 주사파)는 386운동권으로. 주체사상을 운동노선으로 하는 세력, 주체사상을 숭앙하고 따르는 사람들이다. 이들은 종북주의자들로서 북한의 김정은 정권의 사상과 이념을 따르는 사람들이다.

학생운동 조직화와 주사파 세력의 대두

80년대 후반 대학가에서 반정부 시위가 끊이지 않았고 학생운동도 이른바 삼민투를 거쳐 전국대학생협의회(전대협) 등으로 조직화의 양상을 띠면서 민족해방파(NL), 즉 주사파가 학생운동의 지도부를 장악하였다. NL은 1980년대 주사파 이론가 김영환이 작성한 『강철서신』 등을 통해 철저하게 김일성 주체사상을 학습한 운동권 세력을 중심으로 결집된 남한 최대의 좌파세력이다.

NL 계열은 '위수김동'(위대한 수령 김일성 동지)이니 '친지김동'(친애하는 수령 김일성 동지)이니 하고 외치는 자들, 북한을 현 정부에 대한 대안으로 보는 시각을 지닌 자들이었다. PD 계열은 자주적으로 남한의 사회주의 혁명을 달성하려는 자들로서 '사회주의 노동자 연맹'(사노맹)이 PD계열을 대표했다(김기삼, 2017).

북한에서 내려오는 전파지령에 따라 학생운동의 구호나 투쟁양상이 바뀌는가 하면 가두투쟁이 때로는 지하화되기도 하는 등 극단적인 투쟁이 대학가를 무대로 전개되었다. 당시 전두환 정권은 사회질서 유지수단으로 군을 동원하지 않고 경찰력을 동원하였다

(이영일, 2018).

북한의 대남혁명 노선에 동조해 친북·반미 활동을 한 사람들은 "민주화운동가"로 우대를 받고 있다. 특히 80년대 학생운동은 김일성 주체사상이나 사회주의 혁명이론을 근간으로 삼았다. 이명박 정부가 들어서자 국가정보원이 오랜만에 자생적 간첩조직을 적발한 적이 있었다. 이른 바 '왕재산 사건'(2011년)이다. IT개발업자 등이 북한 지령을 받고 10여 년간 간첩 행위를 해온 것이다. 왕재산은 2004년 국가보안법 폐지 촛불 시위, 2005년 맥아더동상 철거 시위, 2007년 한미 FTA 저지 투쟁 등을 배후 조종하였고, 각종 선거에도 깊이 관여하였다. 그들은 2010년 6·2 지방선거에도 간여하여 민노당 후보를 지방의원으로 당선시켰다(양동안, 2017).

80년대 386 운동권은 지금도 북한 정권의 인권과 민주화 요구에는 침묵하면서, 남한 사회에서 주체사상이라는 '시대착오적 이데올로기'에 빠져 배타적 권력 패거리를 형성한 채 정의와 공정의 반대편에서 권력을 휘두르고 있다.

문재인 정권은 운동권 정권이다. 운동권의 주류는 NL(민족해방) 계열이었다. 이른 바 '주체사상파'다. 개중에는 '위수김동(위대한 수령 김일성 동지), 친지김동(친애하는 지도자 김정일 동지)' 운운하면서 충성을 맹세한 사람들도 있었다. 유사시 한국 내 주요기간 시설파괴를 모의한 이석기 일당이 바로 NL파다. 이들은 "주한미군 철수, 국가보안법 폐지, 연방제 통일, 주체사상과 선군노선 찬양, 김일성-김정일-김정은 3대 세습옹호" 등 북한의 내담적화노선을 철저하게 따르고 있다.

문화권력 3인방: 이들이 한국문화를 좌경화시켰다. 대한민국이 1980년대 이후 주체사상을 비롯한 좌파사상으로 물들이는 데 가장 큰 역할을 한 것은 백낙청과 리영희, 그리고 조정래 3명의 문화권력이다. 우리나라가 사상적으로 왼쪽으로 기울어진 것은 지식권력-문화권력이 좌파세력의 손아귀에 들어가 있기 때문이다. 반(反)대한민국-친북 성향을 포함한 좌파적 가치는 한국사회에서 이미 헤게모니를 구축한 상황이다(조우석, 2019). 이탈리아 공산당의 창시자 안토니오 그람시가 예견했던 대로 좌파세력이 대한민국의 교육, 언론, 문화 3박자를 모두 장악했다. 문학·음악·미술·연극·영화·출판 등 문화 예술의 각 장르는 물론 언론, 교육이란 영역 역시 좌파에게 몽땅 내줬다.

대한민국은 지금 이념의 낙동강 전선에 서 있다(김철홍). 손톱 곪는 것 알아도 염통 곪는 건 모른다는 속담이 있다. 원인 없는 결과란 없는데, 과연 누가 문화권력-지식권력을 손에 쥔 채 한국사회 좌편향을 이끌어낸 것인가? 누가 대한민국 건국 이래 우리의 이념적 합의인 자유민주주의에 대한 존중을 깨고 그걸 온통 좌파 패러다임 일색으로 뒤바꿔놓았던 것인가?

문화평론가 조우석(2019)은 1960년대 이후 대한민국 염통을 곪게 만든 3인방은 영문학자이자 문한평론가 '창작과 비평'의 발행인 백낙청, 기자출신의 리영희, 그리고 대하소설 『태백산맥』의 작가 조정래로 정리했다. 이들은 우리 사회에서 성역화된 문화권력-지식권력으로 대우받아 왔다.

백낙청이 문학을 중심으로 문화 전반과 인문사회 과학 등 학계에 두루 영향을 줬다면, 리영희는 모택동의 중국, 김일성의 북한 등과 관련해 기본 반공 의식을 허물어버리고, 운동권식 인식을 심어준 장본인이다. 조정래는 둘의 그런 좌파적 인식을 소설 장르를 통해 결정적으로 대중화했다.

젊은 세대에 끼쳤던 악영향을 따지자면 조정래가 압도적으로 크다. 그걸 아주 쉽고 비근한 사례로 말하자면, 해산된 통진당의 이석기가 빨치산 용사놀이를 했다지만, 그 허깨비 좌익혁명 놀음의 원조는 1980년대 이후 젊은이들을 오염시킨 원흉인 소설 『태백산맥』이었다. 조정래의 『태백산맥』 이후 빨치산은 더 이상 공비(共匪: 공산비적)가 아니라 순결하고 낭만적인 전사의 이미지로 바뀌었다. 백낙청은 1960년대 이후 반세기가 넘는 지금까지 철옹성의 문화권력이고, 20세기 가장 성공한 현실권력이다. 그래서 좌파의 숨은 신이라 해도 과언이 아니다.

백낙청-리영희-조정래가 해당 분야에서 갖는 상징성이 높고 현실적으로 막대한 영향력을 미치고 있다. 언론, 교육계 인사는 물론, 법조계, 노동계 역시 좌파 친공 사상의 포로로 살고 있는 이들이 한둘이 아니다. 2016년 현재 국회의원들의 이념성향을 조사한 적이 있다. 설문조사에 의하면 진보성향은 52%, 중도가 40%, 보수성향은 8% 정도였다. 이것이 왼쪽으로 기울어진 대한민국 이념시장의 현 주소다. 한국이란 나라 자체가 지난 10여년 새 지구촌서 가장 빨리 좌편향이 진행된 사회가 되었다.(경제적 자유를 옹호하며, 자유민주주의 기본질서를 수호해야 한다고 주장하는 우파 문화권력에는 공병호, 좌승희, 복거일 정도가 있을 뿐이다). 문화평론가 조우석(2019)은 "지금 상황을 이대로 내버려둘 경우 과연 어떤 일이 벌어질까? 당연히 한국사회의 퇴행이 불가피하며 회복 불능에 빠질 것이다"라고 말한다.

『반일 종족주의』의 저자 경제사학자 이영훈(2019) 교수는 우파 지식인들의 심정을 다음과 같이 대변한 적이 있다:

"자유주의를 강의하기 위해서는 꼴통이라는 오명을 뒤집어쓸 각오를 하지 않으면 안 된다. 속으로 자유주의자이면서 일까지 자유주의자인 교수는 대학에서 희귀한 존재다. 지적 풍토가 이러해서는 이 사회를 얽어매는 역사의 굴레를 벗기면서 또 하나의 비약을 이끌 리더십이 생겨나기 힘들지 않을까?"

586운동권 세대는 리영희의 사상적 제자들

1980년대의 학생운동권은 박정희의 유신 통치와 반공교육에 반감을 가지고 저항하던 세대였다. '공산주의는 악이고, 자본주의는 선'이라는 주장에 식상한 젊은이들에게 모택동 숭배자 리영희(1929-2010) 교수의 『전환시대의 논리』, 『우상과 이성』, 소설가 조정래의 『태백산맥』과 『아리랑』 등은 사상적 대안으로 다가왔다. 특히 리영희는 좌파 언론인으로 1970년대 이후 반독재 운동에 매몰되었던 운동권 학생들에게 우상과 같은 존재였다. 1910년에 병사했을 때 언론은 그를 '사상의 은사,' '전환시대의 지식인,' '실천 지성의 큰 별,' '우리시대의 스승'으로 기렸을 정도로 그는 모택동 숭배자, 김일성 숭배자로 반일, 친중, 친북 사상으로 젊은이들에게 영향을 미친 대표적 학자였다

리영희는 글을 통한 혁명을 꿈꾸었는데, 사르트르보다 중국 근

대문학을 대표하는 루쉰에게 더 큰 영향을 받았다. "모든 면에서 장개석 치하의 중국을 방불케 했던 박정희 대통령 치하에서 고민했던 리영희는 삶의 내용과 방향과 목적을 결정하였다. 맹목적이고 광신적이며 비이성적인 극우·반공주의에 마취되어 있는 사람들을 잠에서 깨어나게 하여 의식을 바로잡아 주는 일"이 그의 삶의 전부가 되었다(권태선, 2020).

리영희는 반공사상에 익숙한 젊은이들에게 전혀 다른 세계관과 역사관을 심어주었다. 이승만을 비롯한 대한민국의 건국세력은 일제의 앞잡이였고, 식민지 해방운동의 주역은 김일성 세력이라고 가르쳤다. 제대로 된 역사교육을 받지 않은 이들에게 대한민국은 자주 독립국이 아니라 미국의 식민지라는 북한의 주장을 마치 사실인 것처럼 주입하였다.

리영희는 좌경 의식화 교육의 원조이며, 386 세대의 '사상적 은사'다. 대한민국의 정통성을 부인하고 중공과 북한의 사회주의에 대한 환상을 갖게 한 인물이다. 80, 90년대 젊은이들에게 리영희는 인생의 좌표였고 길잡이였다. 그의 책에서 공산주의자들은 높은 도덕성과 숭고한 인간애를 지닌 이 시대 최고의 우상이자 영웅들로 묘사되고 있다.

리영희는 왜 사회주의에 경도된 사상을 갖게 되었을까? 2005년에 발간된 『대화』라는 책에서 그는 소년시절에 사회주의에 경도되어 있던 외삼촌을 존경하였고, 거부 외조부 밑에서 머슴살이를 하다 외조부를 살해한 머슴을 동경하며 성장했다고 고백하고 있다. 그는 미군 통역관을 하면서 군의 불합리와 부패, 당시 기자사회에 부조리를 겪으면서 비판적 사고를 가지게 되었다. 리영희는 그 대안으로 중국혁명에 관심을 갖고 모택동을 우상화하게 되었다고 술회하고 있다. 중국 모택동의 문화혁명을 연구하며 사상적 기조를 형성하였다. 따라서 그는 그의 모든 저작에서 일관되게 친북 논조를 유지하면서 대한민국에 대해서는 비판적이고 사회주의에 대해서는 동경하는 태도를 견지하고 있다.

모택동의 공산혁명과 문화혁명을 동경하고 미화한다. 대한민국에 대한 자학적 역사인식을 갖고 있는 그는 자유민주주의를 조롱하고, 철저한 반미의식을 드러내고 있다. 나라의 정통성은 북한의 인민민주주의에 있고, 자본주의 나라 대한민국은 '태어나지 말았어야 할 나라'로 취급하고 있다.

리영희는 중국공산당의 주장을 무비판적으로 수용하며 그를 우상시하였다. 스탈린식 사회주의는 '물질제일주의'로 비판하고, 모택동의 '인간제일주의'를 찬양하였다. 모택동은 철저한 평등, 우애, 동지애, 자기희생, 봉사, 절약의 인간형을 따랐다고 미화하며, '사회혁명과 별도의 인간의식 개조혁명이 이루어져야 한다'고 보았다.

리영희는 『전환시대의 논리』에서 모택동을 레닌과 스탈린을 뛰어넘는 위대한 사회주의 사상가라고 극찬하고 있다. "레닌은 최초의 사회주의 혁명은 하였으나 공업화는 못 했다. 스탈린은 공업화는 했으나 인간혁명은 못 했다. 모택동은 공업화와 인간혁명을 동시에 하고 있다"고 극찬하고 있다. 모택동이 사회주의 혁명에서 차지하는 위치는 마르크스-레닌-스탈린 세 사람을 합친 것보다 위대하다고 주장했다.

문화혁명

홍위병운동은 수천만 명을 학살한 참극으로 평가되고 있다. 그러나 리영희는 '홍위병 운동은 인민대중의 지성과 에너지에 의거한 결정과정이 가장 극단적으로 표현된 운동'이라며, 그 인간에 대한 감정은 개인숭배에 가까운 '거의 절대적 존경'으로 나타나고 있다(이동호, 2016).

독자가 익히 알고 있는 대로, 인류사상 최초의 인간개조 문화혁명은 실패했다. 애초부터 잘못된 가정에 의해 시행된 거대한 오류였다. 문화혁명에서 희생된 사람의 수는 수백만에 이를 것으로 추산된다. 살해된 사람도 무수히 많았고 자살한 사람도 있었다. 등소평은 사회주의 실험의 실패를 스스로 인정하고 자본주의 방식의 개혁개방 노선으로 전환했다. 리영희 자신이 평생을 두고 혐오했던 시장경제와 자유민주주의야 말로 완전하지는 않지만, 인류가 발견한 최선의 제도라는 사실은 역사적으로 입증되었다. 독일 사회학자 라이너 지텔만(2019)은 "부유한 자본주의; 가난한 사회주의"라는 말로 자본주의의 승리를 선언하였다.

뿌리 깊은 반미, 대한민국에 대한 경멸

리영희는 자본주의를 경멸했다. 그 대안으로 중국의 사회주의 혁명과 모택동의 사상을 택했다. 따라서 자본주의 나라를 대표하는 미국을 증오한다. 그는 미국을 전쟁을 하지 않으면 살 수 없는 구조를 지닌 나라이며 전 세계에 걸쳐 제국주의적 침략을 일삼는 나라로 보았다. 『대화』라는 책에서 이러한 관점을 다음과 같이 밝히고 있다.

"미국 자본주의는 그 본성으로 인해 국제사회에서 잔인무도할 수밖에 없다. 약소민족에 대한 전쟁 없이는 그 제국주의적 경제, 정치, 군사, 과학기술 체제를 유지할 수 없다… 미국이라는 나라는 심각한 빈부격차, 경제사회의 부정부패, 인종차별, 기업의 냉혈적 인사제도, 그리고 사람과 사람 사이의 몰인정적인 생존경쟁 등 인간관계의 냉혹한 단면을 지닌 무자비한 양육강식의 철저한 이기주의적 자본주의 나라다. 북한 핵문제와 본질도 미국의 전쟁 없이 살 수 없는 제국주의적 침략적 속성에서 찾아야 한다."

리영희에 따르면, 미국이라는 나라는 지구상 최악의 나라다. 과연 그런가? 역사는 그가 그토록 동경했던 사회주의 나라가 그의 분석과 달리 자유와 인권을 억압하는 최악의 나라였음을 보여준다. 소련과 동구 사회주의 나라들은 모두 붕괴되었고, 중국과 북한은 지구상에 가장 비참한 나라로 남아있다. 공산독재자들의 철권통치는 우리의 상상을 초월했다. 그들의 실제적인 삶은 지상낙원과는 너무나 거리가 멀었다. 사회주의 나라들은 전쟁이나 외부의 압력에 의해 무너진 것이 아니라 내부로부터 붕괴했다. 리영희는 사회주의의 실상이 아니라 그들의 선전 문구를 사실로 착각한 것이었다. 사실과 선전을 구분하지 못하고 공산주의자들의 선전에 속아 자신이 속한 자유민주사회를 저주했던 어리석은 지식인, '쓸모 있는 바보'였다(권태선, 2020).

대한민국의 역사는 친일 독재세력에 의해 만들어진 오욕의 역사?

리영희는 1945년 해방 이후 대한민국의 역사를 '미(美) 제국주의의 남한에 대한 식민지적 지배와 이에 결탁한 이승만과 박정희를 비롯한 독재정권과 그들의 계급적 기반인 친일세력에 의한 오욕의 역사'로 보고 있다. 반면 그는 북한을 '조국의 광복을 위해 싸웠던 애국지사들에 의해 설립된 나라이며, 새나라 건설과 사회혁명의 열기가 충천하고, 일제시대의 친일파를 비롯한 호의호식하며 권세를 누렸던 자들이 깡그리 청소된 이상적인 사회'로 묘사하고 있다.

리영희가 본 8·15 광복 당시의 남한은 지배자인 미국과 이에 결탁한 세력들에 지배된 무법천지의 사회였다. 그는 김일성, 박헌영 같은 공산주의자를 애국세력으로, 이승만, 김구 같은 기독교인들을 악질적인 반역세력으로 인식하고 있다.

"과거에 남한에 잔존해 있던 악질적인 반역자들과 친일파들이 북한에서 도피해 온 같은 부류의 질분자와 결탁하여 남한 사회를 지배하고 있었다. 이들은 미군정의 비호 아래 도처에서 온갖 테러와 불법행위 폭력을 자행했다. 거기에서 남한 민중들의 저항이 일어났다."

리영희의 당시 해방정국에 대한 인식은 심각한 오류를 범하고 있다. 남한을 사회주의 나라로 만들려던 공산주의자들에 의해 촉발된 폭동이 실체적 원인이었다는 사실을 그는 의도적으로 왜곡하고 있다. 건국 전후에 일어났던 대구, 제주, 여수순천의 폭동은 모두 소련과 김일성의 지령에 따라 남로당 빨치산들이 자행했다는 역사적 사실을 의도적으로 빠뜨리고 있다. 38선을 긋고 남북교류를 막은 것도 소련이었는데, 분단의 책임도 미국에 돌리고 있다.

이승만은 미국의 앞잡이?

리영희는 역사적 사실을 북한의 입장에서 해석한다. "1948년에 미국이 키워서 데려온 이승만이 남북 통일국가 수립을 거부하고, 국토분단을 전제로 남한 단독정부수립을 획책한 것도 이승만 자신의 권력욕 때문이기도 하지만, 그 배후에는 미국의 한반도 분단 정책이 있었다… 이승만의 애국심은 자기중심적이고, 자기 야심충족, 즉 권력획득의 한 방편이다. 이승만은 타협이나 관용을 모르는 전제주의 제왕형이었다. 그가 미국에서 교육을 받았음에도 불구하고 그가 성장한 과정과 정치인으로서의 행적을 볼 때 민주적인 나라를 만들려고 했다기보다는 왕조체제 같은 한국을 상상했다."

그는 『새는 좌우의 날개로 난다』에서 이승만을 이렇게 평가하고 있다. "이승만은 민족의 통합보다는 분열을 중시하고, 남북의 화합을 극렬이 반대하고, 자기의 패권을 위해서는 수단과 방법을 가리지 않는 정치인이었다. 이승만은 권모술수에 능한 사람으로서 상해 임시정부나 그 밖의 해외 독립운동에서 분파주의, 패권주의자로 지탄을 받았던 사람이다."

리영희의 분석에 의하면, '이승만은 철저한 미국숭배자로서 사회주의와 공산주의는 물론 초보적인 사회개혁도 적대시했'고 한다. 이어서 그는 광복 이후의 상황을 다음과 같이 왜곡하고 있다. '이승만이라는 반민족 광신주의자의 정치적 욕망이 충족되는 것과 정비례해서 이 민족의 분단은 굳어졌고 이 사회의 민주주의 실현의 염원은 멀어져 갔던 것이다.'

리영희는 김일성의 북한체제에 도덕적으로 높은 점수를 주고 있다. "남쪽 사회는 외세의존과 상당한 국가주권을 양도한 대가로 얻어진 것이다. 북쪽은 반대의 철학으로 나라 만들기를 서두른 결과 높은 민족적 자존과 사회구성원 상호 간의 도덕적 생존양식, 그리고 동포애가 감도는 순박한 인간형 등의 사회를 실현했다. 이러한 사실은 많은 공평한 관측자, 방문객들에 의해서 그 측면의 사회적 선이 확인되었다."

리영희는 대한민국의 건국과 이승만에 대해 전교조 교사들이 앵무새처럼 되풀이하고 있는 좌편향적 시각을 갖고 있다. 모두가 알고 있는 것과 같이 이승만 대통령에 대한 폄훼, 건국시기에 대한 논란, 친일청산 문제 등은 따로 떨어진 문제가 아니라 모두 하나로 연결된 커다란 문제이다. 바로 대한민국에 대한 부정이다. 대한민국을 부정해서 그들이 얻을 수 있는 것은 무엇인가? 한반도의 유일한 합법정부가 대한민국이 아니라 북한임을 인정받아 북한으로 나라를 합치자는 걸까?

소련 붕괴 이후 각종 기밀문서가 공개되면서 위의 주장들은 근거가 희박하거나 일방적인 주장임이 드러나고 있다. 이승만은 건국과정에서 여러 차례 미국에 맞서 6·25전쟁 때 UN참전을 이끌어내고 한미동맹을 체결한 외교통상전문가였으며, 국제 감각이 뛰어난 협상가였다. 그는 좌파들의 주장처럼 미국의 앞잡이가 아니었다. 오히려 미국을 이용해 자유 대한민국을 건립하는 데 성공한 용미(用美)주의자였다. 이승만 대통령이 가장 잘한 업적 중 하나는 외교력을 발휘해 한미상호방위조약을 이끌어낸 것이다. 이 조약으로 인해 대한민국은 지난 75년 동안 전쟁이 없는 가운데 민주화와 산업화를 이룰 수 있었다.

이승만은 친일파가 아니다. 이승만의 전기 작가 박원철(2020)은 여러 사람이 대한민국 건국 대통령이 되려 했고, 또 그만한 자질을 가지고 있었지만 하나님은 이승만을 '하나님의 마음에 합한 사람'으로 택하여 세웠다고 평가하고 있다:

"다윗이 하나님의 마음에 합했던 사람인 것처럼, 이승만은 하나님의 마음에 합했던 사람이었다. 하나님의 마음속에 있었던 자였기에, 하나님은 이승만을 배재학당을 계기로 한성감옥, 미국 조지워싱턴대학교, 하버드대학교, 프린스턴대학교 등을 거치며 온전하게 지도자로 준비시켰다. 한편으로는 한학을 섭렵하고, 또 다른 한편에서는 서양학문을 통달하게 했다. 미국을 가장 잘 아는 사람이면서도, 동시에 동양을 가장 잘 아는 사람이었다. 뛰어난 영어실력으로 내적인 자신감까지 갖추면서 하나님은 그를 무려 47년 동안 준비시키셨다."

이승만과 더불어 대한민국의 건국에 함께 했던 한민당에는 명백하게 '친일파'라고 규정될 만한 인사는 거의 참여하지 않았다. 대한민국 건국세력은 5·10 선거에 친일부역자들을 의식적으로 배제하였다. 건국 주도 세력은 반공사상에 투철한 인사들이었다. 건국 후 경찰과 군대조직에 일제하에서 관료와 경찰 및 장교를 지낸 사람이 많았던 것은 사실이다. 이것은 김일성의 인민공화국의 경우, 더 심했다. 공업의 대부분이 북한에 몰려있었기 때문에 일제하의 기술자들을 기용할 수밖에 없었다. 남한의 건국과정에 친일파가 주도세력이었다는 좌파의 주장은 전혀 사실이 아니다.

남북한의 친일청산

남북한 친일파 숙청과 토지개혁의 비교평가는 남북한의 체제 차이를 고려하면서 평가해야 타당한 평가가 된다. 북한은 공산정권을 지향했고, 친일파는 대체로 반공적이었다. 때문에 북한에서는 체제의 공고화를 위해 친일파를 숙청할 필요가 매우 절실했다. 그에 반해 대한민국은 반공국가였고 친일파도 반공적이었다. 때문에 체제공고화를 위해 친일파를 숙청해야 할 필요성은 강하지 않았다. 친일파 숙청은 체제공고화를 위해서 절실한 반공노력을 약화시킬 우려가 있었다.

남한의 친일파 숙청은 체제공고화에 불리함에도 불구하고 진행되었다. 북한에서 공산당에 협력한 친일파는 친일전력을 불문에 부친 것에 비추어볼 때 남한에서 건국을 방해하는 공산주의세력의 제압에 기여한 친일 경찰들을 철저하게 숙청하지 않은 것은 심하게 비판할 사항이 아니다. 체제수립에 기여한 친일파를 관용한 북한이나 체제수립을 방해한 세력을 제압하는 데 기여한 친일경찰을 숙청하지 않은 남한이나 피장파장인 것이다. 그러나 친일파 숙청에 있어서 남한의 것은 체제의 공고화에 마이너스 작용을 하는 것임에도 불구하고 그것을 무릅쓰고 단행되었다는 점에서 북한에서 이루어진 그것들보다 높이 평가할 만하다(양동안, 2019).

이승만은 해방공간에서 이상적 공산주의, 전체주의를 획책했던 집단과의 투쟁에서 자유민주주의와 시장경제체제를 지켜냈다. 공산주의자들에 의해서 일어난 6·25전쟁에서 우리 선배들은 죽음을 무릅쓰고 싸워 자유대한민국을 지켜냈다.

1945년 광복 당시 대한민국이 직면한 과제는 농지개혁이었다. 이승만은 전 공산주의자였던 조봉암을 농림부장관에 기용해 유상몰수, 유상분배 농지개력을 단행하였다. 1950년 5월에 소작농밖에 모르던 농민 70-80%가 농토를 소유하게 되었다.

이승만의 교육입국론

이승만은 "교육은 사회개혁의 수단"이라고 믿었다. 그는 건실한 시민교육뿐만 아니라 기술이나 직업 혹은 과학교육을 통해 대한민국을 건설하고자 했던 교육혁명가였다. 민주국가의 자유시민이 되기 위해서는 그 시대의 문화, 역사, 문학, 음악, 과학, 예술을 배워야 하는데, 김현태(2020)는 『교육혁명가 이승만 대통령의 교육입국론』에서 "대한민국의 국가적 뼈대인 교육의 기초를 놓은 이승만 박사는 산업화, 민주화, 선진화의 초석을 다졌다"고 기록하고 있다.

해방직후 우리나라의 문맹률은 80%에 달했고, 고등교육 이수자는 0.2%에 불과했다. 이승만은 6년제 의무교육 제도를 도입하고 중·고등학교와 대학교를 대폭 증설해 대한민국이 문자해독률이 가장 높은 나라로 변모하는 데 기여했다. 1960년에는 63개 대학이 설립되어 대학생 수는 10만을 헤아리고 되었다. 6·25전쟁 이후에는 많은 과학자와 기술자들을 미국으로 보내 훈련받게 했고 이런 인재육성이 오늘의 대한민국의 발전에 기초가 되었다(김현태, 2020).

1950년에 추진한 교육개혁 덕택에 1960년대 이후 박정희 시대의 '경제기적'이 가능했던 것이다. 현재까지 나타난 업적만으로도 이승만은 건국의 아버지로 추앙받아도 손색이 없는 분이다. 이승만의 업적은 교육혁명과 군사력 강화로 요약할 수 있을 것이다(박원철, 2020).

자유당 정권의 붕괴로 아무런 준비도 없이 집권한 민주당은 한국 사회를 극도의 혼란으로 몰아넣었다. 민주당은 분명히 4·19가 의도했던 혁명과업을 감당할 능력을 원천적으로 결여한 세력이었다. 혁명 이후의 변화상황을 통제하고 변화시킬 비전과 방향과 대책을 지니지 못했다. 한국 군부의 개입에 대한 정치적 기대는 서서히 무르익고 있었다. 한편 1970년대는 북한의 김일성이 4대 군사노선, 즉 인민의 무력화, 전 군의 간부화, 군 장비의 현대화, 전 국토의 요새화를 완료하고 한반도를 제2의 월남으로 몰고 가 그들 주도로 통일을 달성하려는 음모에 박차를 가하던 때였다.

국가보안법

이승만이 만든 '국가보안법'은 1948년 공산주의자들이 일으킨 여수, 순천반란 사건 때문에 만들어진다. 국가보안법을 만든 중요한 목적은 '북한을 옹호하고 인정하는 공산주의자'들을 자유 민주주의 진영에서 발붙이지 못하게 하겠다는 의도였다. 요즘도 좌파 쪽에서 국가보안법을 사실상 폐지하여 간첩 잡는 기능을 무력화하고 있으며, 북한도 국가보안법을 폐지하라고 한국정부에 압력을 가하는 것을 보면 이승만의 선택이 옳았음을 알 수 있다.

이승만은 예언자적 신앙인이면서 철저한 반공주의자였다. "유물론의 중심인 공산주의와 기독교는 어떤 형태로도 공존이 불가능하다. 공산주의가 성하면 자유민주주의는 절대로 이룰 수 없다. 이승만은 '공산주의'라고 하면 치를 떨었다. 처음부터 대화의 테이블에 앉으려 하지도 않았으며 '공산주의는 지구촌에서 없애 버려야 한다'고 주장했다(박원철, 2020).

70년 세월이 흐른 후 주사파 집권 세력은 간첩을 잡는 국가보안법을 무력화시켰고 천주교 신부 53명이 드러내놓고 국가보안법을 폐지하자고 주장하며 남한을 북한의 공산혁명 기지로 만들어야 한다고 외치는 세상이 되었다(이계성, 2021).

자국민을 월북자로

북한군에게 사살당한 우리 공무원을 정부 여당이 '월북자'로 몰아가고 있다. 대통령과 정부는 죽은 공무원을 '국민'이 아니라 '월북자'로 만들면 여론비판을 피할 수 있다고 보는 모양이다. 그런데 월북자로 만들면 북한의 만행이 더 부각된다. 대체 어떤 야만적 체제이길래 자진 월북한 사람을 6시간 동안이나 바다에 내버려 두고 있다가 구명 밧줄 대신 총탄세례를 안기느냐는 것이다. 거기에다 시신 소각까지 했다니 경악할 수밖에 없다. 주사파들은 북한정권과 북한 사람 처지에서 북한을 이해하려 한다. 그래서 이들은 정신적 월북자인지도 모른다. 북한과 같은 편이라는 동질감이 바탕에 깔려있다. 이 정권 사람들이 탈북자들을 '배신자'라고 비난하는 것은 진심이다. 이들에게 한국야당은 경쟁자가 아닌 적이고 탈북자는 '억압정권'을 탈출해온 귀순자가 아닌 '우리 편'을 등진 배신자다. 현재 탈북자들은 이 정권에 의해 환영받는 존재가 아니다.

친북, 주사파에 장악된 대한민국. 문재인은 2017년 박근혜 전 대통령을 '촛불혁명'으로 탄핵시킨 후, 종북성향의 정당인 더불어 민주당과 정의당을 통해 국회를 장악하였다. 현재 반체제 세력은 NL계가 60% 정도, PD가 30% 정도, 기타가 10% 정도가 된다(양동안, 2017). NL로 대표되는 종북세력, PD로 대표되는 비종북좌익 세력, 청와대와 사법부, 언론에 포진해 있는 좌파의 규모는 대한민국 자유민주체제가 수용할 수 있는 규모를 크게 초과하고 있다. 오늘날 대한민국 정계에서 이상한 일들이 발생하고 있는 것은 대한민국 자유민주체제가 정상적인 작동을 하지 못할 정도로 종북세력 등 반체제세력의 규모가 대한민국의 체제수용 능력을 크게 초과하고 있기 때문이다.

20대, 30대가 새로운 희망으로 떠오르다

586운동권은 6월 항쟁을 통해 직선제 개헌을 이끌어 민주화의 활로를 열었다. 당시 대학가에는 마르크스, 레닌, 모택동, 김일성 관련 서적들이 넘쳐났다. 천안문 대학살과 소련붕괴가 임박했지만, 그들은 눈뜬 청맹과니였다. 김일성을 숭배하던 NL파는 당시 대한민국이 '식민지 반 봉건주의'라고 우겨댔다. 레닌을 흠모하는 PD파는 한국이 '신식민지 국가독점자본주의'라 외쳐댔다. 자주파가 '반전반핵 양키 고 홈!'에 외치면, 민중파는 '통일논의 환상 속에 우리 민중 죽어간다'며 부딪쳤다. 전 세계 공산정권이 줄도산할 때도 그들은 민족해방과 민중혁명을 부르짖고 있었다.

현재 586 권력집단은 1987년 이래 성장을 멈춘 듯하다. 자폐적 고립주의, 반인류적 종족주의, 비실용적 독자노선, 감상적 평등주의가 그들의 정신을 지배한다. 닫친 태도, 뒤떨어진 국제감각, 운동권의 특권의식이 그들의 트레이드마크다. 음모정치, 선전선동, '내로남불'의 이중 잣대가 그들의 생존방식이다.

지금껏 586권력 집단은 낡은 사고방식, 진부한 역사관, 구태의연한 정치공작으로 젊은 세대를 지배하려 했다. 이제 유능하고 영리한 20대가 무능하고 부패한 586권력집단을 비판하고 규탄한다. 특히 미래 세대의 곳간을 제멋대로 퍼다 권력유지의 수단으로 삼는 권력집단의 행태를 꿰뚫어보고 20대는 분노하고 있다. 20대의 정치세력화는 시대의 요청이다. 오늘의 정치적 결정이 그들의 미래를 좌우하기 때문이다. 586 권력집단에 저항하는 미래세대가 새롭게 떠오르는 새벽의 태양이다.

주체사상으로 뭉쳐있는 전대협에서 주체사상을 가르치다 전향한 이동호 교수(2019)에 의하면 주사파는 주체사상을 신봉하는 공산주의자를 일컫는다. 이들에게는 양심수는 공산주의자이고, 통일은 연방제 통일을 의미한다. 주사파들의 역사인식은 "대한민국은 태어나지 말았어야 할 나라다. 대한민국은 미국의 식민지이다"라는 전제에서 시작한다. 전대협 연대사업국장을 역임하고 전향한 이동호(2016) 교수는 주사파가 가지고 있는 세 가지 특징사상은 (1) 친북, (2) 반미, (3) 보수세력에 대한 적대감이라고 요약했다. 첫째로 이들은 주체사상, 혁명론으로 무장하고 있어 김일성을 위대한 수령, 김정일을 친애하는 지도자라고 찬양, 숭배한다. 핵무기를 비판하지 않으며 북한의 비참한 인권상황에 대해 침묵하며, 항상 북한 편에 선다. 국가보안법을 폐지해야 한다고 주장한다. 둘째로, 인민민주혁명론에 따라 모든 불행의 원인이 미국이라고 믿으며, 한미연합사 해체, 주한미군철수를 추진한다. 셋째, 보수세력에 대한 증오심과 적대감 때문에 대한민국의 건국, 한강의 기적을 부인하고, 적폐청산의 이름으로 보수세력에 대한 정치보복을 감행한다. 낮은 단계의 연방제로 자유민주주의 체제의 남한을 사회주의로 전환해 북한에 바치려 한다.

전대협이 표방하는 정치이념은 ① 자주, ② 민주, ③ 통일이다. 자주, 민주, 통일 이념은 대한민국에서 나온 것이 아니다. 북한의 주체사상과 그에 따른 남한 혁명론을 수입하면서 나온 말이다(이동호, 2016).

남한에는 북한 간첩이 과연 얼마나 있을까? 동서독이 통일된 후 동독 정부의 공개된 정보에 의하면, 3만 명의 간첩이 서독에 잠입해 있었던 것으로 나타났다. 황장엽 선생은 남한에 5만 명 정도의 북한 간첩이 활동하고 있을 것이라고 했다.

김일성 3대는 여러 면에서 성공하였다. 우선 정권을 대물림해 3대째 세습에 성공하였다. 또한 남한의 자유를 누리는 것을 이용해 남한에 친북좌파를 많이 심어놓았다. 이를 이용, 수만 명의 간첩 활동으로 항상 남한의 정국을 혼란케 하여 왔다. 김씨 왕조를 사모하는 주사파도 많다 한다. 그러나 서독이 동독을 이긴 것처럼, 남한은 분명히 북한을 이길 것이다(심천보, 2021).

5장

왜
이승만과 박정희를
인정해야 하는가?

왜 이승만과 박정희를
인정해야 하는가?

우리나라를 자유민주주의 체제로 건국한 이승만 대통령

이승만은 20대 젊은 시절 고종황제를 폐위시키고 개혁정부를 수립하려던 쿠데타 모의에 참여한 것이 적발되어 한성감옥에 투옥되었다. 그는 곧장 100대와 종신형을 선고받았다. 이승만은 국가반역죄로 구속되어 불로 지지기, 양다리 주리 틀기, 손가락 사이로 대나무 비틀기 등 고문을 당하며 목에 칼을 차고 사경을 헤매다 선교사들이 넣어준 성경을 읽다가 목에 씌운 형틀에 머리를 숙이고 평생 처음으로 기도했다. "오 하나님, 나의 영혼을 구해주옵소서. 오 하나님, 우리나라를 구해주시옵소서." 갑자기 방 안이 빛으로 가득 채워지는 것 같았고, 마음에 기쁨과 평안이 찾아왔다. 이때 이승만은 성령으로 거듭나 그리스도인이 된다.

본래 이승만은 20세까지 과거 시험을 위해 전통 성리학을 공부했던 사람이었다. 그러나 이승만은 배재학당에서 외국인 선교사들을 통해 영어를 비롯한 서양의 학문과 문화, 그리고 기독교 정신을 배울 기회를 얻었다. 그러다가 그가 한성감옥에 수감되었을 때, 이승만은 선교사들이 건네 준 성경을 읽고 기독교로 개종하게 된 것이다. "그가 한성감옥에서 예수를 만나 회심하고 난 후 인생관이 바뀌고 조선을 예수교 국가로 만들겠다는 결심을 하게 된다"(박원철, 2020).

이승만은 조선의 양반, 왕족, 상류층 출신으로는 국내에서 개종한 첫 번째 개신교 신자였다. 영향력 있는 정치인, 언론인, 연설가 중에서도 국내파로서는 처음 있는 일이었다. 이승만의 개종은 단순히 한 사람의 종교가 기독교로 바뀐 것만을 의미하지 않는다. 만일 이승만이 예수를 만나 회심하지 못했더라면 아마도 대한민국은 자유민주주의의 길을 걷지 못했을 것이다. 그것은 이승만에게 있어서 '기독교 보수주의의 확립'과 그의 정치적 방향성을 설정하는 계기가 되었다. 그가 옥중생활에서 쓴 『독립정신』은 조선이 나아갈 방향을 제시하는 국가 청사진이었다. 『독립정신』에서 자유, 독립, 자주는 동의어로 쓰이고 있다. "자유와 독립은 누구도 빼앗을 수 없는 근본적 권리이다. 우리는 자유롭고 독립적인 개인이다. 하늘이 내린 본성이기에 자유와 독립은 누구도 빼앗을 수 없는 근본적 권리이다. 조물주는 모든 사람에게 다 같이 권리를 주셨으므로 생명과 자유와 안락한 복을 추구하는 것은 다 남이 빼앗을 수 없는 권리이다. 인간이 남보다 잘되고자 하는 마음은 자유와 독립을 추구하는 속성과 모순되지 않는다. 공부를 하든, 장사를 하든 이 경쟁하는 마음으로 노력하면 외국인에 능히 맞설 수 있다"고 주장하였다. 우리는 자유통상과 영구평화의 세계를 지향한다. 이 책에는 ① 민주주의를 향한 신념, ② 교육의 중요성, ③ 기독교 입국론 ④ 자유통상에 대한 구상이 담겨 있다(이영훈, 2020).

영혼을 묶었던 사슬에서 풀려난 이승만은 1899년 팔다리와 목을 옥죄었던 사슬에서도 풀려났다. 지옥과 같은 감옥이 천당으로 변했다. 감옥의 환경은 그대로였지만 사람이 변한 것이다. 이승만과 회심한 지식인들은 감옥에서 예배를 시작했다. 죄수들과 간수들이 회심하여 감옥은 축복의 집(福堂)이 되었다. 그 후 사형은 무기형으로 감형되고 선교사들의 구명활동에 힘입어 10년형으로 감형되었다. 감옥에서 이승만의 전도를 받아 회심한 이상재, 이동녕, 이준, 박용만 등 40여명은 후에 독립과 건국운동에 동참하게 된다.

감옥에서 이승만은 끊임없이 독서에 몰두했다. 이승만은 서양 선교사들에게 부탁하여 구할 수 있는 모든 종류의 책을 구했다. 기독교, 역사, 법률, 외교 등 다양한 주제의 책을 읽었다. 특히 종교와 역사에 대한 영문서적이 주종이었다. 이승만은 옥중에서 10여 권의 책을 번역도 하고 쓰기도 하였다. 1901년 간수장 김영선의 도움으로 이승만은 감옥학교를 열었다. 수감된 청소년들을 대상으로 국문, 역사, 영어, 일어, 산술, 세계사, 기독교 교육 등을 가르쳤다. 참혹한 감옥에서 사람을 길러내고 사람이 바뀌는 모습을 지켜보는 것은 샘물 같은 기쁨이었다. 이승만은 천성적으로 활동가였고, 개혁가였으며 교육가였다(이호, 2012).

정치범으로 투옥되어 기독교인이 되었던 그에게 정치와 종교의 관계는 당연한 관심사였다. 그가 감옥에서 쓴 논설에서 이승만은 기독교로 나라 세우기, 혹은 기독교 입국론을 주장한다. 이승만은 한성감옥에서 놀라운 변화를 겪었다. 기독교인이 되었고, 엄청난 독서량으로 당대 최고의 지식인이 되었으며, 우리나라 최초의 전도왕이 되었다. 탁월한 영어실력을 쌓았다. 이승만은 20세기 초 국내에서 영어를 배운 사람 가운데 단연 최상급의 실력을 지닌 인물이었다. 최초의 영한사전을 집필하기도 하였다. 학교를 개설하고 도서관을 설치했으며 『독립정신』을 비롯한 수많은 걸작을 저술하였다.

『독립정신』의 결론으로 이승만은 6대 강령을 발표한다: ① 우리는 세계에 대해 개방해야 한다; ② 새로운 문물을 자신과 집안과 나라를 보전하는 근본으로 삼아야 한다; ③ 외교를 잘해야 한다; ④ 나라의 주권을 소중히 여겨야 한다; ⑤ 도덕적 의무를 소중히 여겨야 한다; ⑥ 자유를 소중히 여겨야 한다. 공교롭게도 현 주사파 정권이 추진하는 방향과 반대되는 정책노선들이다.

이승만은 1904년 8월 7일까지 만 5년 7개월 만에 한성감옥에서 수감생활을 했다. 이승만이 감옥에서 "기독교로 나라 세우기"에 몰두하는 동안, 감옥 밖에서는 나라가 무너지고 있었다. 조선의 정치와 제도는 일본에게 거의 완전하게 장악되었다.

고종의 특사로 한성감옥에서 석방된 이승만은 그의 탁월한 영어 때문에 1904년 고종의 밀서를 가지고 미국으로 떠났다. 이승만은 특사의 역할을 충실하게 감당했다. 그러나 당시 국제 정세는 조선에 호의적이지 않았다. 1905년 일본 수상과 미국 육군장관은 일본이 한국을, 미국이 필리핀을 차지하는 것에 합의했다. 미국은 일본을 밀기로 결정해 놓은 상태였다. 따라서 대한제국 특사로 아무런 결실을 거두지 못했다. 이것은 훗날 외교의 신으로 격찬 받은 이승만이 탄생하기 위한 진통의 시작이었다. 조선정부 특사로 미국을 향할 때, 이승만은 민영환과 한규설의 밀서와 함께 선교사들의 추천서를 품고 있었다. 그들은 미국 대학들을 향하여 이승만에게 교육기회를 줄 것을 요청하는 추천서를 기꺼이 써주었다.

그 후 이승만이 조지 워싱턴, 하버드, 프린스턴에서 5년 만에 석박사 과정을 마친 것은 널리 알려져 있는 사실이다. 이승만의 박사학위 논문은 〈전시 중립성 - 미국의 영향을 받은 중립〉이었다. 국제법에 관한 논문이었지만, 주제의 성격상 역사학, 정치학, 경제학도 결부된, 세 학과로부터 공동 승인을 받은 특이한 논문이었다.

1910년 6월, 이승만은 이렇게 썼다. "그날은 나의 준비단계를 종결짓는 날이었는데, 나는 슬픈 감정을 느꼈다. 한국은 내가 나가서 일을 해야 하는 나라였다. 그러나 그 나라가 일본에게 병합되었으므로 나의 나라가 아니었다." 공교롭게도 그의 국제법 박사 학위 취득일이 사실상 조국의 주권상실과 거의 같은 날이었던 것이다.

박사 학위를 받은 이승만이 그저 편안하게 살기를 원했다면, 미국에서 괜찮은 대학 교수로 여생을 마칠 수도 있었다. 비록 조국이 지도상에서는 사라져 버렸고 가슴에만 남아있는 나라였지만, 그에게는 할 일이 있었다. 돌아온 이승만의 활동무대는 YMCA였다.

서양 선교사들이 뿌린 기독교정신이 한반도 땅에서 뿌리를 내리고 열매를 맺기 시작했다. 교육기관, 의료기관, YMCA, YWCA와 같은 NGO기관들을 설치하여 사회계몽 운동을 지원, 협력하기도 했다. 그는 종횡무진 전국을 다니면서 교회와 학교에서 강연했다.

우남 이승만의 기독교로의 개종은 단지 한 사람의 종교가 기독교로 바뀐 것만을 의미하지 않는다. 그것은 이승만에게 있어서 '기독교 보수주의'의 확립과 그의 정치적 방향성을 설정하는 계기가 되었다. 건국 이후 오늘날에 이르기까지 대한민국은 대내외적으로 세계의 위협을 받았다. 과거에는 소련공산당추종세력으로부터, 현재는 내부적으로는 김일성 주체사상을 추종하는 주사파 세력과 외부적으로는 중국 공산당으로부터 지속적으로 체제의 위협을 받고 있다. 그럼에도 불구하고 대한민국이 지금까지 자유민주주의 체제를 유지할 수 있었던 이유는 무엇인가? 그것은 바로 한미동맹 때문이라고 말할 수 있을 것이다.

대한민국은 한미동맹이라는 울타리 안에서 성장해 왔다고 해도 과언이 아니다. 한미군사동맹으로 인해 우리는 안보걱정 없이 경제개발에 집중할 수 있었다. 그러나 한미 동맹이 중요한 이유는 그것이 일반적 동맹이 아닌 가치동매의 성격을 띠기 때문이다. 자유민주주의와 자유시장경제라는 가치를 공유했을 뿐 아니라 특히 종교의 자유를 공유하였다.

해방공간에서 여운형과 박헌영과 같은 공산주의자들이 정국을 주도하였는데, 그들은 이승만을 '친일파를 옹호하는 매국노'라고 비난하였다. 이승만은 라디오 연설을 통해 "공산주의자들은 소련을 자기의 조국이라 부르고 나라와 동족을 팔아먹는 매국노"라고 비판하며, 좌우합작은 결국 공산화되는 지름길임을 설득하며 초기 해방정국을 주도하였다(전광훈, 2019). 해방 이후 만 3년, 좌우익의 갈등과 혼란을 넘어, 외세통치의 역사에 종지부를 찍고, 이승만은 왕정을 끝내고 민주공화정의 대한민국 정부수립을 공식 출범했다.

이승만은 1905년부터 1945년까지 한일 독립운동에 헌신하고 광복된 조국에서 독립된 나라를 세우는 일을 필생의 신념으로 생각한 정치인이었다. 이승만은 인생 70세에 귀국, 나라를 세우고 전쟁에서 국가를 방위하고 대한민국을 국가다운 국가로 기틀을 세우는데 12년의 세월을 바쳤다. 그는 3대 대통령으로 선출되던 1956년에 이미 81세의 고령이었다. 이기붕을 부통령에 당선시켜 후계자로 키우려는 무리수를 두었다. 이로 인해 후세는 그를 독재자로 기억하게 되었다. 그래서 우리는 그를 독재자로 평가해야 하는가? 이승만은 누구인가? 우리나라를 자유민주주의 국가로 세운 초대 대통령이며 국부이다.

1950년대 한국의 현실

1945년 일본의 항복 이후 갑자기 찾아온 해방을 맞은 한국의 현실은 아프간, 소말리아, 팔레스타인과 다를 것이 없었다. 이승만의 정치고문 로버트 올리버의 기록에 의하면, 해방직후 한국의 1인당 GDP는 35달러, 문맹률 78%였다. 세계 160개국 중 158위의 최빈국으로 열악한 환경이었다. 당시 유일한 삶의 목표는 배고픔에서 벗어나는 것이었다. 가난에 이어 위생상태도 심각한 상황이었다. 또한 전 국민의 78%가 본인의 이름조차 쓰지 못하는 문맹이었다. 그런 어둠을 딛고 탄생한 나라가 대한민국이다. 온전한 통일국가가 아니라 38선으로 분단된 반쪽짜리 탄생이었고, 북한의 남침으로 3년간의 국제전쟁까지 치른 상처투성이의 누더기 출발이었다. 미국의 한국학자 브루스 커밍스는 1950년대의 한국을 다음과 같이 묘사한다:

"1953년, 한반도는 잿더미가 되어 있었다. 남쪽의 부산에서 북쪽의 신의주에 이르기까지, 한국인들은 죽은 자들을 묻고 잃은 것들을 슬퍼하면서, 그들 생애의 남은 것들을 주워 모으느라 여념이 없었다. 수도 서울에서는 콘크리트와 파편이 뒤범벅이 된 길가에, 텅 빈 건물들이 마치 해골처럼 서있었다. 수도 주변의 미국병사에는 수많은 거지들이 외국 군인들이 내버리는 찌꺼기를 줍고자 모여들었다… 마을들은 텅 비었으며 거대한 댐들은 더 이상 물을 저장할 수 없게 되었다. 동굴과 터널 속의 두더지 같은 생활에서 기어 나온 사람들은 밝은 햇살 속에서 악몽에 부닥치게 된 것이다."

그렇다. 대한민국은 1950년대, 1960년 대 초까지만 해도 아프리카의 소말리아나 가나와 흡사했던 지구상 최빈국이었다. 모든 것이 부족했던 시절, 부족한 자원을 해결한 방법이 없었다. 모든 자원이 부족한 가운데 국가건설 과정에서 가장 중요했던 가치는 '개인의 자유'가 아니라 민족주의였다(이택선, 2021). 소련의 조종을 받는 김일성이 38선 이북을 선점했기 때문에, 차선책은 남한만의 단독정부를 세우는 것이었다. 국제정치학자로 해박한 이승만은 주어진 여건과 현실적 제약 속에서 총선거를 통해 유엔이 인정하는 한반도 유일의 합법적인 민주국가를 건국하는 데 성공했다.

이승만은 정치적 정당성을 갖추기 위해 토지개력과 의무교육 등 개혁을 추진했다. 이승만의 핵심가치관은 자유민주주의와 기독교 정신이다. 대한민국의 건국이념은 자유민주주의, 자유시장 경제, 한미동맹, 그리고 기독교입국론이다. 국부 이승만이 이런 기초 위에 대한민국을 건설하지 않았다면, 우리는 지금 지상 최빈국에서 노에 같은 삶을 살고 있을 것이다.

김일성은 대륙으로 회귀, 이승만은 해양으로 진격. 이승만이 등장하기 이전까지 조선(대한민국)의 지도부는 오매불망 세계의 패권세력(영국, 미국)이 아니라, 패권에 도전하는 세력(러시아)에 줄을 서다 망국의 비운을 겪었다. 이승만이라는 선지자가 나타나 미국의 중요성에 눈을 뜨고, 세계 패권국과 손잡는 확고부동한 동맹을 성사시켜 국가안보를 담보하는 국면이 마련되었다. 이로써 김일성이 세운 조선민주주의인민공화국과 이승만이 세운 대한민국은 문명사적으로 결정적인 단층이 형성되었다. 김일성의 조선은 대륙세력과의 동맹, 이승만의 대한민국은 해양세력과의 동맹을 추구한 결과 남북은 천지개벽의 차이가 발생했다.

김일성이 세계사의 비주류세력인 소련, 중공과 대륙 동맹을 맺은 것은 결과적으로 고종, 민 황후식 폭망외교의 복제판이 되었다. 반면에 이승만은 세계사의 주류 세력 미국과 한미상호방위조약을 통해 해양동맹을 체결했다. 그 결과 대한민국은 자유민주주의와 자본주의 시장경제를 토대로 번영을 이루고, 개인의 자유와 사유재산 보호를 받는 문명국가로 성장하게 되었다. 북한은 봉건주의 세습왕조, 폐쇄와 쇄국, 집단생활 우선, 전체주의를 대신한 수령 전체주의로 실패국가가 되었다. 반면에 해당 동맹은 세계사의 주류세력과의 합종전횡을 통한 번영부강의 길이다. 그 종착역은 개방, 교류, 자유, 민주, 사유재산 보호, 천부인권을 누리는 산업화, 민주화된 사회다(김용삼, 2020).

미국의 경제학자 로버트 배로(Robert Barro)는 민주화를 위해서

는 어느 수준까지 경제성장이 뒷받침돼야 한다고 주장한다. 경제
성장을 통해 교육기회가 평등해지고 민주주의도 개선된다는 것이
다. 이승만은 한미상호방위조약 체결을 통해 국방과 안보에 부담
을 덜고 경제개발에 집중할 수 있는 환경을 조성하였다. 그리고 농
지개혁을 통해 계층 간의 갈등을 최소화하려고 노력하였다. 의무
교육을 강조하여 문맹을 퇴치하고 고급 인재를 육성하려고 많은
노력을 하였다. 이렇게 이승만이 교육과 경제성장을 강조한 이유
는 경제성장이 없이는 진정한 민주주의가 도래할 수 없다고 생각
했기 때문이다(전광훈, 2019).

이승만 대통령에 대한 평가

주사파 정권은 대한민국을 부정하고, 조선민주주의인민공화국
이 한반도에서 정통성이 있는 국가라고 생각한다. 따라서 전교조
는 이승만이 미국의 앞잡이로서, 친일파와 손을 잡고 민족의 자주
성을 팔아먹고 자신의 사리사욕을 채우기 위해서 미국이 원하는
반쪽 나라 대한민국을 세웠다고 가르친다.

모든 인간이 그러하지만, 정치 지도자들 역시 누구를 막론하고
장점이 있으면 단점이 있고, 공로가 있으면 과오가 있기 마련이다.
무엇보다 초대 대통령 이승만은 '유엔 감시하의 자유총선거방식
으로 대한민국을 수립'하고, 자유민주주의와 시장경제를 바탕으로
국가건설을 추진하고, 6·25전쟁의 위기를 극복하여 국권을 수호
하고, 한미방위조약을 맺어 한국 안보가 실현될 여건을 마련함으
로써 대한민국의 정통성을 확립한 점에서 그 기여가 크다. 정치적

으로 모든 백성이 평등하고 경제적으로는 세계의 어느 나라도 부럽지 않으며, 국격도 세계 10번째 안에 드는 자랑스러운 나라로 다시 태어나는 기초를 세운 지도자다(심천보, 2021).

좌파 역사가들은 이승만이 '친일 독재자' '미국의 꼭두각시'라고 비하한다. 그러나 자유 우파의 시각에서 평가하는 이들은 그를 '위대한 건국 대통령' '영웅적 항일투사'로 추앙하고 있다. 작가 정현채(2020)는 이승만을 이렇게 평가하고 있다.

"미래 통찰과 예지를 지닌 세계적 지도자이자 존경받아 마땅한 국부였다. 무엇보다 이승만은 국민의 자유와 평등, 인권을 존중하고 한미동맹과 농지 개혁과 교육개혁을 통해 대한민국의 기반을 단단히 다져놓은 선견지명을 가진 위대한 지도자였다. 무엇보다도 공산주의의 실체를 간파한 반공주의자이고, 국제정세를 바르게 읽고, 바르게 판단할 수 있는 선지자와 같은 인물이었다."

이승만에게는 "대한민국은 반공 국가여야 하며, 공산주의와 공존할 수 없다"는 확신이 있었다. 결국, 북한에는 소련과 중공의 통제를 받는 공산주의 정권이 들어서고, 이에 맞서 남한만의 자유 총선거가 실시되어 건국의 기틀이 마련되었다. 국제정치학자로 지도력과 외교력을 두루 갖추었던 이승만은 휴전 협정 막바지 포로교환절차에서는 '반공포로석방'이라는 승부수를 통해 미국으로부터 세 가지 약속을 받아냈다. 안전보장을 위한 '한미상호방위조약' 잘 살도록 돕는 엄청난 '경제원조' 그리고 '군사력 증강 및 현대화를 위한 원조'였다.

무엇보다 그는 일제 식민 통치와 전제 군주국가(대한제국)를 밀어내고 대한민국이라는 자유민주주의 국가 탄생에 공헌한 사람이다. 대통령으로서 이승만은 의회민주주의를 실현하여 전제 왕조국가 체제에 익숙한 조선을 자유 민주주의 국가로 바꿨고, 한미상호방위조약을 체결하고 미군이 주둔하는 밀착방어체계를 갖춤으로서 국가의 안보기반을 공고히 했다. 국가보안법을 제정해 국가의 안보불안을 없앴으며 경제성장의 문을 열었다. 어려운 경제적 조건하에서도 문맹퇴치와 함께 초등의무교육제를 시행하였다. 또한 유상매상과 유상분배를 통한 농지개혁을 통하여 농촌 소유형태를 소작농에서 자영농 체제로 개혁했다(이영일, 2018). 군대 안에 군목제도를 도입하는 등의 노력으로 민족의 살 길을 신앙에서 찾기도 했다.

이승만이 취한 한미상호방위조약체결과 군사원조, 미군주둔, 경제원조를 확보한 후에 휴전을 받아들인 자세는 한국외교사의 큰 성공으로 기록되어야 할 것이다. 이러한 기초 위에 박정희는 '한강의 기적'이라 불리는 산업화를 이룰 수 있었던 것이다.

이승만 박사는 그의 생애를 조국의 독립과 발전에 헌신한 위대한 선각자요, 민족의 큰 지도자였다. 한국처럼 지도자 복이 없는 나라에서 하늘이 내려 준 큰 인물이었다. 그분으로 인하여 오늘의 대한민국이 탄생했고 발전의 기틀을 마련했다. 내치외교에서 그가 쌓은 업적이 오늘의 한국발전의 초석이 되었음은 두말할 나위가 없다(이영일, 2018).

좌파 역사가들은 이승만을 친미주의자라는 부정적인 딱지를 붙여놓고 미국의 '꼭두각시'라고 비하하지만, 그가 친미를 했던 이유는 자신의 조국인 한국을 근대화하고 문명국가로 만들기 위한 선택이었을 뿐이다. 그는 오히려 대한민국의 독립과 번영을 위해 미국을 활용하고 이용했다. 친미라는 말보다는 용미(用美)라는 말이 더 정확한 표현이다(박원철, 2020). 그레고리 헨더슨은 이승만을 다음과 같이 평가했다.

"이승만은 1945년 조국에 첫발을 내디딘 순간부터 이미 일종의 '위기를 극복하기 위해 신이 내려준 인물'이었다. 1순위에 드는 애국자들 가운데 이승만에 필적할 수 있는 사람은 김구뿐이었다. 그러나 김구, 김규식, 여운형 등은 이승만보다 나이가 아래였으며 외국인을 다루는 방법이나 외교적인 역량 면에서 이승만을 능가하지 못했다. 그의 민족적, 정신적 통일론이나 애국주의에서 나오는 단순 명쾌한 신념은 지식인과 좌파 반대 그룹을 제외한 모든 사람들의 지지를 받았다."

반공주의자였던 이승만에게 정부수립 이후에도 좌익세력 척결 및 공산주의 청산이라는 과제는 최우선 과제였다. 해방 후 대다수 국민들이 바랐던 것은 일제 강점기의 친일 행위자에 대한 처벌이었다. 그래서 '반민족행위자처벌법'을 만들어 이를 시행하였으나, 친밀파를 청산하는 것보다 좌익세력이 중심이 된 공산주의를 청산하는 것이 더 시급한 과제였다. 당시 친일 혐의로 체포된 사람은 682명이었고, 그 가운데 221명이 기소되는 성과가 있었다.

이승만 박사에게도 과오로 평가받을 행적이 있다. 공이 7이라면 과는 3이라 할 것이다. 논쟁의 대상이 되고 있는 과오 가운데는 ① 반민족 행위자 처벌 소홀, ② 부산정치파통으로 국회모독, ③ 사사

오입 개헌으로 1인 장기집권 획책, ④ 조봉암 선생 사법살인, ⑤ 양민학살, ⑥ 3·15부정선거 등이 있다. 부정선거로 퇴임하여 하와이로 밀려난 후, 국내에 그를 죽이기에 나설 사람은 많았어도 살리기에 나설 사람은 정치세력 가운데 아무도 없었다. 안창호 선생은 해방 전에 고인이 되셨고, 김구 선생은 해방 이후 미소냉전이 격렬해지는 와중에서 건국이라는 어렵고 힘들고 중차대한 과업을 거부하고 있다가 피살당했기 때문에 찬사만 있고 욕이나 비난은 적다.

북한의 김일성은 세습 독재체제이기 때문에 '주체의 태양'으로 북한 땅에서는 비판받지 않고 떠받들어진다. 그런데 남한의 국부는 '태어나선 안 될 나라'의 원흉으로 지탄받고 있다. 좌편향된 역사관에 치우쳐 있는 김대중과 노무현, 그리고 문재인은 이승만을 부정하고 김구 예찬론을 내세우고 있다. 김구 선생을 예찬하면 할수록 그가 주장한 남한 단독정부 수립반대노선(소남한단정노선)이 민족적으로 정당한 노선이 되어버리고 이렇게 되면 결과적으로 현재의 대한민국은 '태어나서는 안 될 나라'로 되는 것이다.

현 정권은 이승만이 아니라 김구를 국부로 모셔야 한다며, 초대 대통령을 폄하하고 있다. 그런데 최근에 여당의 박용진(49) 의원이 이승만 대통령이 '교육입국'을 했다고 긍정 평가한 것은 다행이 아닐 수 없다. "이승만 대통령은 이른바 계몽가로 한글과 학문을 가르치려는 일에 전력을 썼던 사람이다. 학교 지을 돈도 없던 나라에서 교육이 국민의 의무이고, 무상으로 해야 한다는 걸 교육법에 명시했다"(조선일보, 2020. 11. 13). 유영익 전 국사편찬위원장은 "이승만은 세종대왕하고 거의 맞먹는 인물"이라고 평가했다.

이승만은 한국이 필요로 하는 건국, 호국, 경제발전, 민주발전이라는 네 가지 과업 중 경제발전과 민주발전이라는 두 가지 중요한 과업을 후대에 넘기고 그의 시대를 끝맺었다. 이승만 시대 12년과 박정희 시대 18년은 국가건설의 모든 기틀이 마련된 건국(state building)과 부국강병(富國强兵)의 20년이었다.

이승만 대통령이 주도한 대한민국 건국에 기초하여 제3세계 국가 중에서 가장 모범적인 산업화의 기적을 이루어낸 것은 박정희 대통령이었다. 남북한이 극한대치하고 있는 상황에서 국가주도의 산업화와 근대화는 불가피했다. 이와 같은 배경에서 국가경영의 철학으로 작용한 것이 '한국적 민주주의'였던 것이다(구해우, 2019).

박정희 대통령에 대한 평가

반일 종족주의 입장에서 역사를 평가하는 현 정권은 박정희 대통령의 업적을 다음과 같이 폄하한다. 박정희는 만주군관학교와 일본육사를 졸업하고, 천황의 장교가 되어 만주에서 독립군을 토벌하다가, 해방 후에는 남로당 군사총책으로서, 비밀지하 혁명동지를 팔아먹고, 목숨을 건졌다가, 다시 쿠데타를 통해 권력을 잡아서 반민중 반민족 반민주 친일 친미 사대주의 정권을 운영했다.

반면에 정치학자 이영일(2018)은 박정희 대통령을 "미워할 수 없는 우리들의 대통령"이라면서 다음과 같이 평가하고 있다. "박정희는 역대 다른 대통령들과 달리 대한민국 육군에서 우수한 정보장교의 한 사람이었다. 그는 남로당 경력이 들통나 처형될 위기를 맞았으나 백선엽, 최병덕, 김정렬 등이 그의 구명에 나섰고 그 자신도 한국군 내부에 배치된 남로당 인맥의 적출에 적극 협력함으로 써 목숨을 건졌다. (당시 그를 최종적으로 사면한 것은 이승만 대통령이었다). 백선엽 등 한국군 지도부는 그의 두뇌와 청렴과 정보장교로서의 능력을 평가하여 다시 군의 문관으로 발탁하고 다시 군 장교로 다 시 임용하여 군 신분을 되찾는 행운을 얻었다. 그는 육군본부 정보 과장의 보직을 맡으면서 1949년 12월 북한의 남침 준비공작 계획 을 정확히 파악, 상부에 보고했다. 이 보고 내용은 너무도 정확하 여, 지금도 육군본부의 전산실에 원본이 비치되어 있다고 한다. 따 라서 박정희는 대통령으로서 뿐만 아니라 국군통수권자로서도 실 무를 마스터한 분이기 때문에 안보문제에 관한한 남달리 민감하고 강박관념을 가질 만큼 엄격하고 예민하였다."

박정희는 권력을 사유화하거나 사적 치부를 추구하지 않고 국 력배양을 위해 자기의 모든 것을 올인(all in)하였다. 군에서 훈련된 엘리트와 고등교육을 받은 민간인 엘리트를 유기적으로 등용하였 다. 이들을 선두에 세워 국가발전의 청사진을 그리게 하고 새마을 지도자들을 몰이꾼으로 하여 전 국민을 국력배양의 대열에 참여하 도록 유도하였다.

박 대통령은 선천적으로 우수한 두뇌의 소유자였다. 대구사범학 교, 만주군관학교, 일본육사, 미국 군사영어학교를 거치며 군 엘리 트로 성장하였다. 가난한 집안출신으로 대중의 애환을 잘 알기 때 문에 대중동원과 지지창조에 남다른 기량을 발휘했다. 새마을 노 래를 직접 작사해 전 국민에게 보급하며 새마을 운동을 주도했다. 그의 국가발전계획은 한일국교정상화, 베트남 파병용단, 제1차 경제개발5개년계획, 포항제철을 통한 철강생산과 자동차, 조선공업 육성, 석유화학공업, 고속도로와 항만 건설, 새마을운동, 산림녹화 사업, 국민의료보험 도입 등을 통한 국력배양으로 나타났다.

월남의 공산화, 닉슨 독트린(아시아 각국의 방어는 아시아인의 손으로), 북한의 4대 군사노선과 인민혁명전략 등 도전적 안보환경에 대응하기 위하여 그는 군 출신답게 자기 정권의 권위주의적 강화를 추진하였다. 박정희 시대는 개발독재의 시대라고 평할 수 있다. 이러한 의미의 개발독재의 한국적 표현이 다름 아닌 유신체제였다. 박정희는 설득을 통해 동의를 얻는 절차를 거치지 않고 자기가 판단하고 결정한 국력배양 목표를 강권으로 집행하였다. 이것이 유신이었다. 결국 그는 역사 속에 나타난 도전과 응전의 상황 속에서 자기의 생명을 걸고 국력배양이라는 큰 목표를 놓고 역사를 상대로, 국민을 상대로 투쟁했던 것이다. 그것이 그의 인생이었다. 그는 평생 죽는 날까지 '내 일생 조국과 민족을 위하여' 살았다. "내 무덤에 침을 뱉어라"라는 그의 외침은 그가 살아온 삶의 궤적에 대한 자신만만한 웅변이었다(이영일, 2018).

박정희는 비록 권위주의적 통치를 한 점에서 독재자라고 비난하는 사람들이 많지만, 시종일관 국민을 주권자로 섬긴 점에서는 민주주의자였다. 그는 장면 총리나 민주당 정권 사람들처럼 서방적 의미의 민주주의에 매달리지 않고, 한국적 현실의 요구에 맞게 민주주의를 잘 응용한 지도자였다. 유신독재라는 문제에도 불구하고 그가 한국의 발전에 미친 기여와 공헌은 결코 부정되거나 과소평가되어서는 안 된다. 오늘날 한국 국민들은 이 사실을 인정하기 때문에 어떠한 여론조사에서도 박정희는 가장 큰 업적과 일을 많이 한 대통령으로 평가된다. 종북 성향의 주사파 정치인들과 일부 종교인들만 예외일 뿐이다(이영일, 2018).

전두환 대통령에 대한 평가

경제발전과 안보를 명분으로 만들었던 박정희의 유신체제는 결국 그가 김재규의 총에 시해당함으로 끝났다. 전두환은 5·18 사태의 와중에 간접선거로 11대 대통령에 취임하여 군부독재를 함으로 386운동권을 양산하는 부작용을 낳았다. 김일성은 아웅산 테러로 그의 생명을 빼앗으려 했음에도 불구하고 안보와 통일을 위한 대결정책과 대화정책을 균형 있게 유지했다. 좌파 역사학자들은 5·18 사태로 정권을 찬탈한 과만을 부각시키려 하지만, 통사적 시각에서 공이 더 많다고 할 수 있다. 전두환은 대한민국의 공산화를 막아낸 대통령이다.

김용삼(2020) 대기자는 묻고 있다. "개발독재를 거치면서 이어받은 광란의 인플레를 때려잡고 물가를 안정시킨 1등 공신이 전두환이라는 사실을 기억하는가? 전 세계적 3저 호황의 덕을 입어 전 국민 실질재산을 가장 많이 불려준 시대가 전두환 시대였다는 사실을 아는가? 막대한 대외부채, 차관으로 나라를 짓누르던 막대한 국가 빚을 청산하고 순채권국의 나라를 후임자에게 불려준 사람이 전두환이었다. 민관합작으로 TDX 전자교환기, 반도체, 컴퓨터 국산화 개발을 명령하여 이 나라를 온라인 문명의 선두주자로 발돋움하게 만든 주인공이 전두환이었다는 사실을 아는가?"

뿐만 아니라 전두환 대통령은 88올림픽 유치에 성공, 세계 속의 한국으로 솟아오르게 했다. 무엇보다 그는 대한민국 건국 이래 가장 인사(人事)를 잘함으로써, 전문가를 적재적소에 등용함으로, 자기가 가진 능력보다 훨씬 더 큰 업적을 남겼다(이영일, 2018).

진정한 민주주의를 시행하려면 권위주의적인 개발독재는 불가피하다는 정치학자들이 있다. 이승만과 박정희는 애국독재를 하였고, 문재인은 매국독재를 하였다고 평가하는 지식인도 있다(신현림, 2020).

소설가 이문열(2021)은 신년 인터뷰에서, "문재인 정부가 적폐를 말할 권리가 없다고 생각한다. 그들이 집권한 후부터 그들 내부에 전부터 쌓여있던 폐단이 다 드러나고 있다. 주사파 정권은 박정희와 전두환 신군부를 악당으로 취급하고 있다. 그러나 적어도 그들은 필요악이었다. 우리 현대사는 박정희 20년과 신군부 10년이 절벽처럼 가로막고 있는데, 그들이 386운동권에 의해 100% 악당이 돼버렸다. 아니다. 적어도 필요악이었다. 우리가 다시 전두환과 3김 중 선택을 한다고 치면 누굴 고르는 게 나았을지 솔직히 모르겠다"고 말했다(조선일보, 2021. 1.9).

문재인은 주사파 대통령이다

문재인 정권에서 중요하게 봐야 할 점은 '체제'의 문제다. 역대 정권에서는 모든 권력 행위가 자유민주주의 체제를 전제로 이뤄졌다. 그러나 지금은 체제전복적 상황이다. 대학교수들과 전직 외교관, 예비역 장성 등 지식인들이 현 정권을 유사 전체주의, 독재정권으로 규정하고 있다. 전체주의 사회주의 체제로 전환하려는 상황이 진행 중이다. 문재인 대통령은 자유민주주의 체제 자체를 사회주의 체제로 바꾸려 하고 있다. 문재인 대통령은 대한민국을 진정한 주권국가로 인식하지 않고 있다. 해방 이후부터 지금까지 세월은 아직 이룩하지 못한 민족국가 건설의 투쟁과정으로 생각하는 것이다. 그가 평양방문 때 스스로를 '남쪽 대통령'이라고 말한 것은 이런 맥락에서였다.

학생운동권 출신 이인영 통일부 장관이 국부는 이승만이 아니라, 김구가 되었어야 한다고 발언한 것도 이런 맥락에서 한 말이다. 이들은 해방공간(1945-48)에서 공산화될 뻔한 남한에서 자유대한민국을 세운 이승만을 분단의 원흉으로 본다. 여기에는 "이승만은 미 제국주의의 앞잡이로 민족분단을 가져왔고 대한민국은 미국식민지"라는 인식이 깔려있다. 이는 북한 정권이 선전해 오던 것이다. 주사파 정권은 586 운동권 세대로 '북한 정권 정통성, 신식민지, 매판자본'와 같은 용어로 근현대사를 왜곡한다. 이승만과 박정희를 부정하거나 폄훼한다. 지금의 대한민국은 임시국가일 뿐, (적화) 통일이 돼야 '완전한 건국'이 된다고 본다.

대한민국은 개인의 자유와 권리를 기반으로 하는 자유민주주의 체제이고, 북한은 '모두는 하나를 위하여, 하나는 모두를 위한다'는 전체주의 체제다. 자유민주주의는 개인의 자유를 우선시하나, 사회주의에서는 집단의 가치가 개인의 자유에 우선한다. 그래서 주사파는 자유민주주의는 부르주아 독재일 뿐, 진짜 민주주의는 인민민주주의라고 믿는다. 그러나 실상은 북한은 개인의 자유를 인정하지 않는 수령의 지휘 아래 움직이는 1인 독재 전체주의체제다.

대한민국은 헌법에 새겨진 우리의 국호다. 1948년 7월 제헌의회때 국호로 정해졌으며, 상해 임시정부 때부터 사실상 국호였다. 현행 헌법은 그냥 '헌법'이 아니라 '대한민국 헌법'이다. 현 정권은 북한의 조선민주주의 공화국과 같이 이념적으로 반일, 반미 프레임으로 역사를 재해석하고 있다. 이 나라가 친일과 독재(이승만, 박정희. 전두환), 사이비보수세력이 주류인, 청산돼야 마땅한 체제인가? 대한민국 부정세력은 이제 대놓고 애국가는 물론 국호까지 바꿨으면 한다.

마르크스-레닌주의 공산주의(주체사상)의 기본전제를 따라 운동권 정치를 하는 문 정권의 경제정책의 문제는 자유보다는 평등을 선호한다는 것이다. 성장지향적이기 보다는 분배친화적이며, 자본주의보다는 사회주의에 더 친근감을 느낀다. 정치학자이자 미래전략가인 장성민(2019)은 말한다.

"정권 핵심세력이 계급투쟁, 친노동, 반미·반제국주의, 식민사관, 사회주의에 대한 교조적 환상으로부터 하루빨리 벗어나야 대한민국 3대 기둥 중 하나인 자유시장경제가 정상적으로 작동될 것이며, 이 길만이 한국경제에 또 한 번의 번영을 보장해 줄 수 있다."

해방 후 북한의 초대내각이 친일파로 가득 채워졌던 것과 건국세력이 대부분 항일무력단체 출신이 아니었다는 것은 주지의 사실이다. 반면, 대한민국 이승만 정부의 초기내각은 대부분 임시정부나 광복군 출신들의 독립운동가들이었다. 북한은 친일파를 척결

했는데, 대한민국은 친일파를 척결하지 않았다는 것은 역사적 진실이 아니다.

패거리 대통령. 문재인 대통령이 출연하기 전까지 과거 대통령들은 내부 현실과 외부 환경에 대응해 보수와 진보 정책을 적절히 섞었던 '혼합(混合) 대통령'이었다. 역대 대통령들이 개인의 정치이념이나 당파 이익에 얽매어 비현실적 정책에 집착했다면 오늘의 한국은 존재하지 못했을 것이다.

김대중 대통령이 지지 세력의 비위를 맞추느라 반일 문화쇄국을 고집했다면, 방탄소년단이 세계 안방에 스며들 수 있었을까? 멀리 거슬러 올라갈 것도 없이 노무현 시대를 떠올려보면 된다. 지지세력의 결사반대를 무릅쓰고 한미 FTA를 밀고 나가지 않았다면 한국 경제가 자국 산업보호의 깃발을 세운 트럼프 시대의 한파를 견뎌냈겠는가? 그런데 문 대통령의 등장으로 보수와 진보 정책을 병행하던 '혼합대통령' 시대는 막을 내렸다. 대통령이 지금 자기 지지자들과 패거리를 지어 오르는 산은 우리가 지난 『70년 세월 오르던 그 산』이 아니다.

총체적으로 무너진 대한민국을 다시 선진강국으로 일으켜 세우려면, 우리는 이승만의 4대 건국정신(자유민주주의, 자유시장경제, 한미동맹, 기독교입국로니 종교의 자유)과 박정희 대통령의 부국강병 정신으로 대한민국을 바로 세우고 헌법과 국가보안법을 지켜내야 할 것이다.(국민혁명당 공약 중에서, 2021.6.21)

6장

문재인 대통령은
공산주의자인가?

문재인 대통령은
공산주의자인가?

악인을 의롭다 하고 의인을 악하다 하는 이 두 사람은 다 여호와의 미움을 받느니라(잠 17:15).

사회는 사회주의적 발전상태를 통과하지 않고 자본주의에서 공산주의로 도약할 수 없다. 사회주의는 공산주의로 가는 도입 단계이다(Nikita Khrushchev).

문재인 대통령은 불법의 리스트가 너무 길다. 법치와 준법의 상징으로서의 대통령이라는 잣대는 꺼내기도 민망하다(강천석, 조선일보, 2021. 3.6).

문재인은 정치적으로는 민중(인민)민주주의자이고, 경제적으로는 사회주의 지시경제를 신봉하는 좌파이다. 나아가 조선민주주의인민공화국의 3대 세습 독재체제를 숭상하는 종북 주사파이다(최광, 2019).

문재인 대통령은 경남 거제도에서 출생한 것처럼 자신의 출생에 대해 말하고 있지만, 그는 1949년 "우리 옛날 살던 곳" 함주군 흥남시에서 태어나 1949년 7-8살 때 남하한 것으로 밝혀지고 있다. 70년 전 흥남철수 때 부모가 메러디스 빅토리아호를 타고 남하해 1952년 거제도에서 태어났다는 고백이 거짓말이라는 의혹이 제기되고 있다. 문재인의 말투에는 함경도 말투가 남아 있다. 그의 아버지 문용형은 6·25 발발 후 인민군 장교로 남하했었는데 경북 영천에서 3명의 학도병에게 체포되었다고 한다. 2004년 이산가족상봉장에서 이모라고 만난 강병옥(실명: 안순옥) 씨가 친어머니이고, 얼마 전에 작고한 강한옥 씨는 계모인 것으로 알려지고 있다. 친자 관계를 확인하는 전문가들은 '문재인은 북한 이모(강병옥)의 우렁이 손톱을 물려받았다'고 밝히고 있다. 많은 전문가들은 그가 고향에 부모를 두고 왔기 때문에 늘 북한에 굴종적인 태도를 보이는 것 아니냐는 합리적 의문을 제기하고 있다. 결론적으로 문재인은 인민군 장교의 아들이며 북한 태생의 간첩이라는 의심을 사고 있다(조우석, 뉴스타운TV).

노무현 정권하에서 문화재청장을 역임한 유홍준(2020)은, "문재인 대통령이 의사결정을 할 때 (1) 북한, (2) 강성노조, (3) 전교조를 포함한 극좌파 세력, (4) 중공 공산당의 눈치를 보는 불쌍한 대통령이라고 평가했는데, 이는 그가 북한을 주적이라 하지 못하고 대한민국 주도의 통일이 아니라, 북한 주도의 낮은 단계 공산주의식 고려연방제를 선호하게 만드는 배경으로 작용하는 것 같다"고 했다. 문 대통령은 자기 딸 같은 나이의 김여정이 "미국산 앵무새, 특등 머저리, 겁먹은 개가 더 요란스럽게 짖어댄다, 삶은 소대가리도 앙천대소할 노릇" 등과 같은 막말을 해도 일언반구 대꾸하지 못하는 것도 북에 충성맹세를 했기 때문이 아닌가 의문을 자아내고 있다.

6·25전쟁을 기점으로 대한민국과 북한 정권은 정통성을 놓고 양립 공존할 수 없는 관계다. 대한민국 정부는 국민이 세운 한반도 유일의 합법 정부인 반면, 북한 정권은 대한민국 정부를 반드시 무

너뜨려야 할 괴뢰 정부로 보는 반국가단체다. 그런데 문 대통령은 북한은 주적이 아니며 정통성을 부여해야 할 나라라는 역사인식을 갖고 있다. 대한민국 대통령으로서 그가 갖고 있는 가장 심각한 역사인식은 1948년 8월 15일 이승만의 대한민국 건국을 인정하지 않고 부정한다는 사실이다.

문재인 대통령은 1975년 월남의 공산화를 보고 '환희의 전율을 느꼈다'고 고백했다. 남한도 공산주의 북한에 흡수 통일되기를 원하는 그의 갈망이 표현된 것 같다. 2018년 동계올림픽 개회식에서 대한민국을 전복하고자 했던 통혁당 간첩사건의 주모자 간첩 신영복을 '내가 존경하는 한국의 사상가'라고 추켜세웠다. 한국을 침략했던 모택동을 존경한다고 한다. 2016년 신영복의 빈소에서 "신 선생님은 우리 당에 '더불어'라는 이름을 주고 가셨다"며, 고인과의 추억을 떠올리고 "선생님의 더불어 정신, 공존과 연대의 정신을 늘 간직하면서 실천하겠다"고 말했다.

2019년 현충원 공식 추모사에서 6·25전쟁의 3대 전범이며 북한 김일성 내각에서 검열상과 최고인민회의 부위원장을 역임한 조선의용대의 김원봉을 '대한민국 국군창설의 뿌리'라고 추모했다. 조선의용대는 중국국민당 군대에 소속했으며, 광복군의 지휘통솔을 부인해 김구와도 원수지간으로 지냈다(김용삼, 2020). 제주도에 가서는 4·3폭동을 일으켰던 노동당원 김달삼 등을 '먼저 좋은 세상을 꿈꾸었던 분들'이라고 추모하였다. 공산주의세상을 꿈꾼 사람들 편에 서서 역사를 재해석하고 있다. 모택동 숭배자 리영희 교수가 쓴『전환시대의 논리』라는 책을 읽고 세계관이 바뀌었다고 고백하기도 했다. 영부인 김정숙 여사는 (김일성을 찬양한) 친북 작곡가 윤이상의 독일 무덤에 찾아가 북한 정권에 평생 부역했던 그 사람에 대한 존경심을 공개적으로 드러냈다.

2021년 1월 26일 문재인 대통령은 시진핑 중국주석과의 전화통화에서 "중국 공산당 창립 100주년을 진심으로 축하한다"고 말했다. 본인이 공산주의자가 아니라면 6·25 남침에 동참해 수백만 명을 살해한 중국 공산당의 창립을 축하까지 하겠는가! 2021년 1월 문재인 대통령이 '대한민국 원전은 폐쇄하고 극비리에 북한에 원전을 지어주겠다고 한반도 신경제구상에 관한 USB를 김정은에게 전해주었다'는 사실이 보도되었다. 게다가 최근에는 북한에 철도와 공항까지도 건설해줄 계획이라는 게 보도되었다. 전광훈 목사, 김종인 국민의 힘 위원장, 서정욱 변호사는 이것은 북한간첩이 아니라면 할 수 없는 이적행위에 해당한다고 평가했다.

문재인은 대통령이 되기 전부터 국가보안법 폐지, 미북 평화협정체결과 연방제 통일을 일관되게 주장해왔다. 2011년 한국일보와의 인터뷰에서는 "김대중, 노무현 정부를 거치면서 국가연합 혹은 낮은 단계의 연방제를 이룰 수 있다는 희망을 품을 정도가 됐다. 김 대통령께서 꿈꾸셨던 국가연합 또는 낮은 단계 연방제 정도는 다음 정부 때 정권교체를 통해서 반드시 이루겠다"고 했다. 문재인 주사파 세력이 대한민국 체제를 사회주의체제로 바꾸려 하고 있다.

2013년 고영주 변호사는 "문재인 후보는 공산주의자이고 그가 대통령이 되면 우리나라가 공산화되는 것은 시간문제"라고 예견했다. 미국인 변호사 고든 창(Gordon Chang)은 그를 공산주의자이 며 북한의 간첩이라고 공언했고, 문 대통령은 자유와 민주주의, 그 리고 대한민국의 적이라고 비판했다. 청와대는 남한을 북한에 넘 기려고 하는 자들로 가득 차 있다고 했다. 천주교인모임 상임대표 이계성(2019)은 문재인과 정의구현사제단이 김정은에게 충성맹세 를 한 친북좌파세력이라고 폭로했다.

미국의 블룸버그 통신은 "한국의 문재인 대통령이 UN에서 김정 은의 수석대변인이 되다"라는 기사를 게재한 적이 있다. 뉴욕타임 즈에서는 문 대통령을 '김정은 에이전트'(agent)라는 수식어까지 붙 인 적이 있다(김현진, 2019).

주사파에서 전향한 김문수 전 경기도 지사는 "신영복은 김일성 의 지시에 따라 대한민국을 전복시키려 했던 인물이다. 한국의 대 통령이 이런 사람을 존경한다니 어떻게 해야 좋을지 밤잠을 설친 다"고 고백했다.

전국의 애국기독교지도자들은 시국선언문(2019)에서 문 대통령 에게 묻고 있다. "대통령이 된 후에도 공개적으로 신영복, 윤이상 과 같은 간첩들을 존경한다고 천명함과 현충일 추념식에서 6·25 전범 김원봉을 국군 창설의 뿌리라 함은 당신이 골수까지 공산주 의자임을 자처하는 것이 아닌가?"

문재인은 자서전인 『문재인의 운명』에서 모택동 숭배 좌익학자 리영희씨의 영향을 가장 많이 받았다고 했다. 그가 월남 공산화를 예고하였고, 그것이 현실이 되는 것을 확인하였을 때는 '희열'을 느 꼈다고 했다(심천보, 2021).

우리민족의 현대사를 살아온 원로 철학자 김형석(2021)은 회고했다. "나 같은 사람은 나라 걱정이 많지요… 해방 후 김일성하고 같이 밥을 먹은 적이 있는데, 가장 먼저 할 일이 뭐냐고 물으니 친일파 숙청, 토지 국유화, 지주 자본가 추방이라고 하데요… 지금 여기도 비슷한 생각을 하는지 모르겠습니다." 문재인이 김일성과 같은 정책을 추구하고 있지 않은가!

　　문재인은 집권 후 새로 만드는 법을 통해 그가 친북 좌파 공산주의자임을 드러내고 있다. 군사분계선 일대에서 대북전단의 살포를 금지하는 법을 통과시키는가 하면, 국가정보원의 대공수사권을 경찰로 이관하는 법을 만들어 사실상 간첩을 잡지 못하도록 만들었다. 문재인의 친북성향은 백기완 통일문제연구소장이 서거했을 때는 직접 빈소를 찾아 참배했지만, 전쟁영웅 백선엽 장군이나 김종필 전 총리가 소천했을 때는 조화만 보낸 것에도 드러나고 있다. 백기완 소장은 '임을 위한 행진곡'을 작사한 친북 '민주화운동가'였다.

　　문재인이 북괴군 장교의 아들이자 간첩이 아니라면, 북한 주민의 인권문제를 어떻게 외면하거나 침묵으로 일관하는가? 지난 2020년 9월 북한군에 의한 해수부 공무원의 사살소각 사건도 정부는 저자세로 철저히 침묵하고 있다. 한국은 2005년부터 2019년까지 UN 북한인권결의안 작성을 주도하고 있는데, 문재인 정권이 들어선 이후에는 공동제안국에 이름을 올리지 않고 있으며 2016년 국회에서 북한인권법을 통과시킨 후에도 그 시행을 미루고 있다. 이는 의회민주주의의 자기부정이며, 위헌적이고 반인권적인 처사로서 북한주민에 대한 인권침해에 해당한다(심천보, 2021).

대한민국바로세우기운동본부(전광훈 목사, 웅천스님, 이계성 대표)는 대통령 문재인이 집권 후 다음과 같은 자해적인 정책으로 국민들에게 고통만 안겨주었다고 평가했다.

(1) 한미동맹 파괴; (2) 소득주도 경제파괴; (3) 국군무장해제 안보해체; (4)국내 원전파기 북한원전건설; (5) 4대강보 해체; (6) 국제외교왕따; (7)문재인의 간첩사상; (8) 청년실업 자영업 파탄; (9) 코로나 사기부정선거; (10) 헌법 건국부정; (11) 미국 일본 국제사회와 함께하는 자유동맹 파괴하고 북한, 중국, 러시아로 가는 공산동맹 시도; (12) 정치, 경제, 사회, 군사, 교육, 법원, 검찰, 경찰, 언론, 시민단체, 문화예술을 히틀러 식으로 완전 장악 공산사회주의로 사육함 (조선일보, 2021. 2.25).

오늘날 대한민국이 세계 10대 경제부국으로 올라설 수 있었던 결정적인 힘은, '3대 기둥' 위에 우리 대한민국이 세워졌기 때문이다. 3대 기둥은 바로 정치적 자유민주주의, 경제적 자유시장주의, 군사안보적 한미동맹체제다. 2017년 문 정권이 들어선 이후 이 세 기둥이 심각하게 흔들리고 있다. 김정은에게 충성맹세를 한 공산주의자가 아니라면, 어떻게 한미동맹이라는 군사안보 기둥을 흔들고, 자유민주주의라는 정치 기둥과 자유시장 주의라는 경제 기둥까지 흔들어 나라를 이렇게 결단낼 수 있는가!(장성민, 2019).

문재인의 중국몽과 정율성

문재인은 오래 전부터 우리 역사를 비틀기 위한 역사 왜곡과 정체성 부정을 서슴지 않았다. 문 대통령은 2017년 베이징 대학교 연설에서 중국에 대한 굴종적 자세를 드러냈다. "중국몽이 중국인의 꿈이 아니라 아시아 모두, 나아가서는 전 인류와 함께 꾸는 꿈이 되길 바랍니다." 아무리 중국이 우리의 중요한 외교, 무역 상대국이라도 그의 대중국 굴종은 도를 지나쳤다(나경원, 2020).

문재인 대통령은 중국을 세계의 중심으로 간주하는 역사의식을 갖고 있는 것 같다. 취임 초기 중국을 방문하여 모택동 주석을 존경한다고 표명하고, 중국을 우리와 '운명공동체'라고 선포한 것은 이러한 세계관과 역사의식에 기인하는 것이라 본다. 중국을 G2라고 높이 평가하는 나라는 지구상에서 한국밖에 없다고 한다. 문재인 정부는 중국을 향해 웃고 있는 친중사대주의 얼굴을 하고 있다(이영훈, 2020).

그뿐만이 아니다. "…광주시에는 중국 인민해방군가를 작곡한 한국의 음악가 정율성을 기념하는 '정율성로'가 있다. 지금도 많은 중국인들이 정율성로에 있는 그의 생가를 찾고 있다." '중국 인민해방군가'란 '팔로군 행진곡'을 말한다. 정율성은 김원봉과 함께 의열단에서 활동했던 독립운동가로 '중국공산당 활동'에 투신했던 사람이다. 그는 해방 후 북한으로 들어가 조선인민군의 부장을 지냈고, 인민군 협주단의 단장을 맡기도 했다. '조선인민군 행진곡'을 작곡했을 뿐 아니라 6·25전쟁 때는 중공군의 일원으로 서울까지 내려온 '침략군'이었다. 그가 만든 군가는 대한민국 국군과 유엔군의 '섬멸'을 부르짖는다.

정율성은 해방 후 6년간 북한에서도 활동한 바 있는 열성 중국 공산당원이다. 그는 중국 '인민해방군가'와 '조선인민 행진곡'을 작곡함은 물론, 6·25전쟁 때 북한 인민군과 중공군의 선전을 독려하는 다수의 군가를 만들었다. 음악을 통해 한반도의 공산주의화를 꾀한 그를 한중 우호의 상징으로 언급한 것은 대한민국 대통령으로서 매우 부적절한 것이다(나경원, 2020).

우한 코로나 사태가 터졌을 때도 시진핑 주석과의 통화에서 '중국의 어려움이 우리의 어려움'이라며 비위를 맞췄다. "중국은 큰 산, 한국은 작은 봉우리." 이런 발언은 이념적으로 친북, 친중으로 경도된 공산주의자가 아니라면 할 수 없는 발언들이다.

그는 자랑스런 대한민국의 대통령이 아니다. 대통령이라면 나라의 국익을 위한 정책을 펴야 하는데, 해악을 끼치는 정책들만 시행해 왔고, 애국가를 마음대로 못 부르고 태극기조차도 마음대로 못 달고 다닌다. 그의 주변에는 자유대한민국보다 조선인민공화국과 중공을 옹호하는 사람들이 득실거린다. 애국가보다는 김일성 찬가라고 일컬어지는 '임을 위한 행진곡'을 선호하면서 태극기보다는 정체불명의 한반도기를 더 좋아한다(유홍준, 2020).

국가 지도자로서의 문 대통령의 문제는 그의 좌편향된 공산주의 사상에만 있는 것이 아니다. 사리분별능력과 판단능력에 심각한 문제가 있다. 원자력발전은 경제적이고 안전하고 탄소발생이 없는 깨끗한 에너지원이다. 그는 전문가의 말을 듣지 않고 탈원전을 고집함으로 지난 3년 동안 국가에 모두 2조 8000억 원의 손해를 끼쳤다. 보통 정상적인 사람이라면, 자신의 정책이 잘못된 정보와 사실 위에 기반하고 있다는 것이 드러나면 대부분은 시간이 걸려도 생각을 바꾼다. 그런데 그렇지 않은 사람들이 있다. 불행히도 지금 한국 대통령이 그런 사람이다(양상훈, 조선일보).

'원자력 반문연대'는 원자력의 씨를 말리는 난폭한 탈원전 정책을 반대한다. 친환경의 쌍두마차, 원전과 태양광의 미래지향적인 에너지 믹스가 답이다. 45년간 사고 한 번 안내고 대한민국에 헌신해온 원자력이라는 머슴을 하루아침에 저버리는 배짱은 도대체 어디에서 나온 것인가!(전영기, 2019). 영국 BBC방송(2021)은 편향된 이념과 주체사상으로 인해 한국은 스스로 제 살 뜯어먹는 미친 나라, '나라가 자살하는 이상한 나라'라고 논평하였다. 지도자의 이념과 사상은 그의 말과 정책, 그리고 행동에 직접적 영향을 미친다.

2021년 2월 17일 문재인 체포를 위한 국민특검단(전광훈 목사, 김경재 총재, 박찬종 변호사, 강연재 변호사)은 청와대 앞 기자회견에서 "문재인 대통령은 그의 말과 정책, 국가반역적 행동을 종합해 볼 때 북한에 포섭된 간첩이 확실하다"고 말했다.

비정상적 인성을 지닌 성격장애자 대통령

인성이란 사람의 '성질과 품격'을 나타내는 말로 다른 사람에 대한 공감과 배려, 조망수용능력을 가리키는 말이다. 사람 됨됨이, 즉 도덕적 감수성(moral sensitivity)을 나타내는 말이다. 사람의 도덕적 감수성은 '정직, 책임, 배려, 존중, 협동, 소통, 예절, 효도'라는 덕목으로 표현된다(정동섭, 2017).

정상적인 인성은 우선 자신이 처해 있는 상황을 정확하게 인식한다는 것이다. 그러나 문재인 대통령은 현실파악능력에 결함이 있는 것 같다. 예를 들어, 현 정권이 취한 최악의 정책은 부동산 정책이라는 것을 모르는 국민이 없다. 이 정권은 '소득주도 성장'을 외치면서 부동산 투기로 '불로소득주도성장'을 한 가짜 진보정권이다(김현동. 2021). 그런데 2019년 11월 '국민과의 대화'에서 '부동산문제는 우리 정부에서는 자신 있다고 장담하고 싶다'고 단언하는가 하면, 2020년 8월에는 '부동산 종합대책의 효과가 서서히 나타나고 있다. 집값 상승세가 안정되는 양상'이라고 했다. 현실은 지난 3년간 서울 아파트 가격은 58% 상승해 역대 최고를 기록했다. 시장 원리를 무시한 채 앞 정부 탓, 투기꾼 탓만 하면서 공급을 막고 규제만 남발한 결과다. 그런데 1년여 전 문 대통령은 "과거에는 '미친 전월세'였는데 우리 정부하에서 전월세는 안정화됐다"고 하였다. 외교, 안보 정황에 대해서도 현실을 반대로 파악한 것이 한두 번이 아니다.

진중권(2020) 교수는 문 대통령이 이상(abnormal)하다, 즉 정상이 아니라고 진단하였다. 그는 ① 대선후보 토론회에서 자신의 극렬 지지자(대깨문)들의 패악질을 '민주주의를 다채롭게 하는 양념'이라고 해석한 것, ② 2017년 세월호 방명록에 숨겨간 학생들 앞에 '미안하다, 고맙다'고 쓴 것, ③ 2019년 신년기자회견에서 '그동안 고초를 겪은 조국에게 마음의 빚을 졌다'고 표현한 것, ④ 범법자인 '국민의 공적' 추미애를 법무부 장관으로 임명해 권언유착 비리를 저지르도록 한 것 등이 정상이 아니라고 진단했다.

필자가 볼 때, 자신이 북한 함흥에서 태어났는데도 부산 거제도에서 태어난 것처럼 출생에 대해 속이는 것이나, 북한에서 월남한 두 어부청년을 북한으로 되돌려 보낸 것, 오토 웜비어 부모가 찾아왔을 때 면담을 거절한 것이나, 우리 해양수산부 공무원이 북한 해역에서 죽어갈 때 대통령으로서 방치한 것도 정상적 인성의 소유자가 취한 행동으로 보기는 어렵다고 본다. 인성에 문제가 많은 국무위원 후보들을 야당의 반대에도 불구하고 29차례나 연속해서 장관으로 임명하는 것도 그의 도덕적 감수성에 문제가 있음을 보여주는 사례라고 본다.

문재인 대통령에 대한 종합적 평가

문재인 대통령은 박근혜 정권을 보면서 '이게 나라냐?'라고 평가하면서, 자기는 나라다운 나라를 만들겠다고 공언했다. 하지만 그가 통치하는 동안 정작 국민 삶은 피폐해지고, 정의는 실종되고, 안보는 불안해졌다. 특권과 반칙이 일상처럼 자행되는 세상이 되었다. '잘사는 나라, 정의로운 나라, 안보 걱정 없는 행복한 나라'를 기대했던 국민의 꿈은 점점 멀어지고 있다. 국민은 그때보다 몇 배 성난 목소리로 "이게 나라냐?"라고 묻고 있다.

소득 주도 성장, 탈원전, 일자리, 저출산, 남북관계, 검찰개혁, 사회통합, 방역 등 어느 하나 제대로 한 게 없다 보니 지지자들조차 이 정부의 업적이라고 내세울 만한 걸 마땅히 찾지 못한다. 전·현직 민주당 의원들이 추미애 법무부 장관과 윤석열 검찰총장의 갈등에서 윤 총장 편에 섰고, 최장집, 강준만, 홍세화 등 진보계 원로들은 집권세력을 향해 전체주의를 추구하는 싸가지 없는 '민주건달'들이라고 쏘아붙였다.

4년 가까이 지속돼 온 문재인 정부의 반(反)기업, 반시장 정책기조로 코로나 사태 이전부터 수백만 소상공인이 줄 폐업하고 제조업 일자리가 무더기로 사라지고 기업투자가 위축돼 경제가 저질체력이 되어 버렸다. 올해 한국 경제성장률이 내수 부진 탓으로 세계 평균 수준인 3% 안팎에 그칠 것이라는 전망이 잇따르고 있다. 성장률이 세계 최하위권으로 추락할 전망이다.

나라가 이렇게 무너져가고 있는데, 대통령의 최대의 관심사는 오로지 월성원전 조기폐쇄를 위한 경제성 조작, 대통령 30년 친구를 당선시키기 위한 울산시장 선거공작, 정권 실세 개입설이 난무했던 옵티머스-라임사기 같은 권력비리 사건을 검찰이 수사하지 못하도록 막는 것이었다. 공수처를 서둘러 출범시켜 검찰이 진행하던 수사를 빼앗아 오는 후속조치에 미련을 버리지 못하고 있다.

좌파 지식인 진중권(2021)은 주사파 정권이 대한민국을 '앙꼬 없는 찐빵,' 즉 자유 없는 민주주의를 만들었다면서, 4년간의 실정을 다음과 같이 요약했다: "표창장 위조하고, 부동산 투기하고, 나랏돈 삥땅하고, 위안부 할머니 등치고, 사기꾼에게 돈 받고, 댓글 조작하고, 선거 개입하고, 감찰무마하고, 음해 공작하고, 블랙리스트 만들고, 택시기사 폭행하고, 여직원 성추행하고, 돈은 어디서 났는지 제 자식 미제의 심장부로 유학 보내는 잡것들"(중앙일보, 2021. 3.10).

2021년 지방선거를 앞두고 정권이 정권비리수사를 막기 위해 '중대범죄수사청'을 만들려 하자, 윤석열 검찰총장은 '상식과 정의가 무너지는 것을 더 이상 두고 볼 수 없다. 이 나라를 지탱해온 헌법 정신과 법치 시스템이 파괴되고 있다. 자유민주를 지키고 국민을 보호하기 위해 힘을 다하겠다'며 임기를 네 달 앞두고 사퇴하고 말았다. 검찰수사권 완전박탈이라는 더불어민주당의 압박 앞에 윤 총장은 검찰을 지키기 위해 사퇴하였다. 문 대통령이 정권 불법과 비리를 수사해온 눈엣가시 윤 총장 축출에 드디어 성공한 것이다. 문제는 법치와 정의가 무너지면 결국 나라와 사회가 무너지게 된다는 것이다.

문재인 정권의 본질은 종북 주사파, 무식, 무능, 거짓말

현 집권 세력의 본질과 정책 실패의 배경은 무엇인가? 문재인과 그와 함께한 세력들이 도대체 어떠한 집단이기에 대한민국의 구석구석을 남기지 않고 파괴하는가? 최광 전 보건복지부 장관(2021)은 현 집권 세력의 본질을 세 가지로 정리했다. 첫째는 이념적으로 종북 주사파에 경도돼 있고, 둘째는 국가를 경영할 만한 두뇌와 실력이 없는 무지한 집단이라는 점이며, 셋째는 정직하지 않은 거짓말쟁이 집단이라는 점이다.

정치 세력은 기본적으로 우파와 좌파로 구분된다. 현 집권세력은 자타가 인정하듯 종북주사파이고 이는 곧 좌파 중에서도 공산주의 좌파란 뜻이다. 대한민국의 건국을 부인하고 스스로 인민민주주의자임을 자임해왔다. 최광 장관은 소련, 중국, 북한의 공산주의를 분석한 뒤에 공산주의가 지향했던 바는 종교를 말살하고, 교육을 파괴하며, 여권신장과 동성애 고취로 가정을 해체하고, 사회를 분열시키고, 퇴폐와 방종을 조장하고, 언론을 장악하는 것이었다. 그러한 소련과 동구권의 공산주의는 전 인류에게 엄청난 재앙을 안겨주고 말았다. 좌파 이념에 경도된 집권세력은 이들의 철학과 전통을 따라 '종교말살, 교육파괴, 가정해체, 사회분열, 퇴폐 방종, 언론장악'을 주도하고 있으며, 경제의 핵인 기업을 적폐세력으로 몰고, 토지국유화, 이익공유제 등을 추진하고 있다. 자유시장경제의 기본틀을 붕괴시키고 있는 것이다.

둘째로 지금 집권세력은 무식, 무지, 무능하다고 보았다. 젊은 시절 선동과 시위로 청춘을 소모하고, 지구촌 시대의 흐름에 뒤쳐진 채 북한 3대 독재자들을 숭앙하는 무지하고 부정직한 집단이 어떻게 국정을 제대로 이끌 수 있는가? 무지한 주사파 집권세력은 공산주의 망령을 되살려 경제정책의 기조로 삼아 경제를 파괴하고, 내용상으로 임금주도 분배정책을 소득주도성장 정책이라 우기고, 일자리 창출은 기업의 몫인데도 정부가 해야 한다고 우기는 것은 무지의 탓이다.

문재인 정권 집권 후 4년의 성적은 어느 기준으로 봐도 낙제점수다. 102세 철학자 김형석은 문 정권을 실패한 정권이라고 평가했다. 그가 취했던 국가 자해적 정책에는 어떤 것이 있었나?

▶ 탈원전 자해극 ▶ 최저임금 급격 인상으로 경제파탄 ▶ 주 52시간 제한으로 기업 줄도산 가능성 ▶ 공무원 늘리기 ▶ 나라 빚 늘려 무상복지 확대 ▶ 사상 최대의 재정적자 초래 ▶ 외교의 완전 실패 ▶ 조국과 추미애 임명 강행 ▶ 과도한 정치적 적폐청산 이름으로 보수 궤멸

국가의 틀 자체를 완전히 바꾸어놓고 새로운 나라를 세우려는 것 같았다. 한반도 평화를 진정으로 원하면 적이 전쟁에서 결코 우

리를 이길 수 없음을 확신시켜야 한다는 사실도 모른다. 집권 4년도 안 된 사이에 27번이나 부동산정책을 쏟아내는 것은 무지의 극치라 아니할 수 없다. 요약하자면, 무지의 결과도 첫째 경제파괴, 둘째, 임금주도 분배를 '성장'이라 우기기, 셋째 기업 대신 정부가 일자리를 만들려고 억지를 부리는 것, 넷째, 평화를 위해 북한을 실력으로 설득하는 데 실패한 것, 그리고 다섯째, 27번의 부동산 정책 실패로 이어졌다는 것이다. 인성의 기본은 책임을 지는 것이다. 그러나 LH 부동산 투기사건이 터졌을 때도 문 대통령과 정권은 남 탓, 물타기, 전 정권 탓으로 일관하고 있다.

지도자의 인성에 가장 중요한 덕목은 정직, 즉 거짓말을 안 하는 것이다

옛날 네덜란드 사람 하멜은 표류기에서 "조선인들은 서로를 믿지 못해 거짓말을 하고 남을 속이며 이를 자랑스러워한다"라고 쓰고 있다. 우리나라 사람들은 거짓말을 잘하고 거짓말에 대해 관대한 국민성을 지녔다. 사회전체가 좌경화되면서 이 현상은 더욱 심해지고 있다.

우리 국민이 공무 중에 북한군에게 사살되고 시신이 불태워졌다는데, 청와대, 국방부, 해수부, 해경 모두 진실을 말하지 않고 거짓말을 되풀이하고 있다. KBS는 검사와 채널A 기자가 공모했다고 거짓 보도를 했다가 제재를 받았다. 조작과 선동이 본업인 종편방송도 있다. 가장 법을 지키고 정직의 본을 보여야 할 정의부(법무부) 장관이 자기 딸과 아들과 관련해 반복된 거짓말을 해도, 서류위조에 부정청탁에 직권남용에 주가조작에 셀 수 없는 범죄를 저지른 것이 백일하에 드러나도 시비를 가리지 않고 지나가고 있다.

자유민주주의가 정착하기 위해서 가장 필요한 덕목은 '신뢰'이다. 그런데 신뢰가 무너지고 있다. 국민 70% 이상이 "정직한 사람일수록 더 손해만 본다"고 믿고 있다. 이 정부가 채택한 부동산 정책은 내일에 대한 희망을 앗아가고 있다. 노력하면 더 나은 삶을 살 수 있다는 희망이 보이지 않으니 2017년 24.3이었던 자살률은 2019년 26.9로 더 높아졌다. 더 나은 내일을 준비하는 사람들이 많은 사회는 자살률이 더 낮고 더 건강한 사회이다. 내일이 없는 사람들에게 신뢰나 신용은 중요하지 않다.

대통령의 거짓말에, 정부와 여당의 거짓말에, 권력을 가진 사람들의 거짓말에 목숨 걸고 맞서 싸우는 국회의원들과 교수, 교사들과, 성직자들과, 학생들과, 아이 키우는 엄마들과, 우리 아이들의 장래를 걱정하는 아빠들과, 내일을 걱정하는 유권자들이 모두 나서서, 나는 거짓말을 절대 하지 않는다는 대각성운동으로 신뢰사회를 만들어내지 못하면 지금과 같은 고통에서 벗어날 길이 없다 (황승연, 2021).

문 대통령은 전직 대통령 사면 여부, 윤석열 검찰총장 조치, 백신확보 등에 "이러라는 건지 저러라는 건지 헷갈리는 신호를 보내놓고 잘되면 내 공, 탈나면 부하 탓하는"행태를 보이고 있다(김창균, 조선일보, 2021. 1.28). 문재인, 김명수, 조국, 추미애 등의 행태를 종합해 볼 때, 대한민국 정부는 '법을 따르는 정부가 아니라' '사람을 따르는 정부'로 후퇴했고, '시스템을 더 낫게 고치는' 문제를 고

민하지 않고 '시스템 자체를 아예 박살내버렸다.'

문재인과 '귀족진보'의 특성을 언론인 김종혁(2021)은 위선과 무능, 종북 그리고 뻔뻔스러움으로 축약한 바 있다. 대한민국 사법부는 구원파 교주 유병언을 '종교를 빙자한 상습사기범'이라고 규정한 바 있다. 문재인은 반복적으로 거짓말을 한 '정치를 빙자한 상습사기범'이라고 해도 과언이 아니다.

정권의 안위와 홍보에만 총력을 쏟고, 국민의 먹고사는 문제를 해결해 줄 능력도 없는 정권의 모습에 국민들은 넌더리를 내기 시작했다. 정권을 교체하는 것이 낫겠다는 쪽으로 여론은 기울고 있다. 서울시장과 부산시장 보궐선거에서 야당후보를 찍어야 한다는 여론이 형성되고 있다.

문재인은 탄핵, 처형될 운명이다

문재인 대통령은 신년 기자회견에서 자신이 퇴임한 후엔 "잊혀진 사람으로 돌아가고 싶다"고 말했다. 하지만 역설적으로 이제 그는 점점 더 잊히기 어렵게 되었다. 언론인 펜앤마이크 정규재(2021) 대표는 다음에 누가 대통령이 될지 몰라도 그에게 "당신이 일으킨 허다한 대한민국 파괴행위에 대한 법적 정치적 책임추궁을 집요하게 요구할 것이다"라고 했다. 거짓을 선동해 전직 대통령을 탄핵한 것부터가 문재인 죄목 1호다. 거짓의 산을 지어올린 것이 문재인 본인은 아니더라도 결과적으로 그 악의 꽃이 피워 올린 혜택은 모두 당신에게 집중되어 돌아갔다.

대한민국이라는 집의 기둥과 벽을 허무는 것도 모자라 구들까지 파헤치고 있다. 부패한 정권, 무너진 국방, 폭증하는 세금, 고통받는 백성. 박종인(2021) 기자는 문재인 대통령과 가장 닮은 왕으로 매국노 고종을 꼽았다. 두 가지 다른 것은 고종은 잘못한 과오가 있을 때, "무고한 사람을 많이 죽인 것은 나의 죄다"라고 진솔한 사과를 했고, 그에게는 목숨을 걸고 직언하는 신하가 있었다는 것이다. 기생충박사 서민(2021)의 지적이다.

채명성(2019) 변호사는 '다가올 탄핵'은 '문재인 탄핵'이라고 예견하고 있다. 채명성은 최근 저서에서 문재인의 탄핵사유로 (1)대한민국의 계속성 침해, (2)국가안보의 무력화, (3)사법권 독립침해, (4)여론조작과 언론의 자유침해, (5)반자유주의 경제정책 (6)블랙리스트 직권남용행위를 들고 있다. 게다가 탈원전 정책을 고집함으로 국가에 끼친 손실을 어떻게 보상할 것인가!

조선일보 정우상 정치부장은 "한국처럼 대통령에게 모든 권력이 집중된 나라가 없다. 한국 대통령은 왕에 버금가는 권력이다. 한국은 5년마다 대통령이라 불리는 왕을 뽑고 축제를 즐기다 처형한다. 노무현, 이명박, 박근혜 대통령 모두 그런 과정을 거쳤다. 문재인 대통령도 축제가 끝나가고 있다"고 했다(조선일보, 2021. 1.25).

이 정권의 불법혐의는 언제나 잘못한 사람은 없고 남을 탓하거나 저절로 그렇게 된 것으로 귀착한다. 사필귀정이라는 말이 있다. 반드시 저지른 범죄에 대해 책임을 져야 할 날이 올 것이다. 문재인 당신은 결코 잊혀질 수가 없다. 당신은 잊고 싶어도 국민들은 당신의 수많은 범행을 결코 잊지 않을 것이다.

세 명의 빨갱이 대통령: 김대중, 노무현, 문재인

김대중은 해방 후 건국준비위원회로 시작해서 인민위원회, 신민당 조직부장, 민주청년동맹, 보도연맹, 한민통 등의 순서대로 길을 걸었다. 이는 해방 후 좌익들이 밟아가던 빨갱이 정규코스였다. 1978년 대법원은 한민통을 반국가단체로 판시하고 김대중을 '반국가단체 수괴'로 판시했다(김동일, 2016).

남파 간첩으로 왔다가 전향한 박성엽(2019)은 말한다. "남반부에 가면 우리 혁명 전사들이 곳곳에 있을 것이요. 그리고 무엇보다 가장 영향력 있는 전사는 하의도에 있는 김대중 선생이요. 김대중 선생님은 혁명 전사 중의 전사이니 그를 중심으로 내란 거점 활동을 잘하기 바라오!" 홍명희 부수상은 그를 남파하면서, 김대중은 '대남혁명을 위해서 심어놓은 위대한 혁명전사'라고 하였다.

2000년 6월 15일 김대중 대통령이 김정일 초청으로 방북했을 당시 김대중의 신분은 "조선노동당 남조선 당위원회 책임비서"였다.

김대중 전 대통령이 정몽헌 회장에게 대북송금을 보내라고 해서 정몽헌 회장이 대북송금을 보내고 대북사업을 추진한 것까지는 사실이다. 그런데 노무현 정부 들어 그 사건을 파헤치려고 하니 그를 암살하여 자살로 위장한 것이다. 노회찬 의원 사건도 자살로 위장한 암살이다(박성엽, 2019).

역사학자는 노무현을 빨갱이 만고의 역적으로 표현한다. 적장 김정일에게 퍼주고 핵무기를 만들어준 죄, 적장에게 국가의 영토를 넘기려 한 죄로 인해 역사는 노무현을 김대중보다 더 짙은 빨갱이로 기억하고 있다. 전 세계를 돌아다니면서 북한이 핵을 보유하려는 것은 정당한 조치라고 북한 대변인 노릇을 했다고 스스로 고백한 사람이다.

그러나 빨갱이라는 단어는 김대중, 노무현 정권을 거치며 사어(死語)로 전락했다. "대체 지금이 어느 시대인데 빨갱이가 있느냐, 이런 수구꼴통들." 좌익언론과 종북세력은 이런 빨갱이라는 말을 때려잡았고, 빨갱이 용어사용자를 때려잡았다. 빨갱이를 빨갱이라 부르지 못하던 시대는 아버지를 아버지라 부르지 못했던 홍길동의 시대였다. 빨갱이는 날파리만큼이나 왕성하게 설쳐댔지만 빨갱이라는 용어는 포박되어 있었다.

빨갱이가 어디 있느냐는 말에 속았을 때, 빨갱이는 진보와 좌파라는 말로 둔갑했다. 우파는 용어전쟁에서 패배한 셈이다. 빨갱이들에게 붙여줬던 친북좌파라는 이름만큼 실패작도 없었다. 이 용어는 국민들에게 빨갱이를 좌파와 비슷하다는 혼동을 줬고 빨갱이의 정체를 은폐시켰다. 북팔로워도 좋고, 종북좌익도 좋지만 빨갱이라는 단어보다 빨갱이들의 정체를 정확무비, 간단명료하게 지목해주는 단어는 없다. 빨갱이라는 말에는 거짓말과 선동, 무대뽀, 공중부양, 몰염치, 무시함, 더러움, 비겁함, 죽창, 선혈, 김정일, 김정은, 인공기 등등 그 모든 것이 들어있다. 이후 어느 누구도 이 단어보다 더욱 효과적이고 위대한 용어를 만들 수는 없을 것이다(김동일, 2016).

빨갱이를 빨갱이라 부르지 못했다면 현재 당신들은 존재하지 않았을 수도 있었다. 저들에게 빨갱이라고 이름을 붙였던 것은 반도 땅에서 만들어진 언어들 중에서 가장 위대한 선택이었다. 해방정국에서 공산주의를 표방했던 조선공산당의 박헌영과 여운형은 이승만, 김구 등과 더불어 반대당을 지배할 후보자 중의 한 명이었다. 조선공산당은 왜 집권 후보세력에서 한갓 빨갱이 무리로 전락했을까. 선동과 폭력, 음모와 거짓말, 죽창과 폭동이 그들의 양식이었고 그들의 방식이었기 때문이다. 빨갱이라는 말속에는 이 모든 것들이 녹아있다. 해방정국을 피로 물들였던 폭도들에게, 자기 국가보다는 소련과 중공을 추종하고 숭배하는 무리들에게 빨갱이라는 이름을 붙임으로써, 이 단어는 중도에서 서성이는 국민들에게 저쪽 무리들의 정체를 확고하게 인식시킬 수 있었다. 빨갱이라는 용어야말로 대한민국의 건국의 초석이었다. 빨갱이들과 싸워서 만들었던 대한민국에서 더 이상 빨갱이들의 발호를 묵과할 수 없다. 통일을 하더라도 자유통일, 복음통일을 해야지, 적화(빨갱이) 통일이 되어서는 안 된다!

역사적 관점에서 평가할 때, 문재인 정권은 역대 정부 중 좌파 빨갱이 색채가 가장 진한 정권이다. 야당의 전 원내대표 나경원(2020)이 지적한 대로, "통일·외교·안보는 물론이고, 경제·사회·문화까지 모든 정책에서 심각한 친북, 좌편향을 보이는 '좌향좌' '좌향 앞으로' 정부다."

문재인 대통령은 대한민국 건국시점을 1919년으로 앞당겨 2019년을 '대한민국 건국 100주년'으로 규정하고 싶어 했다. 6·25 당시 흥남철수 피난민의 아들인 문 대통령이 1948년 건국한 대한민국을 인정하고 싶어 하지 않는다는 것은 아이러니다. 이러한 사고의 뒤에는 대한민국과 북한 정권 모두에 정통성을 부여하고 그 위에서 연방제든 1국가 2체제든 '대등한' 관계로 통일을 실현하고 싶은 열망이 숨겨져 있는 것으로 보인다. 실제로 문 대통령은 여러 차례 "남한 주도의 흡수통일에 선을 그었고, 북한정권에도 정통성을 인정해야 한다"는 입장을 보여 왔다.

쓰레기통으로 들어가야 할 이념이 바로 사회주의, 공산주의, 계급투쟁론이다. 대한민국이 선진국으로 전진하느냐, 북한, 쿠바, 베네수엘라처럼 빈민국으로 전락하느냐의 갈림길에 서 있다. 문제의 본질은 대한민국의 건국과 역사적 정체성에 대해 부정적인 관점을 가진 세력이 집권하면서 체제의 근간이 사회주의 쪽으로 흔들리고 있다는데 있다. 유신론과 유물론, 신본주의와 인본주의, 창조론과 진화론, 기독교와 공산주의, 빛과 어두움은 절대로 공존할수 없다. 하늘 아래 두 개의 태양이 있을 수 없다. 기독교 좌파란 있을 수 없다. 하나님을 예배하는 것과 독재자 김일성을 민족의 태양으로 숭배하는 것이 동시에 이뤄질 수는 없다. 빛이 어두움을 몰아내야 한다.

대한민국에서 오랫동안 생활하며 한반도 상황을 지켜본 전 서울 외신기자클럽 회장 마이클 부린(2020)은 현 정권과 김정은의 관계를 전혀 관심이 없는 애인에게 계속 추파를 던지는 관계에 비유했다. 그는 객관적 입장에서 현 정부 인사들에게 조언해주고 싶다고 했다. "정신 차려. 그 사람(김정은)은 너한테 관심이 없어. 시간 낭비하지 마." 누군가 사랑에 빠졌다면 질문을 던질 수 있다. 미모 때문이야? 아니면, 돈, 학벌, 성격이 좋아서? 아니다. 전문가들 설명은 조금 다르다.

누군가와 사랑에 빠진 사람은 그 사랑을 통해 자기 자신도 기분이 좋아진다. 북한에 대해서도 마찬가지다. 장담컨대 북한과 사랑에 빠진 이들은 북한 지도자나 체제를 경외하는 게 아니다. 그들이 북한에 대해 느끼는 애정은 이를 통해 자신들이 해묵은 남북문제를 해결하고 통일에 기여한다고 믿고 있는 데서 나온다. 스스로를 분단시대의 영웅처럼 상상한다는 얘기다. 그런 몽상이 지난 20년간 끊임없이 북한과 대화를 시도해 온 원동력이었다.

북한과 같은 이념에 빠져있는 주사파 정권이 북한과 사랑에 빠져 있다는 건 잘 알고 있다. 그러나 때로는 고통스러운 진실을 마주해야 할 때가 있는 법이다. 일부에선 주사파 출신 정부 인사들이 이념적으로 북한에 빠져 있다고 생각한다. 사회주의자이거나 친사회주의성향을 지녔다는 예기다. 그러나 이런 부류는 극소수라고 본다. 주사파들도 알 건 안다. 이들이 북한과 사랑에 빠진 건 대부분 이념적이라기보다는 (우리 민족끼리라는) 정서적인 뿌리에서 나온다. 전체주의와 자유민주주의라는 서로 다른 체제를 "우리 민족끼리"라는 낭만적 민족주의로 통일하려는 시도는 모두의 파국을 블러올 뿐이다!

공산주의 통일로 가는 것은 멸망과 패망으로 가는 길이다. 북한 동포들과 우리가 함께 자유와 행복을 공유할 수 있는 유일한 길은 자유통일, 복음통일, 흡수통일뿐이다!

7장

목적이
수단을
정당화한다!

목적이 수단을
정당화한다!

(주사파를 비롯한) 이런 자들이 더러운 이득을 취하려고 마땅하지 아니한 것을 가르쳐 가정들을 온통 무너뜨리는도다(신약성경 디도서 1:11).

이데올로기란 혁명이라는 사회적 목적을 달성하기 위해서 공산주의자들이 사용한 가치, 개념, 신념, 규범의 체계였다. 마르크스는 정치, 법률, 도덕, 예술, 철학, 과학 등의 의식형태로서 생활이 의식을 규정한다고 보았다. 독일의 마르크스와 엥겔스가 초기에 과학적 사회주의를 제창했을 때는 비교적 괜찮았으나 혁명이라는 목적 달성을 위해서 획일적인 행동을 지시하기 시작하자 마르크스주의(공산주의)는 인류역사상 가장 끔찍한 이데올로기로 전락해 버렸다(양승훈, 1999). 이념당의 당원은 '이념을 자기의 생명과 같이 여기고 끝없이 거기에 충실해야 하며, 당 조직을 자기 생명의 모체와 같이 귀중히 여기고 또한 당 조직에 끝없이 충실해야 한다'(황장엽, 2011).

공산주의자의 모토는 "목적(결과)은 수단을 정당화한다"(The end justifies the means)는 것이다. 레닌은 말했다. "공산주의자는 법률위

반, 거짓말, 속임수, 사실은폐, 폭력 따위를 예사로 해치우지 않으면 안 된다. 어떠한 행위도 - 예컨대 살인이나 양친(부모)에 대한 밀고라도 - 공산주의의 목적에 도움이 되면 정당화된다." 공산주의에서는 목표 윤리(goal ethics)가 당연시되고 있다.

자유 우파는 과정을 중요시한다. 자유민주주의자는 목적보다 과정을 중시하는 과정론자이다. 정권은 그 정당한 과정의 결과로서 얻어지는 것이다. 그러나 좌파는 결과가 과정을 정당화한다고 본다. 정권을 탈취하는 방법에는 폭동, 전쟁, 시위, 선동, 내란, 촛불혁명 등 여러 수단이 있다. 좌파에게 과정은 하나도 중요하지 않다. 좌파는 결과론자들이다(고성국, 2021).

레닌은 "진리는 총구에서 나온다"고 했는데, 진리는 총구에서 나오는 게 아니라 하나님께로부터 나온다. 또한 기독교 윤리에서는 목적 달성뿐 아니라 목표를 성취하려고 하는 동기나 과정도 동일하게 중요하다. 기독교 윤리에서는 목표 윤리만이 아니라 과정 윤리(process ethics)도 중시된다.

공산주의 혁명가 레닌은 말했다. "공산주의자들은 어떤 희생이라도 감수할 준비가 되어 있어야 하며 필요하다면 내용을 불문하고 모든 지혜와 책략과 술책에 호소하고 불법적인 방법을 사용하고 사실을 은폐, 또는 왜곡시킬 각오가 되어 있어야 한다"(Nikolai Lenin, 1920).

"선전, 선동은 공산주의자들의 주특기이다. 그들은 목적을 위해서는 수단을 어떻게 해도 상관없다는 비도덕적이고 비윤리적인 자들이다. 그들에게 양심을 기대하는 것은 애당초 무리이다"(박성엽,

2019).

　문재인 정부는 2018년 190여 명의 연예인을 이끌고 평양에서 '봄이 온다'는 공연을 하고 돌아온 적이 있다. 보궐선거를 코앞에 두고 북한과 대화한다는 메시지를 국민에게 전달한다는 목적을 위해 비행보험도 들지 않은 채 불법적으로 북한에 전략물자를 지원하고 평양을 다녀온 것이다. 현행 항공사업법 제70조에 따르면 항공사는 '특별기'를 포함한 모든 항공기에 대해 항공보험을 의무적으로 가입해야 하며 항공사는 해당 보험을 증빙하는 문서를 국토부에 제출해야만 한다. 무보험으로 적국에 비행한 것은 어느 기준으로 보나 위법이다. 당시 행사를 주관한 문체부는 항공기가 보험 가입이 안 된 사실을 연예인과 스태프들에게 고지하지 않았으며, 항공사 측도 이 내용을 조종사, 스튜어디스 등 운항 요원들에게 비밀로 했다는 것이다. (행사에 참가했던 다른 관계자는) "당시 여행자보험도 가입이 안 돼 불안했는데 만일 항공기가 사고라도 발생했더라면 어쩔 뻔했냐'고 아연실색했다(뉴데일리, MBN 보도).

　문화막시즘은 그람시(Antonio Gramsci)의 표현대로 "핵심기관에 침투해 들어가는 긴 행진"(long march through the institutions)을 통해서 문화 헤게모니와 문화권력 쟁취를 목적으로 삼는다. 현재 우리나라에서 진행되고 있는 포괄적 차별금지법, 낙태법, 등은 사회주의 세력의 기독교의 문화와 도덕을 파괴하려는 전략에 의해 이뤄지고 있는 것이다.

　오늘의 한국사회는 그람시의 전략이 강하게 작동하고 있는 사회라 할 수 있다. 김대중 정권 당시부터 정치, 경제, 사회, 문화, 교육,

언론 등 여러 영역에 이미 오래 전부터 좌파진영이 참호를 만들어 진지전을 펼쳐 왔음이 드러나고 있다(박광서, 2019).

혁명가 교리문답은 말한다. "혁명가는 법률, 도덕, 인습에 매여서는 안 된다. 부도덕과 범죄를 주저해서도 안 된다." 공산주의자들은 이 모토대로 "목적을 달성하기 위해서는 어떤 수단과 방법을 써도 잘못이 아니다"라는 태도를 일관되게 보여주고 있다. 허위, 거짓, 조작, 날조, 남의 것 가로채기, 과장을 수시로 사용한다.

주사파의 대부로 평가받다가 전향한 김영환 씨는 2011년 중앙일보(8.27)와의 인터뷰에서 다음과 같이 경고한 적이 있다: "현재 민주노동당 주변에 있는 남한 주사파의 핵심세력이 야권 통합 이후 정치권이나 정부의 핵심조직에 들어간다면 상상하기 힘들 정도로 치명적인 상황이 일어날 수 있다."

2011년 주사파의 멘토인 백낙청 교수는 『2013년 체제 만들기』에서 대선승리 후 새 정부가 출범하면 새로운 체제를 만들어 북한과 통일을 이룬다는 통일방안까지 제시한다. 『김일성의 대남공작 관련 교시』는 정치권 침투, 행정부 사법부 침투, 중앙정보부, 경찰 침투, 교회 침투, 지식인, 교수, 박사 포섭, 노동계 침투, 군 침투, 문화계 포섭, 해외교포 포섭, 변호사, 판사 매수, 전향자에 대한 보복에 대해 구체적 지침을 하달하고 있다. 지금 시점에서 되돌아보면, 그 치밀함에 감탄할 수밖에 없다.

한신대와 성공회대를 중심으로 '간첩으로 활동하는 목사들'이 여러 명 배출되었는데, 문익환 목사, 이해학 목사. 박형규 목사, 조용술 목사(NCCK 회장) 등이 있다. 현 통일부 장관 이인영은 이해학 목사의 사위가 되었는데, 그는 앞으로 한국 '교회를 재편'하겠다고 포부를 드러내기도 하였다. 탁현민, 김제동 등은 고 신영복 간첩이 강의했던 성공회대 출신이다.

공산주의자들의 목표는 오로지 권력을 쟁취하는 것이다. 권력을 획득하기 위해서는 수단과 방법을 가리지 말라는 것이 공산주의자들의 윤리이다. 북한은 남한 혁명을 위해 청와대 습격, 아웅산 테러, KAL기 폭파, 육영수 여사 테러, 청와대 습격, 천안함 폭침, 연평도 포격, 남북연락사무소 폭파 등 수 많은 테러를 자행해 왔다. 『공산당 선언』에 의하면, (부르주아) 교육이란 것도 절대 다수에게는 인간을 기계로 키우는 것에 지나지 않는다. 아니다. 사실은 공산주의자의 교육이 인간을 기계로 키운다.

"주체사상 교육이 인간을 기계로 키운다. 북한에서 세쌍둥이가 태어났다. 세쌍둥이의 이름은 김총, 김포, 김탄, 셋이 합쳐 총포탄이다. '어버이 수령의 안녕을 위하여 작렬하는 총포탄이 되자.' 북한의 책에 적혀 있는 총포탄 사상을 담은 이론이다. 사람을 소모품 기계로 만드는 게 공산주의이다"(김정민, 이호, 2020). 자본주의에서는 자애(自愛)교육이 가능하다. 그런데 (탈북자들의 증언에 의하면) 북한에서는 자기 몸을 소중히 여겨야 한다는 생각 자체가 없다. 주체사상 교육이 인간을 수령을 위한 기계로 만드는 것이다.

공산주의자들은 부모가 미심쩍은 행동을 했을 때, 자식들에게 고발하라고 교육한다. 그래서 공산주의 국가들마다 자기 부모를 고발해서 수용소에 보낸 소년 소녀들의 동상을 세웠다. 자식이 부모를 고발하게 하고, 그것을 잘했다고 동상까지 세우는 체제가 공산주의이다. 인류를 파괴하는 집단이다.

6·25전쟁 당시 휴전회담에 참여하였던 터너 조이(2003) 장군은 『공산주의자는 어떻게 협상하는가』에서 공산주의자들은 협상전술로 "지연전술, 거짓말, 합의번복, 검증거부, 진실왜곡, 논점회피" 등을 사용한다고 기록하고 있다.

대한민국을 전복하려 기도했던 이석기의 통합진보당은 "민주주의가 망할 때까지 민주주의를 외쳐라. 공산주의자는 법률위반, 거짓말, 속임수, 사실은폐 따위를 예사로 해치우지 않으면 안 된다"고 한 레닌의 말처럼, 용어혼란전술, 속임수전술 등을 통하여 북한식 사회주의 실현을 '민주혁명과업'으로 바꾸어 말하고 있고, 그들이 말하는 자주민주·통일이라는 용어도 일반적으로 사용하는 의미와는 다른 것이다. 헌법재판소는 통진당을 해산하면서 해산결정문에 다음과 같이 쓰고 있다. "폭력적 방법의 사용도 불사하여 자유민주주의 체제의 파괴를 기도하였고, 민중민주주의 혁명론에 따라 혁명을 추구하면서 대중투쟁의 일환으로 외부단체와 연계하여 한미FTA 무효화, 제주해군기지 전면 재검토, 국가보안법 폐지 등 각종 사회적 이슈에 참가하여 왔다. 북한의 핵실험, 북한 인권문제와 3대 세습문제에 대해서도 통합진보당 주도세력은 일관되게 북한의 입장을 옹호하고, 북한에게 책임 있음이 명백한 장거리 미사일 발사, 천안함 사건, 연평도 포격 등에 관해서도 오히려 그 책임을 대한민국 정부에 돌리고 있다"(채명성. 2019).

공산주의자들은 선전, 선동의 귀재들이다. 선동이란 대중을 군중심리로 몰아가고 우민화하여 자신들의 정책이나 생각, 방법이나 주장을 교묘히 현실화하고 거짓을 사실로 받아들이도록 만드는 기술이다. 이들의 선전선동의 특징은 다음과 같다.

(1) 거짓말을 식은 죽 먹듯이 일삼으면서 조금도 죄책감을 느끼지 않는다. 거짓말을 계속 되풀이하면 사람들은 처음에는 부정하고, 나중에는 의심하지만, 되풀이 하면 모든 사람이 믿게 된다(괴벨스).

(2) 목적을 위해서는 수단과 방법을 가리지 않는다. "마르크스주의자는 어떠한 투쟁형태도 포기한다는 따위의 약속은 절대로 하지 않는다"(레닌).

(3) 수많은 종류의 전술을 동원하여 사회혼란을 꾀한다. 정세가 바뀌면 저들은 재빨리 전술도 바꿔버린다. 결국 헤게모니 이론이란 '기존권력체계를 뒤엎기 위하여 대중의 생각을 뜯어고치는 수단'이다.

(4) 폭력혁명을 주장하면서도 악착같이 '평화'를 앞세운다.

(5) 공산주의를 민주주의로, 자신들을 평화수호세력으로, 여기에 응전하는 반공세력을 '전쟁광세력'으로 매도하는 등 용어를 혼란시킨다(김용삼, 2017).

예를 들어, 북한정권은 김정은을 초인적 신화적 인물로 개조하기 위해 다음과 같은 신화를 지어내어 전 인민을 교육시키고 있다. 김정은이 세 살 무렵에 사격을 했는데, 백발백중 다 맞혔다는 것이다. "원수님께서는 목표를 조준하시고 1초 간격으로 10개를 모두 소멸하시었다. 세 살 때부터 자동차를 운전하시었다. 모래로 쌀을 만드셨다." 김정은을 신격화하기 위해 이와 같은 신화화작업도 서슴지 않는 것이다.

문재인 정권은 주사파 정권이다. 겉으로는 공정과 정의와 평등을 앞세운다. 정의로운 사회, 특권과 반칙 없는 사회를 만들겠다고 한다. 문 대통령은 집권한 이래 조국 사태와 울산시장 선거개입, 추미애를 통한 검찰 길들이기에서 보듯 헌법정신, 법치를 어기는 일만 계속하고 있다. 문재인은 주사파를 앞세워 언론, 경찰, 검찰, 법원, 국정원, 좌파시민단체, 민변, 전교조 등 대한민국의 모든 기관을 장악한 것으로 보인다. 심지어 우파 재향군인회, 전우회, 고엽제 등 한 때는 우파의 희망이었던 단체들까지 다 넘어가고 오직 교회만이 유일하게 남아 있다(이은재, 2019).

민주당은 야당 반대에도 불구하고 인성과 자질에 문제가 심각한 변창흠 국토부장관 후보자 청문보고서를 채택했다. 문 대통령은 범죄자 김부겸을 바로 국무총리로 임명을 강행했다. 현 정부 들어 야당 동의 없이 임명한 32번째 장관급 인사다. 목적은 수단을 정당화한다는 소신에 따라 행동하는 것이다. 문재인 대통령은 부산시장 보궐선거를 앞두고 여당의원을 위한 선거운동으로 가덕도 신공한 건설을 추진하는 데 앞장섰다. 국토교통부도 법무부도 기획재정부도 정책안전성과 환경성, 적법성과 형평성에 문제가 있다고 밝혔다. 그러나 대통령이 목표를 정하자, 예비타당성 조사도 면제하겠다며 '가덕도 신공항 특별법'을 국회에서 통과시켰다. 국토부 공무원들은 '가덕도 신공항처럼 안전 운항에 불리한 해상공항은 유례가 없다. 외해여서 파도와 바람의 영향을 훨씬 많이 받고, 착륙 때 충돌과 추락위험이 크다. 가덕도는 경제성도 최하위다'는 보고서를 냈다. 그런데 대통령 말 한 마디에 총리와 장관들이 태도를 바꿔 법과 절차 따지지 말고 시키는 대로 하라고 한다. 국토부가 추산한 최대 사업비 28조 원도 실제사업이 진행될수록 비용은 눈덩이처럼 불어날 것이다. '닥치고 가덕도법'이다. 탈원전도 목표를 정했으니 경제성 없다고 조작을 해서 추진하라고 했다. 주사파들은 목적을 이루기 위해 수단방법을 가리지 않는다.

좌파 연성 파시즘 독재

86세대는 현재 정치권력을 독점하고 있는 정치 엘리트 그룹이다. 이들이 대학을 다니던 1980년대는 군사독재 시대로, 전두환이라는 희대의 독재자가 야만적 폭력을 자행하던 시대였다. 이들은 폭력 정권에 맞서 용감하게 맞섰던 세대였다. "파시즘이 남긴 최악의 유산은 파시즘과 싸운 자들의 내면에 파시즘을 남기고 사라진다는 사실이다"(Bertolt Brecht). 참으로 놀라운 통찰이다. 지금 한국 사회가 처해 있는 현실을 이해하는 데 정곡을 찌른다고 생각한다.

2020년 4·15 총선 이후 많은 일들이 벌어졌다. 윤석열 쳐내기, 공수처법, 5·18 특별법, 대북전단살포 금지법, 기업옥 죄기 3법 날치기 처리를 일거에 강행했다. 이 과정은 의회와 다수결 형식을 취한 사실상 쿠데타였다. 입법부를 장악한 '586 민족해방(NL)' 그룹이 그들 본연의 정체성, 권위주의적, 전체주의적 좌파파시즘 발톱을 그대로 드러낸 상황이다.

'586 NL' 그룹은 1980년대 학생운동권 당시 군사 권위주의 정권뿐만 아니라, 심지어는 같은 극좌라 할 수 있는 마르크스-레닌주의(PD)계열까지 배척했다. 민주적 좌파가 아닌 전체주의적 좌파의 본색을 드러낸 것이다. 윤석열 찍어내기와 안면몰수식 공수처법 날치기 처리는 민주적 절차와 가치유린이었다. 오만방자함, 후안무치, 방약무인, 철면피, 무지막지, 폭거는 이들의 전체주의적 본성을 드러내고 있다. 이 정권은 목적은 수단을 정당화한다는 공산주의철학을 극명하게 보여주고 있다(류근일, 2020).

문 대통령은 취임사에서 "기회는 평등하고 과정은 공정하고 결과는 정의로울 것"이라고 했지만 현실은 정반대였다. 청와대는 문 대통령의 '30년 친구'를 당선시키기 위해 울산 선거 공작을 벌이고 불공정과 파렴치의 표상인 조국 씨를 국민반대에도 장관에 임명했다. 대통령을 '형'이라고 불렀다는 공무원은 뇌물을 받고도 조사를 빠져나가 영전했다. 남의 자식 문제에선 늘 공정과 정의를 외치지만 자기 자식문제에선 늘 특권과 반칙을 일삼았다. 정권 말기까지 청와대 특별감찰관을 임명하지 않았다.

현 정권의 수중에 들어가 있는 전교조와 민노총이 지향하는 바는 그들의 강령에 드러나 있다. 이들이 한마음으로 추구하는 것은 '자주, 민주, 통일'이다. '자주'란 '반미자주민주화투쟁'의 약칭이다. 남한은 '미제(미제국주의)의 식민지 사회임으로 미제를 축출하여 민족을 해방시켜야 한다'는 것이다. '민주'란 '반파쇼민주화투쟁'의 약칭이다. 남한사회가 민중을 억압하고 착취하는 독재파쇼체제이므로 민주화투쟁을 통해 남한정권을 타도하고 파쇼악법(또는 반통일악법, 냉전시대의 악법)인 국가보안법을 폐지하고 국정원 등 파쇼폭압기구를 해체해야 한다는 의미이다. '통일'이란 '민족 내부에 침투한 이질적 존재 제거와 민족적 자주권 확립, 남북 단합에 기초한 민족 재결합'을 의미한다.

'더불어민주당' 당 이름은 좋다. 더불어는 신영복의 책 제목에서 나온 것이다. 더불어민주당. 사람이 먼저다. 대화와 타협, 협치를 말한다. 정의와 진실, 공정, 원칙, 반칙이 없는 세상을 말한다. 깨끗한 도덕성을 기치로 내세웠다. 취임 초에 문재인 대통령은 30가지가 넘는 약속을 했다(부록 참조). 그러나 약속을 지키지 않았고 거짓말을 밥 먹듯 한다. 사회주의자들은 인성에 문제가 있다. 선전선동 거짓말을 잘하고 언행에 책임을 지지 않는다. 조국, 임종석, 이인영과 같은 사람을 강남좌파라 한다. 교육평준화를 말하며 자신의 자녀들은 특목고에 보낸다. 반미를 부르짖으며 자녀는 미국이나 스위스에 유학을 보낸다. 위선과 거짓, 비리. 조국을 보라. 수오지심이 없다. 양심이 없다. 상식도 통하지 않는다. 잘못한 것에 대해 사과할 줄을 모른다. 손혜원, 조국, 황운하, 최강욱, 윤미향을 보라. 범죄혐의가 있어 기소됐는데도 뻔뻔하게 국회의원에 공천받아 국회의원 행세를 한다. 내로남불, 적반하장, 이율배반, 후안무치, 전대미문, 막무가내다.

원로 역사학자 김동길 교수(2020)는 현 정치사회상황을 두고 "이게 뭡니까?"라고 탄식하고 있다. 좌파 온라인 커뮤니티는 광우병뿐 아니라, 밀양 송전탑 시위, 진보교육감 단일화, 세월호 사건 등 각종 계기마다 시위의 선봉에 서서 좌파의 목적 달성을 위해 선전, 선동, 시위, 폭력 등 수단방법을 가리지 않는다.

8·15 광화문 집회는 수많은 국민들이 부동산정책, 4.15 부정선거 등 국정농단과 파탄에 대해 항의하기 위해 자발적으로 분노를 표출하기 위해 몰려든 것인데, (전문가들의 권고를 무시하고 우한바이러스의 유입을 전면 허용한 것이 코로나 고통의 원인인데도 불구하고 국민에게 한 번도

사과하지 않고) 엉뚱하게도 사랑제일교회가 코로나 바이러스의 확산의 원인인 것처럼 거짓 선동과 왜곡된 정보를 언론을 통해 대량 살포하는 만행을 저질렀다. 정부는 자신들의 잘못을 은폐하기 위해 정부를 비판하는 전광훈 목사와 사랑제일교회에 뒤집어 씌웠다. 자신들의 목적 달성을 위해 주사파 정권은 거짓말과 선전, 선동도 서슴지 않는다는 것을 보여주는 사례라 할 수 있다. 광화문이 봉쇄된 그 시각 전국의 놀이공원과 산, 백화점, 쇼핑몰은 휴일을 즐기러 나온 시민들로 붐볐지만 아무런 제제도 없었다. 방역이 목적이 아니라 정부비판 시위를 봉쇄하려 코로나를 이용한 것이다.

미국 국무장관 폼페이오는 최근 중국 공산당 정권의 행태를 '착취, 부패, 강압'으로 요약하였다. 문 정권을 유사 전체주의 정권이라 하는데, 국민을 갖가지 세금으로 착취하고, 라임사태, 옵티머스 사태에서 보듯 부패할 대로 부패하였고, 삼권분립 해체, 언론장악을 통해 국민기본권을 강압하고 있다는 면에서 공산주의 전체주의 정권과 무엇이 다른가!

보수 언론인 류근일(2020)은 "지난 1년은 해도 해도 너무한 한 해, 기가 막혀 말이 안 나온 한 해였다. 소위 운동꾼이란 패거리의 '사냥개 풀어 반대편 작살내기,' 잘난 부모들의 뻔뻔스런 특권질, 황당 궤변으로 제 식구 감싸기, 오만 방자함, 돈 추문, 성폭행, 막가파 행태가 하늘을 찌른 한 해였다"고 진단했다.

반공은 국가이념으로 삼아 나라를 세운 것은 이승만이었다. 대한민국을 반공이게 한 것은 역설적이게도 공산주의자들이었다. 해방정국의 10월 폭동에서부터 제주 4·3 폭동, 여순반란사건, 빨치산의 테러, 그리고 6·25를 거쳐 무장공비침투와 천안함 폭침까지, 대한민국의 깊숙한 곳에 반공이라는 DNA를 새겨 넣은 주인공은 공산주의였다(김동일, 2016).

1948년 건국 이후, 이승만, 박정희, 전두환, 노태우, 김영삼, 이명박, 박근혜는 모두 반공을 국시로 정치를 했다. 그러나 김대중, 노무현, 문재인은 친공산주의, 친북적인 정치노선을 따랐다. 역사학자 양동안(2020)은 예고한 적이 있다. 처음에는 좌익세력과 제휴한 정권이 들어서고, 그 다음 단계에는 좌익연합세력의 정권이 들어서고, 궁극적으로는 완전한 공산정권이 들어설 것이다. 그의 예측대로 김대중 시절에는 30%정도 붉은 색이더니, 노무현에 와서 '물 반 빨갱이 반' 50% 정도가 되었고, 문재인 정권에 와서는 90% 빨간 정체를 드러내고 있다고 진단하는 이도 있다.

586 운동권은 '민주화'를 위해 헌신한 세대이다. 우리는 공산주의자들의 용어혼란전술에 미혹되어 촛불혁명이 공산화 혁명이라는 것을 눈치 채지 못했다. 주사파 운동권이 내세운 민주화는 사실상 '사회주의화, 공산화'를 뜻하는 것이었다.

8장

문화막시즘:
결혼과 가정,
교회를 파괴하라

문화막시즘:
결혼과 가정, 교회를 파괴하라

공산주의는 본질적으로 악하다. 따라서 기독교 문명을 구하려 하는 사람은 그 누구라도 저들의 사업에 협조하면 안 된다(Pius XI 교황).

기존의 모든 사회제도를 폭력으로 뒤집어야만 목적을 이룰 수 있다(Marx의 공산당선언)

이는 우리가 이제부터 어린 아이가 되지 아니하여 사람의 속임수와 간사한 유혹에 빠져 온갖 교훈의 풍조에 밀려 요동하지 않게 하려 함이라(엡 4:14).

1848년, 마르크스는 공산당의 첫 강령 문서인 『공산당 선언』에서 다음과 같이 선언했다. "하나의 유령이 유럽을 떠돌고 있다. 공산주의라는 유령이." 100년 후, 공산주의는 유령만이 아니라 구체적인 물질적 실상까지 갖추었다. 이 유령은 지난 세기 100년 동안 전염병처럼 전 세계를 휩쓸며 수천만 명의 목숨을 앗아갔고, 억만 민중의 재산, 심지어 그들 고유의 자유 정신과 영혼마저 빼앗았다 (Epoch Times).

문화막시즘(네오막시즘)

칼 마르크스는 정치경제학 위주의 혁명 이론을 내놓았다. 그는 경제결정론으로 노동계급을 의식화하면 자본가 계급을 타도할 수 있다고 보았다. 사유재산을 빼앗아 노동자들에게 균등하게 나눠주면 행복한 공산주의 사회가 도래할 것이라 약속했다. 러시아와 중국 등에서는 이 이론이 시도되었지만, 서유럽 기독교 선진국에서는 작동하지 않았다. 자본주의 체제가 무너지고 공산주의 유토피아가 도래할 것을 기대하였지만 공산주의는 실현되지 않았다. 정통 막시즘은 실패하였다. 그래서 이탈리아 공산주의 창시자 안토니오 그람시는 마르크스 이론을 보완해야 한다는 것을 깨닫고 문화를 매개로 한 공산주의 혁명전략을 수립하게 된다. 정치경제학보다 문화 예술, 미디어, 강단, 교회, 가족사회학 등에 파고들어서 변혁을 추구하기로 한 것이다.

문화막시즘은 칼 마르크스의 혁명이론을 변형하여 만든 새로운 공산주의 혁명이론이다. 그래서 이것을 신(新) 막시즘, Neo-Marxism이라고도 한다. 혁명을 방해하는 종교(기독교), 가정, 국가의 장벽을 서서히 허무는 것에서부터 역사가 시작된다고 믿었던 것이다.

공산주의의 유령은 어떻게 세계를 지배하게 되었는가? 사회주의는 공산주의의 초급단계에 해당한다. 사회주의는 본래 마르크스주의의 일부이며, 국제사회 공산운동의 일부이다. 공산주의는 폭력공산주의와 비폭력 공산주의로 나뉘는데, 비폭력 공산주의의 주요 수단은 '침투'와 '잠식'이다.

공산주의 악령은 서양에서 배우 번잡하게 다양한 가면을 쓰고 미국을 비롯해 여러 나라에 침투해 뿌리를 내리고 있다. "자유주의, 진보주의, 프랑크프르트학파, 신마르크스주의, 비판이론, 반문화운동, 반전평화운동, 성해방운동, 동성애합법화운동, 페미니즘(여성주의), 환경보호주의, 공정사회, 정치적 올바름, 경제적 케인즈주의, 각종 전위예술학파, 다문화운동" 등의 이름으로 비폭력적 공산주의는 진지전을 벌이고 있다. 지금 이 시간에도 공산주의의 악령은 종교, 가정, 정치, 경제, 금융, 군사, 교육, 학술, 예술, 매체, 오락, 대중문화, 사회생활, 국제관계 등의 분야를 인류를 파멸시키는 전장으로 만들고 있다(9평 편집부, 2019).

마르크스주의는 진화와 유물론을 포용한 사상이고 이러한 사상이 심리학에 영향을 주었다. 유토피아 세상을 꿈꾸는 마르크스주의는 행동주의 심리학을 강조한다. 인간의 자유의지를 배제하고 선택과 행동은 자극에 따라 결정되고 뇌의 반응으로 나타난다. 환경에서 정해진 한 가지 방식으로 인간은 반응한다.

원로신학자 정성구(2021) 박사는 문화막시즘이 한국사회를 어떻게 잠식하고 있는가를 다음과 같이 진단하고 있다. "지금 한국은 어느 새 모든 면에서 사회주의, 공산주의 독재체제로 굳어지고 있다. 이미 한국은 문화막시즘(Cultural Marxism)에 단단히 세뇌되었다. 문화막시즘은 마르크스 혁명의 새로운 전략이다. 정통 막시즘이 실패하자 문화를 통해서 막스주의 이념을 심어주자는 것이다. 우리나라도 1990년대부터 막스주의가 문화의 형태로 바꾸어 침투하였다. 우리나라의 좌파는 좀 특이하다. 즉 정통막스주의에다 북한의 주체사상을 가미한 형태의 문화막스주의자들이다. 그래서 이런 세상을 세작(spy)들의 활동으로 잘 훈련된 종북사상가들이 배출되었고, 지금 각계각층에 포진되어 있다. 그들은 종래의 막스주의를 말하지 않고, 도리어 교육, 음악, 미술, 소설, 연극, 영화를 통해서 기존의 가치관을 파괴하는 작업을 해오고 있다. 이러한 문화 막스주의 운동은 자연스럽게, 한국이 가지고 있던 자유민주주의, 자유시장경제에 회의를 갖도록 하고, 가치관의 혼란을 가지도록 해왔다. 문화막시즘의 목표는 〈가정파괴〉, 〈종교파괴〉, 〈도덕파괴〉, 〈사유재산 파괴〉를 부추기고, 국민들을 국가의 도움을 받는 국가의존형 인간으로 만들고 있다. 그래서 사회주의, 공산주의 나라를 건설한다는 것이 결국 그들의 목표이다. 이 문화막스주의의 궁극적 목표는 기독교를 파괴하고, 기독교적 가치관, 기독교적 세계관을 없애려는 데 있다. 그래서 지금 맛보기로 교회를 손보고 있다."

차별금지법 반대운동

주사파 정권은 좌파정권으로 '인권신장'의 이름으로 국민의 기본권을 광범위하게 제한하며 무엇보다 가정과 교회를 무너뜨리는 정책을 추진하고 있다. 현 정권이 추진하는 차별금지법은 "성별, 성적지향, 성별정체성, 가족 및 가구의 형태와 상황, 종교, 사상 또는 정치적 이견 전과, 장애, 국적 등을 이유로 공적 및 사적 영역에서 개인이나 집단을 차별하는 행위를 금지하고 있다"(안창호 외, 2021). 차별금지법은 평등실현이라는 명목으로 특정사상이나 견해 등에 대해 긍정적인 평가만 허용하고 부정적 평가는 매우 포괄적으로 규제하고 있다. 예를 들어, 동성애, 소아성애, 이단, 주체사상을 비판하면, 혐오, 명예훼손, 모욕 혐의를 적용해 손해배상 등 처벌을 받을 수 있다. 차별금지법이 도입되면, 인류의 보편적 가치에 반하는 사상도 비판할 수 없게 되고, 유대기독교적 윤리는 해체되며, 도덕적 하향평준화를 초래할 수 있다.

현 집권세력은 건강가정기본법, 주민자치기본법을 통해 나라를 사회주의 체제로 재정비하려는 작업을 구체화하고 있다. 이에 한국교회반동성애교단연합(한반교연, 2021)은 '건강가정기본법'이라는 이름으로 남인순 의원이 '남성과 여성 외에 제3의 성을 포함하는 가족을 구성하려 시도하고 있고, 동성부부 및 대리모 출생을 부추기며 동성애자들이 이용할 독소조항을 포함하고 있다'고 규탄했다. 한반교연은 이 개정안은 ▶ 인간의 천부적 자유와 인권을 파괴하고 인륜과 도덕을 저버리는 잘못된 사상에 근거하여 저출산을 부추기고 ▶ 대한민국의 윤리도덕을 파괴하는 개정안이며 남 의원은 대표발의에 대한 책임을 지고 의원직을 사퇴할 것을 요구했다. 한국교회언론회는 더불어민주당이 주민자치기본법을 발의해 '연방제에 버금가는 강력한 지방분권제'를 위해 자유민주주의 체제를 해체하고 사회주의 체제로의 변혁을 시도하고 있다고 비판했다.

마르크스에게 가족과 교회와 국가는 붕괴시키고 해체해야만 하는 대상이었다(Kengor, 2020). 네오막시스트들은 창조질서를 믿지 않고 진화론과 변증법적 유물론을 믿고 있다. 우선 생명을 존중하지 않는다. 임신 14주 이내 낙태 허용을 골자로 하는 낙태법을 예고하고 있다. 낙태는 살인하지 말라는 하나님의 계명을 어기는 행위이다. 아무런 힘이 없는 태아일지라도 그 생명도 존중히 여김을 받아야 한다. 태아도 하나님이 지으신 귀한 생명이다. 결코 죽여서는 안 된다. 인권은 하나님이 주신 생명을 살해할 수 있는 권리가 아니다.

결혼은 창조질서에 속하는 것으로 인간이 조정할 수 있는 게 아니다. 그런데 주사파 정권은 결혼이 남녀 간에만 하는 것이 아니고 동성 간에도 할 수도 있는 것이라고 퀴어축제를 부추기며 차별금지법을 통과시키겠다고 벼르고 있다. 이단종교를 이단이라고 비판할 수 없고, 동성애와 동성결혼를 비판할 수 없게 하는 독소조항을 인권과 차별금지의 이름으로 추진하고 있다. 남자 며느리, 여자 사위를 두는 동성 간의 결혼을 합법화시켜야 한다는 것이다. 이 법은 가정과 교회를 파괴하고 건전한 사회윤리를 무너뜨리게 될 악법 중의 악법이기 때문에 반대하는 것이다.

기독교 윤리학자 이상원(2021) 교수가 지적하는 것처럼, 이 법에 제정되면 "한국사회의 전반적인 성윤리가 붕괴되고 가족구조가 약화될 것이며, 에이즈, 성관련 질환, 항문관련 질환이 급증하며 국민건강에 위해가 찾아올 것이며, 동성애의 비윤리성을 지적하거나 의료적인 문제점들을 지적하는 것을 법적으로 차단함으로써 국민들의 표현의 자유가 침해받을 것이며, 교회와 기독교학교 및 기독교관련 기관들의 종교적이고 도덕적인 정체성의 유지가 난관에 봉착하게 될 것이 우려된다"(p.130).

문화막시즘 우산 아래 차별금지법이 침투한 나라는 독일이나 영국의 경우에서 보는 것처럼, 자살률과 이혼률이 증가하고, 결혼을 기피하며 출산율이 떨어지고, 교회가 약화되고 분열되게 마련이다.

1960년대만 해도 UN은 가족을 자연적이고 기본적인 기본 단위로 인정했다. 가족을 남자와 여자의 결합, 그리고 세대 간의 결합으로서, 만일 가족이 없다면 국가와 문화는 필연적으로 붕괴된다고 믿었다. 그런데 불과 20년도 채 안되어서 UN은 보편적인 도덕체계 대신 문화막시즘적 가치를 전파하는 무서운 기관으로 전락하고 말았다. 남성과 여성의 정체성을 해체하기 시작했고, 결혼과 가족을 파괴하였으며, 성도덕을 파괴하고 낙태는 인권이라고 주장했다. 좌파는 기존체제의 붕괴와 해체를 목적으로 하며, 특히 기독교에 기초한 전통적 '결혼'과 '가족'과 '국가' 체계는 반드시 제거해야 할 대상으로 여긴다.

민주당의 이상민 의원은 가정을 해체하고, 신앙과 양심에 따른 반대조차 법적으로 제재하는 평등 및 차별금지의 독재법안을 발의하여 기독교계의 반발을 사고 있다. 남성, 여성 외 수십 개의 제3의 성이 존재하는 사회, 동성애, 다자성애, 수간 등이 합법화되는 사회, 동성결혼, 다자결혼, 근친결혼 등이 합법화되는 사회, 수십 가지 성별정체성, 다양한 성적지향, 다양한 가족형태 등을 초중고등학교에서 의무적으로 교육하는 사회를 만들기 위해 일체의 비판과 반대를 금지하는 전체주의적 독재사회를 만들겠다는 것이다.

독재국가, 전체주의 체제는 가정과 인륜마저 파괴한다. 정부방침을 범하는 부모, 형제자매도 가차 없이 신고와 응징의 대상이 된다. 지난 9월 자가격리 명령을 위반하고 집밖으로 나간 어머니를 경찰에 신고하는 일이 있었다. 문제는 그 코로나 방역기준이 '내로

남불'임이 갈수록 명확해지고 있는 점이다. 광화문 광장은 정치적 우군(민노총)에게는 열리고, 비판세력에게는 닫힌다. 8·15 집회 주동자들은 '살인자'로 비난받는다.

공산주의자들은 증오와 죽음을 부추긴다. 공산주의는 거짓말하고 증오하고 빼앗고 죽이게 하는 강도의 사상이다(요 10:10). 6·25 전쟁 때 좌익세력들이 양심의 가책도 없이 잔혹하게 집단적으로 우익인사들을 무자비하게 처형할 수 있었던 이유는 무엇일까? 그 것은 바로 공산주의이론 자체의 독성에 기인하는 것이다. 다시 말하면 공산주의 무신론적, 진화론적 사상 때문이다.

좌파들의 사상은 사상이라기보다는 미신에 가깝다. "인간은 완전할 수 있다. 역사는 결정되어 있다. 전체는 개인에 우선한다." 지금 문재인 정부가 보이는 태도가 그렇다(고성국, 2021). 따라서 마르크스는 소위 기독교적 국가와 국가종교로서의 기독교를 비판하고, 기독교 종말론의 메시아적, 천년왕국적 꿈을 무신론적 공산주의 사회를 통하여 실현하고자 한다… 과연 인간이 그 자신의 능력만으로 인간 자신과 그의 세계를 구원할 수 있으며, 이상적인 세계를 유지할 수 있는가? 하나님 없는 인간이 과연 '인간적인 인간'이 될 수 있고 역사의 완성의 주체가 될 수 있는가? 오히려 하나님 없는 인간은 비인간적인 인간이 되며, 그가 자신의 능력만으로 형성되는 사회는 '계급 없는 사회'가 아니라, 소위 전체의 목적을 위해서 개인의 생명을 무참히 살해하는, 무서운 '계급의 사회'라는 사실이 역사를 통해 증명되고 있다.

스탈린의 소련, 모택동의 중공, 김일성의 북한의 역사는 인간이

다른 인간에게 하나님이 될 때, 그는 참으로 '하나님과 같은 인간이 되는 것이 아니라, 다른 인간에게 늑대와 같은 존재가 된다'는 것이 역사의 경험이다. 공산주의자들은 70년 가까이 수억 명을 감옥에 가두고 고문하고 탄압했다. 그런 악행으로 어떻게 정의롭고 온화하며 사랑이 넘치는 사회를 만들 수 있을까?(김균진, 1998; 월브란트, 2019).

마르크스는 "공산주의자가 공산주의자인 것을 숨기는 것은 경멸스러운 일"이라고 했다. 그러나 한국의 공산주의자들은 정체를 드러내라는 말에는 순종하지 않고, 상대를 벌벌 떨게 하라는 말에는 순종했다. 공산주의는 계급과 계급 사이에 충돌을 붙이며 단체와 단체 간에 분쟁을 붙여서 서로 미워하며 모해를 일삼는 것이다(이승만). 대구 폭동, 제주 4·3사태, 여순 반란에서, 남자 경찰관을 거세하고, 사지를 자르고, 자동차에 사람을 묶어서 끌고 다니고, 중학생들을 동원해서 국군과 경찰과 가족들을 불태웠다. 남로당이 마르크스의 공포주의 전술을 활용했다. 공산혁명 과정에 소련, 중공, 베트남에서 공산주의자들은 모든 교회의 종탑과 십자가를 꺾어 버리고 교회를 파괴하고 기독교인들을 먼저 학살했다.

한국의 주사파 세력은 국민들 사이에서 〈좌파 진보 민주 평화 민족〉이라는 이름으로 위장한 상품의 매출을 높이는데 성공했다. 그래서 그들은 정권도 차지하고 언론, 교육, 종교계도 장악한 상황이다. 국민의 힘이라는 야당이 있으나 부정선거로 180석을 차지한 더불어 민주당이 사실상 1당 독재를 하고 있다. 전문가들은 유사 전체주의가 시행되고 있다고 염려하고 있다.

"지혜는 자기의 모든 자녀로 인하여 옳다함을 얻느니라"(Wisdom is proved right by all her children: 눅 7:35). 누군가가 주장한 지혜가 맞는지 틀린지는 그 지혜가 낳은 자녀, 다시 말해서, 그 지혜(이론)를 받아들이고 살아간 사람의 삶의 결론을 통해서 판가름 난다. 지혜냐 어리석음이냐, 진리냐 거짓이냐는 인생과 역사의 현장에서 실천과 행동을 통해 확인된다.

하나님의 뜻과 인간의 자유의지와의 조화가 기독교인의 정체성이다. 자유와 정의와 인권을 존중하는 자유민주주의를 지켜야 한다. 사회주의는 개인의 자유의지를 인정하지 않는다. 전체를 위해서 개인의 자유는 언제라도 희생당할 것을 요구한다. 밀톤 프리드만(Milton Friedman)은 "자유보다 평등을 앞세우는 사회는 평등과 자유 모두를 잃는다"고 했다.

가정은 국가와 제도의 발생 이전부터 존재했던 거룩한 단위다(Abraham Kuyper). 1950년대까지만 해도 세계는 결혼, 가족, 그리고 사유재산에 있어서 전통적 가치체계에 충실했다. 가족은 남자와 여자의 결합, 그리고 세대 간의 결합으로서, 가족이 없다면 국가와 문화는 필연적으로 붕괴되게 된다. 그러나 문화막시즘(네오막시즘), 프랑크푸르트 학파의 비판이론, 포스트모더니즘, 퀴어이론과 젠더 이데올로기가 우리 문화에까지 침투해 성소수자 차별금지를 법제화하기에 이르렀다. 문화막시즘은 정치, 학계, 문화계 등 사회전반에 침투하여 민중교육을 통해 기독교사회를 해체하는 것을 목표로 하고 있다(정일권, 2020).

현대 정치경제학의 진보주의는 기독교로부터 나왔지만, 기독교를 배신하고 있다. 우리의 진보주의는 기독교로부터 나왔지만, 기독교를 배신하고 있다. 문화막시즘이라는 진보주의도 어느 정도 유대-기독교전통으로부터 파생되었지만, 동성애, 난민, 이슬람, 차별금지법, 정치적 올바름(political correctness)를 주장하면서 기독교 계시와 전통을 배신하고 있다(Girard, 2010).

문화막시즘은 유럽 68세대들의 성혁명과 성정치운동, 퀴어이론, 젠더이데올로기, 동성애 담론 등으로 이어진다. 젠더 이데올로기는 남자와 여자 사이에 존재하는 차이와 자연적 상호작용을 부정하고 있다. 68혁명의 핵심 구호는 "모든 형태의 억압으로부터의 해방"이다. 생물학적 성을 해체하고자 할 뿐 아니라, 그 동안 인류문화의 기초로 작용했던 금기들(근친상간 금기와 동성애 금기)도 전복하려고 한다. 성별이 유동적으로 전환되는 젠더유동성(gender fluid)을 주장한다. 아침에는 남자, 저녁에는 여자가 될 수도 있다고 한다. 도덕적인 삶을 사는 것이 무의미하다고 생각해서, 기독교도덕을 거부하고, 성적인 일탈의 삶을 살고 마약을 흡입하고 성유토피아를 실험하려 한다. 이 모든 운동의 배후에는 마르크스와 엥겔스가 가르친 대로 사회주의 혁명의 장애물인 가족과 결혼제도를 해체한다는 목표가 있다.

그리스도인은 성경을 하나님의 말씀이라고 믿는 이들이다. 결혼은 남자와 여자의 연합이다. 간음하지 말라, 성은 혼인한 부부 사이에서만 즐기라고 주신 선물이다. 이 도덕적 질서와 법칙을 어기는 사람은 심판을 받는다(히 13:4)는 것이 창조주의 뜻이다. 동성애를 어떻게 볼 것인가? 성경은 신구약을 막론하고 동성연애는 엄격히 금지하고 있으며 동성연애자에 대한 처벌도 가혹하다. "너는 여자와 교합함같이 남자와 교합하지 말라. 이는 가증한 일이니라"(레위기 18:22). "불의한 자가 하나님의 나라를 유업으로 받지 못할 줄을 알지 못하느냐? 음행하는 자나 간음하는 자나 남색 하는 자(동성애자)는 하나님의 나라를 유업으로 받지 못하리라."(고전 6: 9, 10)

주사파 정권은 동성애를 아름다운 사랑으로 둔갑시키고 있지만, 동성애자들은 일반인에 비해 수명이 25-30년 짧고, 우울증의 발병률이 2배, 자살시도율은 3배가 더 높다(이태희, 2016). 동성연애자 유전자를 찾으려는 노력은 많지만, 아직까지 동성연애 유전자가 있다는 증거는 발견되지 않고 있다. 사람의 신체기관은 이성 사이의 부부생활이 가능하도록 되어있지 동성 간의 부부생활에는 적합하지 않게 되어 있다. 항문은 배설에 적합하도록 만든 기관으로서 매우 연약한 피부조직을 갖고 있기 때문에 이곳이 성적 기관으로 이용될 경우, 순리로 쓸 것을 역리로 쓰기 때문에, 에이즈를 비롯한 각종 질병에 걸리기 쉬운 것이다.

무신론적인 주사파 정권은 "인권신장"의 미명하에 동성애를 합법화하려 하고 있다. 낙태를 용이하게 하는 법을 추진하고 있다. 인권은 죄를 지을 수 있는 권리가 아니다. 우리는 국민 절대다수가 역차별 당하는 소수차별금지법을 반대하고 막아내야 한다. 개인의 자유(freedom), 각자의 자율성(autonomy), 양성평등(gender equality) 등은 기독교뿐 아니라 국제사회가 보편적으로 인정하는 사회적 규범들이다. 신앙과 양심 표현의 자유를 억압하는 이 법은 온 국민의 도덕과 윤리를 파탄에 빠뜨리는 결과를 낳을 것이다.

9장

자유민주주의로
가야 하나,
공산주의로 가야 하나?

자유민주주의로 가야 하나, 공산주의로 가야 하나?

말로 해서 안 되면 폭력을 쓰라. 한 사람을 죽이는 것은 살인이지만, 많은 사람을 죽이는 것은 통계일 뿐이다(레닌).

공산주의는 극악무도한 음모이며 악한 종교일 뿐 아니라, 기독교가 지금까지 직면한 가장 치명적인 적이다(Thomas Anderson).

대한민국은 공산주의와 싸우면서 건국되었고 건설되었다. 대한민국은 공산주의와 싸우면서 세워진 자유민주공화국이다. 그 어떤 헌법 조항보다 가장 위대한 불문헌법이다. 대한민국 헌법 전문에는 3·1 정신이나 4·19 민족이념보다는 반탁정신과 반공투쟁이 들어가야 한다. 반공은 대한민국을 대한민국이게 하는 영혼인 것이다(김동일, 2016).

공산주의는 영혼을 부정하고 물질만 인정하는 유물주의 사상에 근거하였고, 그것은 본질적으로 무신론이다. 또 공산주의는 기독교를 공산혁명에 가장 큰 장애물로 보며 말살시키려 한다. "교회는 노동자, 농민, 무산대중의 원수이므로 교회부터 파괴해야 한다. 무엇보다 대형교회부터 파괴해야 한다"(레닌).

하나님의 법칙은 "뿌린 대로 거두는 법칙"이다. 사람이 무엇으로 심든지 그대로 거두리라(갈 6:7). "내가 뿌리지 않아도 국가가 대신 거두어준다. 열심히 뿌려서 많이 거둔 사람과 적게 뿌려서 적게 거둔 사람이 차별 없이 똑같이 나눠 먹어야 지상낙원이 이루어진다"고 생각한다면, 스스로를 속이는 것이다. 기회의 평등은 있어도 결과의 평등, 부의 평등이란 있을 수 없다. 공산주의 국가에서도 평등한 삶은 없다. 북한은 엄격한 신분사회다. 하나님의 말씀의 진리를 따라서 살아야 개인도 살고 나라도 살 수 있다.

보수주의(자유주의)는 집단보다 개인을 인류역사의 주인공으로 믿는다. 개인과 가족, 교회, 국가를 보전해야 할 기본적 가치로 여긴다. 소설가 이문열(2021)은 "보수주의자는 먼저 산 사람들의 수고를 잊지 않는 것"이라고 했다. "사람은 개인으로서 창조되었고, 개인으로서 태어났고(쌍둥이도 마찬가지) 개인으로서 존재하다가 개인으로서 떠난다… 국가와 정치의 목적은 이 개인을 보호하고, 그의 자유와 힘을 키워주고 그가 행복하게 살다가 떠날 수 있도록 도와주는 데 있다. 개인의 자유가 자유민주주의의 목표이고 목적이다. 미국이 세계 제일가는 나라가 된 것은 개인 자유주의 나라이기 때문이다"(박근, 2011).

마르크스 이론은 하나의 가설이다. 이 이론에 따르면, 역사를 이해하는 핵심요인은 경제이다. 이는 역사의 흐름을 설명하는 데 경제적 요인을 결정적인 것으로 보기 때문에 다른 가능한 설명적 요인들 - 종교적 믿음, 인종적 증오, 정치적 경쟁, 권력욕, 등 - 이 언제나 경제에 의해 좌우된다고 본다. 경제적 힘만이 역사적 흐름 전체를 결정한다는 가설이다(클라우저, 2017).

공산주의(사회주의)는 어떤 속성을 지니는가? 마르크스는 역사는 인류해방의 역사이고, 궁극적으로 모든 계급이 철폐되는 공산주의 사회로 가게끔 예정되어 있다고 말한다. 마르크스 사상은 크게 세 가지 핵심사상으로 구성된다. ① 계급투쟁론, ② 변증법적 유물론, 그리고 ③ 발전단계론이 그것이다(박광서, 2018). 마르크스는 인류 역사의 발전 단계 수순을 원시공산제 → 고대노예제 → 중세봉건제 → 자본주의사회 → 사회주의사회 → 궁극적인 공산주의 사회로 발전한다고 보았다.

문재인 정부는 자유보다 평등을 앞세운다. 문제는 평등을 자유보다 앞세우는 사회가 결국 평등도 자유도 달성하지 못하게 되지만, 자유를 첫째로 내세우는 사회는 보다 큰 자유와 보다 큰 평등을 달성한다는 사실이다. 모택동도 김일성도 모두 평등을 내세웠지만 그들의 손에 쥔 결과는 다 함께 못사는 나라였다.

우리나라는 왜 공산주의를 배격해야 하는가?

마르크스주의는 현대인의 삶에 엄청난 영향을 미치고 있다. 현재 10억 명이 넘는 사람들이 마르크스주의를 공식적으로 지지하는 나라들에 살고 있고, 그중에 가장 큰 나라 중국은 매우 열성적으로 마르크스주의를 신봉한다. 사탄숭배자였던 마르크스는 모든 종교, 특히 기독교를 증오했다. 마르크스의 변증법적 유물론은 세상의 근원이 '물질'이라고 전제하는 세계관이다. 반면에 기독교의 관념론은 세상의 근원이 물질이 아닌 '정신'(관념: 영혼)이라고 주장한다. 하나님은 영이시며 그 형상대로 인간을 창조하셨다. 마르크스는 신앙생활을 하다가 사탄숭배자가 되었는데, 기독교를 증오한 마르크스는 "공산주의자는 윤리 도덕 따위는 절대로 설교하지 않는다"고 말했다. 프롤레타리아는 법과 도덕과 종교를 부르주아의 편견으로 여겼다(웜브란트, 2019). 우리는 왜 공산주의를 배격하고 반대해야 하는가?

(1) **공산주의는 우선 무신론적, 유물론적 세계관이다.** 공산주의의 아버지 마르크스는 변증법적 유물론을 주창하였는데, 하나님이나 영혼의 존재, 내세를 부인하고 물질 자체에 창조적 힘이 포함되어 있다고 보았다. 물질에서 정신이 나오며, 모든 것은 물질로부터 도래한다고 주장한다. 물질은 정신의 산물이 아니고 정신이 물질의 산물이라는 것이다. 유물론을 바탕으로 '하부구조'(토대: 경제, 물질, 돈)와 '상부구조'(정치, 문화, 예술, 법, 국가)를 이야기한다. 경제적 '토대' 위에 문화적인 '상부구조'가 형성된다고 본다. 물질이 중요하지만 전부가 아니다. 예수님은 물질과 정신(영혼)이 다 같이 중요하다고 말씀하셨다.

마르크스의 사상은 유물론, 유물사관으로 요약되는데, 개인을 아무 의식이 없는 하나의 물질덩어리 또는 동물과 같은 존재로 보았다. 마르크스는 '물질'은 완전하고 그 반영인 '정신'은 불완전한 것이다. 그는 물질이 상부구조를 결정한다고 한다. 그런 인식에서 모든 것의 기준은 '사람'이며, 사람에게서 나온 '관념'은 완전한 것이다(박광서, 2018). 유물론에서는 객관적으로 독립하여 존재하는 물질 밖에는 아무 것도 존재하지 않는다. 마르크스는 신은 물론 인간까지도 존재하는 것으로 보지 않았다. 엥겔스는 우리의 의식은 현실적 존재가 뇌에 모사(projection)된 것이며, 정신이나 의식은 자연의 산물인 인간의 뇌수의 산물이라고 보았다(전석린, 2019).

마르크스는 하나님을 대적하는 사탄숭배자였다. 종교를 '인민의 아편, 비과학적 미신'으로 치부했다. "무신론이 시작되는 곳에서 공산주의가 시작된다"고 했다. "종교는 언제나 독성 아편으로 작용할 것이고, 그렇기에 사회주의적 노력을 가로막는 역할을 할 수밖에 없다"고 믿는 것이 공산주의이다. 공산주의와의 대결은 영적인 투쟁이다. 공산주의는 "지성과 종교, 양심, 출판, 집회, 언론, 이주 등 기초적인 시민의 자유를 파괴하는 사상이다. 평등을 외치면서 가장 불평등한 사회를 만든다. 공산주의자는 하나님의 존재, 영적인 세계, 죄와 내세를 부인한다. 자본주의의 낡은 사상을 뽑아내 인간을 교양과 투쟁으로 사회를 개조하면 모두가 잘 사는 이상적인 사회를 만들 수 있다고 주장한다(김명세, 1996). 따라서 우리는 공산주의를 반대한다.

(2) 공산주의는 계급투쟁론에 따라 선행이나 구제, 노동(일)과 같은 미덕을 처벌한다. 마르크스는 모든 사회의 역사를 계급투쟁의 역사라고 본다. 계급투쟁론은 공산주의 이론의 핵심사상이다. "계급투쟁이란 무엇인가? 그것은 자본주의를 타도하는 것이며, 자본가 계급을 없애버리는 것이다"(레닌). 마르크스는 자본주의를 자본가 계급의 지배를 위한 억압세력으로 보았다.

『공산당 선언』은 "나는 역사를 계급투쟁이라고 믿는다"고 선언한다. 지금까지 존재했던 모든 사회의 역사는 계급투쟁의 역사이다. 자유인과 노예, 귀족과 평민, 지주와 농노, 장인과 도제공 등 한마디로 지배자와 피지배자, 즉 프롤레타리아(proletariat)와 부르주아(bourgeoisie)가 서로 맞서 온 역사였다. 사회전체가 두 개의 적대진영으로, 서로 직접 맞대결하는 두 거대 계급인 부르주아지와 프롤레타리아로 점점 양분되고 있다(하라리, 2018).

사회주의적 이념의 핵심이 바로 계급투쟁론인데, 이들은 역사의 발전을 계급투쟁의 결과로 본다. 국가를 지배계급의 결과로 본다. 이들에겐 '국가'와 '가족'은 붕괴시키고 해체해야 하는 대상이다. 국가를 지배계급의 도구로 간주하며, 국가보다 계급을 우선시한다. 좌파는 노동자, 농민, 민중 같은 특정계급이 세상의 주인이 되어야 한다고 생각한다(홍정택 외, 2020).

종북 주사파들은 소위 '계급투쟁론'을 신봉하는 자들이다. 계급투쟁론에 따르면 세상은 착취계급과 피착취계급으로 나뉘어 있다. 모든 착취계급들은 혁명을 통해 멸절시키지 않는 한 사라지지 않고, 사회의 모순도 그대로 존재한다. 따라서 계급이 없어지는 유토피아 세상을 향한 폭력투쟁 과정에서 모든 것이 정당화된다. 계급해방을 위한 혁명을 위해서는 어떤 사기, 공갈, 살인, 강도, 갈취, 반인륜적 범죄마저 정당화되는 것이다.

공산주의에는 소멸(掃滅), 즉 집단말살이론이라는 것이 있다. 공산당의 소멸론은 계급론, 투쟁론, 폭력론, 독재론, 운동론, 정당론, 등으로 구성되어 있다(Epoch Times). 중국에서 미국으로 이민 와서 30년을 생활한 중국인은 공산체제에 대해 이렇게 증언하고 있다. "공산주의 사상이 지배적이던 중국에서 만약 공산주의에 관해 입을 잘못 놀렸다가는 감옥이나 강제수용소로 보내져 생을 마감했을 것이다. 필자의 고향사람이 중국 공산당에 어긋나는 말을 했다면 처벌을 받았을 것이다. 그곳에서는 아들이 자신의 아버지를 고발하고, 딸이 어머니를, 그리고 남편과 아내가 서로를 고발하게 한다. 공산당에 대한 두려움과 공산당이 행한 세뇌가 제2의 인간본성을 만들어 인간으로서 타고난 감정은 버리도록 만들었다"(티나 장, the Epoch Times, 2020. 11.30).

주사파는 한국을 미국의 식민지로 본다. 그런데 한국과 미국이 무역을 해서, 한국이 200조 원의 흑자를 올렸다. 미국이 한국을 식민지로 만들어서 착취한다고 하는데, 착취당하는 식민지가 어떻게 세계 10대 경제대국이 되는가? 한국의 성취는 마르크스-주사파 이론이 틀렸음을 실증적으로 입증하고 있다(김정민, 이호, 2020).

공산주의자들은 부지런한 사람과 게으른 사람, 모든 사람에게 균등하게 부를 분배해야 한다고 한다. 부자와 가난한 자에게 평등보상의 원리를 적용해야 한다. 이들에게 평등은 가장 핵심적인 가치이다. 성경은 일과 노동의 필요성을 가르쳤다. "누구든지 일하기 싫어하거든 먹지도 말게 하라"(살후 3:10). 선행과 나눠주기, 구제 등 미덕에 대한 보상을 가르친다. 사회주의자 마르크스는 평생 동안 역사적 유물론과 계급투쟁이론으로 사람들의 마음을 사로잡았다. 마르크스 이론을 도입했던 나라들은 모두 하향 평준화되어 빈곤국가로 전락했다. 소련과 중국, 동유럽, 베네수엘라, 쿠바, 북한의 사례는 그의 이론이 틀렸음을 증명하고 있다.

(3) **공산주의는 도둑질을 옹호하고 지지한다.** 성경의 "도둑질하

지 말라"는 8계명은 '개인의 사유재산권'을 기본인권으로 인정하고 있다 소유권은 인간의 본성에 속한다. 개인의 소유권은 인정하고 보호해야 한다. 그런데 사회주의자들은 사유재산을 믿지도 않고, 인정하지도 않는다. 마르크스는 "사유재산을 없애려면 '국유화(國有化)' 해야 한다"고 주장한다. 자본가들의 재산과 생산수단을 빼앗아서 국가로 환원시키려 한다.

공산주의는 인민의 반동세력으로 가진 자와 종교인을 내세운다. 가진 자로부터 물질을 빼앗아서 없는 자에게 나눠준다는 명분이고, 하나님을 믿는 사람들은 죽여도 가장 잔인하게 죽이라고 명령하였다(김효성, 2020). 공산주의자들은 입당할 때, ① 얼어죽을 각오, ② 굶어죽을 각오, ③ 맞아죽을 각오를 해야 한다. 북한의 정치범 수용소에는 수많은 기독교인들이 포함되어 있고, 그들은 하루 12시간 이사의 중노동과 살아남기 어려울 정도의 음식공급, 전염병, 고문, 구타 등 짐승 같은 취급을 받으며 살고 있다.

공산주의는 거짓말과 기만, 폭력으로 정권을 탈취하고 유지한다. 농민에게는 토지를, 노동자에게는 공장을, 지식인에게는 자유와 민주와 평화를 주겠다고 약속한다. 그러나 그 약속을 지키는 적이 없다. 약속과는 반대로 사유재산권을 박탈하고 자본가들을 착취, 타도의 대상으로 삼는다. 특히 기독교인들은 학대와 처형의 대상이 된다.

사유재산을 철폐하면 공유재산이 된다. 각 개인의 재산을 국가가 몰수한다. 그 국가는 공산당이 다스린다. 공산당의 최고지도자는 수령님이다. 처음에는 공유, 나누어 가지겠다고 시작했는데, 마지막에는 모든 것이 수령의 소유가 된다. 그래서 북한 주민들의 2/3가 영양실조에 처해 있어도, 김정은은 한 끼에 5천만 원이 넘는 식사를 해먹을 수 있는 것이다.

나라가 공산화되면, 공산 귀족, 즉 공산당끼리만 잘 먹고 잘 살게 된다. 대한민국이 드디어 공산화되고 있다. 현재 더불어민주당은 헌법을 바꾸어 토지공유제, 동일노동 동일임금, 이익공유제, 노동보험제를 도입하겠다고 공언하고 있다. 반기업, 친노동 정책과 입법이 시행되고 있다. 대한한공이나 삼성전자, 인천공항을 국유화하려는 움직임이 현재 진행되고 있다.

(4) **공산주의는 질투**(불평, 불만)**와 폭력투쟁을 독려한다.** 마르크스는 인류역사를 부자와 가난한 자 사이의 계급투쟁으로 보고 지배계급을 전복시켜야 한다고 주장했다. 공산주의자의 첫 번째 인생 목표는 돈 버는 게 아니고 공산주의 혁명으로 정권을 빼앗는 것이다. 당원은 혁명을 위해서 풀타임 헌신할 수 있어야 한다(레닌). 스탈린은 직업적 혁명가들이 당을 만들어서, 그 당이 프롤레타리아 계급의 지도자, 수령, 교사가 되어야 한다고 주장했다. 부를 소유한 것 자체를 비난하고 부자들의 소유를 빼앗아 가난한 사람들에게 분배해야 한다고 주장했다. 그래서 사회주의 정부는 반기업, 친노동 정책을 쓴다. 성경은 "네 이웃의 소유를 탐내지 말라"(출 20:17)고, 모든 상황에 감사하고 자족하라(빌 4:11-13)고 가르친다.

마르크스는 노동자만이 진정한 혁명계급이고 나머지는 반동이라고 비판한다. 러시아 혁명에서 보듯이, 처음에는 "너희가 혁명을 일으키면 땅을 나누어 주겠다"고 선동한다. 노동자, 농민이 앞장서

혁명에 성공하면, 농민들을 반동으로 몰아 숙청하고 학살한다.

⑸ **공산주의는 결혼과 가족을 파괴하려 한다.** 공산주의, 진보좌파는 결혼과 가족을 파괴한다. 사회주의가 추구하는 것은 국가와 정부가 가족을 대체하는 것이다. 남성과 여성 외에 제3의 성이 있다고 주장한다. "공산주의자 선언"의 저자 마르크스와 엥겔스는 자신이 계획한 사회가 "단독가족이 사회의 경제단위가 되는 것을 멈추는 곳이 될 것"이라고 썼다. 공산주의 혁명을 위해 사유재산과 결혼(가족)제도를 해체할 것을 주장한다. 정부가 육아와 교육을 제공한다고 하며, 동성애와 동성결혼을 자랑스럽게 지지한다. 주사파 정권은 '태아살인'을 합법화하는 낙태죄 관련법안을 통과시키려하고 동성애를 옹호하는 차별금지법을 만들려하고 있다. 사회주의는 인간을 불행하게 만드는 반(反)성경적, 반기독교적, 반가정적, 반경제적 사상이다. 한마디로 공산주의는 '종교말살, 교육파괴, 가정해체, 사회분열, 퇴폐방종, 언론장악' 같은 엄청난 재앙을 안겨주고 역사의 무대 뒤편으로 사라진 종교다.

창조주 하나님을 사랑하고 예배하면서, 김일성을 하나님/수령으로 믿는 것은 있을 수 없는 일이다. '좌파 그리스도인'이나 '좌파 목사', 기독교사회주의자라는 말은 있을 수 없다. 가짜 목사 강양욱의 권유에 의해 북한의•기독교도 연맹에 가입했던 김익두, 김응순, 조택수 목사들은 결국 미제의 앞잡이로 몰려 처형당했다.

사회주의는 부유한 자를 끌어내려 모두 못살게 하려 하나 자유민주주의는 가난한 자를 중산층 이상으로 끌어올리려 한다. 사회주의는 자본을 공격하나 자유주의는 독점을 공격한다. 지난 100여

년간 사회주의는 정치적으로나 학문적으로 그리고 현실적으로 충분히 검증받고 역사의 뒤안길로 사라졌다. 소련이나 중국이나 베네수엘라, 북한, 쿠바 등을 보면 사회주의는 실패한 정치이념이다. 그러나 여전히 사회주의 이념은 '민주화세력'이라는 이름으로 이 땅에서 굳건히 생명력을 유지하고 있다.

지금 우리나라는 왼쪽으로 기울어진 운동장 위에 서 있다. 좌향좌는 '가난으로 가는 길'(road to poverty)이다. 지금까지 왼쪽을 선택했던 사회 중 성공한 사례는 없다. 사회가 평등을 지나치게 추구할 때 우리는 평등은커녕 자유조차 잃어버릴 수 있다. 좌향좌의 공산주의 사회는 결코 번영할 수 없다. 현 정권은 국가재정으로 퍼주기, 세금 올리기, 화폐가치 하락 등 베네수엘라가 간 길을 그대로 따라가고 있다.

대한민국의 현대사는 공산주의 바이러스를 이겨낸 자랑스러운 역사다. 그러나 최근에 잘나가던 나라가 비틀거리는 이유는 이 치명적인 바이러스에 다시 감염되고 있기 때문이다. 바라기는 역사를 주관하시는 하나님께서 우리가 코로나 바이러스를 이겨내고 공산주의와의 싸움에서도 승리하게 해주시기를 기도한다.

바울은 말했다. "너희는 믿지 않는 자와 멍에를 같이하지 말라. 의와 불법이 어찌 함께 하며 빛과 어두움이 어찌 사귀며, 그리스도와 벨리알이 어찌 조화되며, 믿는 자와 믿지 않는 자가 어찌 상관하며, 하나님의 성전과 우상이 어찌 일치가 되리요?"(고후 6:14–16).

문재인 정권의 말과 행동, 정책 모두가 반성경적이고, 반인권적이고, 반미, 친북적이다. 보수적인 목사들은 종교적 신앙을 반공산주의 애국심과 동일시한다. 기독교야말로 가장 철저한 반주사파요, 반공산주의이다. 60-70년대에 애국의 심정으로 건국과 산업화에 투신했던 태극기 세대야말로 그 누구보다 자유민주주의의 소중한 가치를 뼛속 깊이 이해하고 있다(차명진, 2020).

자유민주주의는 자유, 종교의 자유, 시장경제, 반공주의, 가정, 인간생명의 고귀함과 존엄성, 낮은 세금, 제한된(작은) 정부, 힘을 통한 평화라는 가치 위에 운영된다(켄고르, 2020). 2017년 이전의 정권은 적어도 이런 가치관을 지향하였다. 그 동안 너무나 당연하게 여겨온 것들에 대한 심각한 위협이 나타나고 있다. 우리는 힘을 다해 공산주의에 대항해야 한다.

주사파는 김일성주의자들

김일성은 1963년 '민족해방혁명'으로 남한을 적화통일하라고 지령했다. 대학시절 전대협의장으로 주체사상에 몰입했던 이인영 통일부장관은 3·1절에 '민족혁명통일론'을 주장했다. 이인영이 말한 '촛불혁명'은 반공자유민주주의 체제를 전복하는 '민주혁명'이고, 그가 말한 '민족혁명'은 미국을 몰아내고 '민족을 해방하자'는 뜻이다. 주사파가 주장하는 '민족해방'은 북한노동당의 한국공산화전략 '민족해방민주주의혁명'과 정확하게 일치한다. 빨갱이들의 존재목적은 남조선을 무력으로 해방하여 적화통일을 이뤄내는 것이다(조선일보, 2021. 3.18. 대국본광고).

어떤 이들은 김정은의 언행을 보고 "김정은 위원장 멋지지 않아(cute)?"라고 반응하기도 했다. 그런데 정작 중요한 건 이 '멋쟁이'가 우리를 사랑하지 않는다는 점이다. 통일은커녕 화해도 원하지 않는다. 김일성은 박정희와 통일을 원하지 않았고, 김정일은 김대중과 통일하고 싶어 하지 않았다. 김정은도 마찬가지다.

김씨 일가와 북한집권층은 자유를 부정하고 발전을 막으면서 1960년대 군사기지처럼 북한을 다스리고 싶어 한다. 그 수단으로 남한으로부터 위협을 계속 활용한다. 긴장이 풀어지면 주민들이 봉기할 수 있다고 본다. 그래서 북한의 진정한 변화는 정권교체 말고는 기대하기 어렵다. 그런 점에서 북한과 사랑에 빠진 사람들에게 알려주고 싶다. 북한을 개선하려는 노력하는 힘을 모국에 쏟으면 어떨까. 그런 노력은 그들뿐 아니라 다른 국민에게도 좋은 반응을 얻을 수 있다. 자기 나라 역사와 과거 가치관, 이전 대통령을 비난하는 데 열을 내지 말고 (북한이 아니라) 자기 나라와 다시 사랑에 빠져보면 어떨까. 그래야 비로소 최근에 비극적인 사고를 당한 어업지도 공무원의 죽음도 의미를 갖게 될 수 있다. 자기 나라 문화와 삶을 더 좋게 만들어 아무도 이 나라를 떠나고 싶지 않게 만드는 게 남은 이들이 정말 해야 할 일이다(조선일보, 2020. 10.7).

지난 10월 15일 이영훈 목사(여의도순복음교회)는 '위장된 차별금지법 반대와 철회를 위한 한국교회 기도회'에서 말했다. "최근 신조어 가운데 하나가 코로나 19 독재다. 코로나 앞에 모든 것이 무력해진 사회, 그 안의 경제적 어려움, 안보적 불안, 심각한 저출산 문제, 낙태를 허용하는 악법을 만드는 현실, 청소년들의 탈선, 약 40만 명이 넘는 학생들이 중퇴하고 떠돌아다니는 현실들에 대해 교회가 먼저 철저히 반성과 회개를 해야 한다."

이어서 그는 우리나라가 직면하고 있는 남북관계의 현실을 직시해서 지적했다. "북한은 75년 동안 달라진 것이 없다. 처음부터 끝까지 주체사상에 의한 적화통일이다. 우리가 아무리 북한에 고개를 숙이고 비위를 맞춰도 안 바뀐다. 우리가 이것에 대해 너무 오래 침묵하지 않았는가 고민을 한다. 진정한 평화는 북한이 핵을 포기하고 주체사상을 내려놓는 날 찾아올 것이다"(자유일보, 2020. 10.22).

빨갱이 주사파들은 대답하라. 과거 전대협 사무국장이던 김경호 씨가 2017년 '박정희 탄생 100주년 기념 강좌'에 토론자로 참석해 박대통령에 대한 이야기를 털어놨다. 그는 전대협에서 강력한 박정희 지지자로 전향한 분이다. 다음은 이승만과 박정희를 존경하는 우파 인사들 모두가 묻고 싶은 말이다:

"이승만 대통령은 자유민주주의 건국의 성공모델을 만든 분이고, 박정희 대통령은 제도정비와 경제발전을 통하여 민주주의 국가가 작동할 수 있는 물질적 토대를 만든 분이다. 박정희 대통령은 가난을 숙명처럼 여겼던 우리 민족에게 하면 된다는 불굴의 의지를 불러일으켰다.

대한민국의 오늘을 일구는 데 무엇 하나 기여한 적이 없는 이들이 과거사 청산이라는 명분으로 돌아간 지도자들은 헐뜯고 있다. 그들은 답해야 한다. 당신들이 그토록 찬양하던 사회주의 공산주의는 왜 실패했고 당신들이 꿈꾸던 나라는 어디에 있는지, 당신들은 오늘의 대한민국을 위해 무엇을 하였는가? 대한민국을 전복하여 최악의 독재자 김정은에게 헌납하려 했던 당신들의 죄악을 먼저 고백하여야 한다. 거짓과 위선의 가면을 벗고 자신이 이 사회에서 했던 죄악을 참회하는 모습으로 돌아오기를 바란다. 위대한 대통령들을 헐뜯는 당신들을 역사는 용서하지 않을 것이다"(심천보, 2021).

한국에 중요한 것은 국가목표를 흔들림 없이 유지하면서 시대의 흐름을 잘 활용해 국익을 챙기는 것이다. 문 대통령은 중국에 대한 과도한 의존과 굴종에 가까운 저자세를 버려야 한다. 지난 30년간 한중관계를 전면적으로 점검하고 새 시대에 걸맞는 대중 전략을 짜야 한다. 중국눈치를 보며 '쿼드'(미국, 일본, 인도, 호주 다자안보협력체)에 불참하는 건 있을 수 없는 일이다. 먼저, 한미동맹 차원에서, 전시작전통제권 전환을 중단하고 연합훈련을 재개하며 재래식 동맹을 핵 동맹으로 업그레이드해야 한다(전성훈, 문화일보, 2021. 2.24).

미국은 우리의 동맹이고 중국은 동반자다. 이제 문 정부는 결단을 내려야 한다. 더는 모호해서는 안 된다. 중국, 북한에 굴종할 게 아니라, 자유민주주의와 시장경제, 법치와 인권을 존중하는 국가들과 한 편이 돼야 함은 너무도 당연하다(이춘근, 문화일보, 2021. 3.9).

전체주의로 가는 대한민국을 자유민주주의로 되돌려놓을 수 있는 마지막 기회가 눈앞에 다가오고 있는 것 같다. 문 정권이 무너뜨린 법치와 공정과 정의를 복원하고 붕괴직전인 경제를 살리는 것이야말로 오늘의 시대정신이다!

10장

대한민국이
나아갈
살 길 찾기

대한민국이 나아갈
살 길 찾기

한 개인이 자살할 수는 있지만, 국가가 자살할 수는 없다. 깨어있는 국민이 함께 일어나 대한민국의 자살을 막아야 한다(김석우).

정직하고 머리 좋은 사람은 절대로 좌파가 될 수 없다. 정직한 좌파는 머리가 나쁘고, 머리가 좋은 좌파는 정직하지 않다. 모순투성이인 사회주의 본질을 모른다면 머리가 나쁜 것이고, 알고도 추종한다면 거짓말쟁이다(레이몽 아롱).

문재인 정권이 대한민국의 정체성을 ▶ 자유민주주의로부터 사회주의 체제로 전환시키려는 시도를 숨기지 않고 있는데다 ▶ 북한체제를 인정 옹호하는 바탕 위에서 대북유화책을 시도하려는 명백한 체제전환적 시도를 계속하고 있다.

포식하는 나라 대한민국이 굶주리는 나라 북조선의 사상이론에 감염되어 사회주의를 추구하는 것은 모순 중 모순이다.

적화통일은 안 된다. 자유통일로 가야 한다

북한의 전체주의는 개인의 자유를 부정하고 국가의 공식이념을 시민사회 전체에 강요한다는 점에서 대한민국의 정당성 원리인 자유민주주의와는 정면으로 배치된다. 그런데 북한은 외세의 개입 없이 '우리 민족끼리' 통일하자고 한다. 남북한은 과연 같은 민족인가? 북한 정권은 북한 민족을 '김일성 민족'이라고 지칭하고, 백두혈통이 영도해야 한다고 주장한다. 한편, 남한 정권은 한반도에 거주하는 민족을 '한민족'이라 지칭하고, 민주공화정체제로 나라를 운영해야 한다고 주장한다.

남북한은 1948년 이후 각각의 국가를 형성하고 운영해 오고 있다. 남한은 북한보다 경제적으로 50배 잘 사는 나라로 성장했다. 반면 북한의 사회주의는 완전히 실패하였다. 북한 인민들의 삶은 세계 최빈국 수준의 도탄에 빠져 있다. 실패한 체제를 고수하는 북한은 정권의 정당성이 떨어질수록 민족(ethnic group), '우리끼리'를 내세워 남한의 체제운영을 훼방하거나 위협 내지 침략하려는 적의를 드러내고 있다. 분단비용을 줄이는 가장 확실한 방법은 북한의 사회주의 체제를 자유시장경제 체제로 바꾸는 것이다. 남북한 통일은 자유주의와 시장경제 체제로 통일되어야 세계 정치경제 체제의 변화에 순응하는 방향으로 나아갈 수 있다.

우리가 통일을 이룰 수 있는 가장 현실적 접근은 무엇인가? 북한 인민들의 먹고 사는 문제를 해결하기 위해서는 북한에 시장경제 체제를 정착시키고, 북한의 국내경제를 세계시장에 개방해야 하고, 그런 시장경제 체제를 갖추기 위해서는 먼저 북한의 전체주의 전제적 정치체제를 개혁해야 한다. 북한이 경제발전의 기틀을 닦고 남북한 간의 격차를 줄여야 통일비용이 적게 든다. 김정은이 목표로 하는 적화통일은 가능하지도 않고, 현실적인 대안이 아니다. 남한 사회를 사회주의체제로 만들어 북한에 바치는 것은 순리가 아니다. 연방제 통일이라 해도 자유민주주의 체제로의 통일만이 남북한 국민 모두를 행복하게 할 수 있다.

원로 철학자 최진석(2021) 교수는 우리나라의 근현대사를 이렇게 평가한다. "짧은 기간에 건국, 산업화, 민주화를 이뤄냈다. 그런데 민주화에 갇혀 수십 년째 그 다음으로 나아가지 못하고 있다. 민주와 자유가 지금에 와서 더 퇴행하는 것 같다. 민주화 다음의 어젠다를 갖고 건너가야 하는데, 현 정권에서 그런 고민을 하는 이를 한 명도 보지 못했다. 우리는 1등은 해봐도 일류는 못 해왔다. 중진국 상위레벨은 됐지만 선진국은 못 됐다. 생각과 질문하는 능력 없이는 이뤄낼 수 없다"(조선일보, 2021. 1.4.).

지금 우리는 일류 선진국 진입이냐 삼류로 후퇴냐의 기로에 있다. 대한민국 내부에서 대한민국에 저주를 퍼붓고 매사에 반대만을 일삼는 운동권 주사파 정치를 이대로 두고서는 발전을 이룰 수 없다. 갈등과 대립, 편 가르기를 부추기는 운동권 정치는 심판해야 한다.

공산주의는 계급의 해방과 계급의 자유가 목표이고, 자유민주주의는 개인의 해방과 개인의 자유가 목표다. 당신은 우리나라의 체제가 개인의 자유와 권리를 보호하고 신장하기를 원하는가, 개인의 자유와 권리를 위축시키고 개인을 더 가난하고 힘없는 존재로 만들기를 원하는가? 우리나라가 북한과 같은 신분사회, 계급사회가 되기를 원하는가?

국민의 힘 새대표 이준석이 주장한 것처럼, 북한이 변해야 하고 모든 면에서 우월한 남한이 북한을 흡수통일하는 게 역사의 순리이다!

사회주의 경제가 나라를 망치고 있다

정치가 경제를 좌우한다. 종북 주사파 사회주의 문 정권이 집권하면서 자유시장 경제는 사회주의 통제경제로 가고 있다. 1960-1970년대에는 정치가 기업을 통제하되 성장을 도와주었다. 1980-2000년대에는 정치와 기업이 윈·윈했다. 2000년대에 기업들은 정치가 자신들을 내버려두기를 바란다. 그런데 지금 정권은 기업들을 돕기는커녕 명령과 규제와 간섭으로 괴롭히고 있다. 다음은 경제전문가 한반도선진화문화재단 강성진(2021) 정책위 의장의 한국경제에 대한 진단이다.

"이 정권은 '경제 살리기'보다 '선거승리'와 '이념'을 더 중시한다. 지금 정권은 기업인의 이윤창출행위 자체를 죄악시한다. 자본가와 기업인을 경제양극화의 주범이라며 증오한다. 소득분배 악화의 주범은 시장이나 기업이 아니라 현 정부다. 기업을 통제하고 명령하는 현 정권은 사회주의에 훨씬 가깝다."

'우파'와 '좌파'는 쉽게 구분이 가능하다. 자본주의의 근간인 사유재산을 인정하고, 자유를 강조하는 우파, 공산주의가 추구하는 사유재산 철폐와 평등을 지지하면 좌파라고 할 수 있다. 이에 따라 자본주의를 지지하는 보수와 우파는 '보수우파'로 합쳐졌고, 혁명을 원했던 진보와 좌파는 '진보좌파'로 불리게 된 것이다. 양쪽의 입장을 정리하면 다음과 같다:

▶ 보수우파 = 개혁, 자본주의, 시장경제, 사유재산 인정, 자유

▶ 진보좌파 = 혁명, 공산주의, 계획경제, 사유재산 철폐, 평등

특이하게도 대한민국에서는 스스로 진보라고 주장하면서도 실제로는 수구적인 사람들이 적지 않다. '586 운동권'을 주축으로 한 귀족진보(강남좌파)가 바로 그렇다. 종북 주체사상이 배합된 좌파의 경제정책은 소득주도성장, 최저임금, 탈원전과 태양광 추진, 4대강 보 해체, 엉망진창 부동산 정책, LH 부동산 투기 등으로 국가경제를 폭망수준으로 끌어내렸다(김종혁, 2021).

문재인 정부는 친(親)노동자, 반(反)기업. 노선이 선명하다. 정부는 공정경제3법(이익공유법, 사회연대기금법, 손실보상법) 같은 기업 규제법을 쏟아내고 있다. 반면, 민노총 조합원 같은 정규직에게만 유리한 친 정규직 노동자 중심 정책을 펴고 있다. 그 결과 기득권을 가진 정규직들의 고용안전성만 좋아지고 20-30대의 일자리는 갈수록 줄고 있다. 부동산정책에서 보듯이 자본주의 메커니즘을 무시하고 개인의 자율과 인센티브를 인정하지 않는 정부주도형 정책은 필패할 수밖에 없다.

내년에는 국가채무가 1000조 원이 넘을 전망이다. 지금 추세라면 문재인 정부는 매년 평균 80조 원 이상의 국가부채를 늘려 역사상 가장 많은 부채를 국민에게 떠넘기게 된다. 선거승리를 위해 '재정중독형 포퓰리즘 정책'을 계속 쓰다 보면, 우리나라는 그리스와 베네수엘라 같은 운명을 맞게 될 수도 있다(강성진, 2021).

국민 모두가 존경하는 원로 철학자 김형석(2020) 교수는 최근에 지혜로운 조언을 해주셨다. "문재인이 깽판을 쳐도, 종북사회주의

국가로 바뀌어도 잘살 수 있다고 보는가? 지금 대한민국은 전반적으로 망해 가고 있다. 경제가 폭망하고, 민생이 파탄나고, 안보가 붕괴되고, 외교가 실종되고, 기업들이 사라지고, 일자리도 사라지고, 노조가 폭력배가 되었고, 주석 김정은에게, 나라를 통치당하는 형상으로, 주석에게 아부하고, 주석 대변인 역할을 하고 있으며, 퍼주기 선심정책으로 재정이 바닥나고, 나라가 망해가고, 조국이 소멸되어 가도, 안타까워하지 않는 사람들… 진정 나라를 사랑하고 내 가족을 사랑한다면 국민들이여 더 늦기 전에 깨어나자! 나라가 망한 다음 후회해 본들 아무 소용이 없다!"

좌파와 우파, 보수와 진보를 따지는 것은 '냉전시대의 논리'다. 한국 전쟁 이후 1960년대로 넘어오면서 냉전시대는 없어졌다. 좌파는 이제 진보로 남고 우파는 보수로 남게 됐다. 모든 선진국가를 보라. 흑백논리의 좌우대립은 없어졌다. 대신 진보와 보수가 함께 살게 됐다. 더 이상 하나는 살고 하나는 죽어야 하는 세상이 아니게 됐다. 서로 경쟁하며 회색지대에서 만날 수 있게 됐다. 반면 북한은 어떤가. 좌만 남지, 우는 있을 수 없다.

우리나라 진보세력은 주로 운동권 출신이다. 군사정권하에서 주사파 혹은 사회주의 혁명론에 젖줄을 댔던 사람들이다. 그들은 민주주의 사회에서 자라난 진보가 아니다. 냉전 시대 이후, 그러니까 선진국가에서 자라난 진보가 아니다. 그들의 사고는 아직도 냉전시대의 패러다임에 갇혀있다. 우리는 경험주의가 지배하는 서구 사회에서 배워야 한다. 거기에는 흑백논리가 없다. 현실에는 백도 없고 흑도 없다. 회색만 있다. 서로 더 나은 회색이 되기 위해 경쟁할 따름이다. 그래서 사회적 문제에 대한 그들의 해결법은 투쟁이 아니라 대화다. 의회민주주의는 대화를 기본으로 한다.

"공산주의는 다르다. 그들이 선호하는 단어는 '혁명'이다. 문재인 정부도 '촛불혁명'을 내세운다. 그동안 많은 정책이 왜 현실에서 먹히지 않는지 돌아봐야 한다. 공산주의 사회는 차례로 무너졌는데, 남이 무너뜨린 게 아니라 자기 스스로 무너졌다. 권력만 가지면 무엇이든 할 수 있다는 생각을 버려야 한다. 다수 의석을 가졌다고 뭐든지 힘으로 된다는 생각을 버려야 한다. 그건 권력사회다. 군사정권이 그러했다. 그런데 지금 여당도 그렇지 않나. 본질적으로 국민을 사랑하는 것보다 정권을 더 사랑하기 때문에 벌어지는 일이다"(백성호, 2021).

"공산국가식의 권력에 의한 평등 이념은 난치의 사회악으로 전락한지 오래다. 지금은 우리가 택하고 있는 자유민주주의를 육성하는 선택이 바람직스럽다. 지금 우리는 좌우를 논할 때가 아니다. 과거로 되돌아가는 진보와 정신적 가치를 상실한 보수는 언급할 가치가 없어졌다. 진보는 캐나다와 같은 사회민주주의를 지향하고, 보수는 미국과 같은 자유민주주의를 받아들이면 된다. 공산사회주의는 역사의 무대에서 더는 존속할 수가 없게 되었다… 선진국으로 가기 위해서는 사회민주주의(공산주의)와 자유민주주주의 중 하나를 선택하면 된다고 본다"(조선일보, 2020.5.23.).

경제적 자유가 있는 나라가 더 잘산다

세계의 모든 공산주의 국가는 계획경제, 통제경제를 시행하고 있다. 역사학자, 정치사회학자인 지텔만(2019)은 자본주의와 사회주의 국가들을 비교연구한 후, 사회주의 국가보다 경제적 자유가 있는 자본주의 나라 사람들이 더 잘산다는 결론을 내렸다. 북한보다 남한이, 동독보다 서독이, 베네수엘라보다 칠레가 더 잘산다. 시장경제 개혁으로 경제적 자유가 확산되면서 대다수 시민들이 경제 번영의 혜택을 더 많이 누리고 있다. 문재인 정권은 소득주도성장, 주택거래허가, 경제3법 등 반기업 친 노동 정책을 시행함으로 경제자유를 계속 약화시키고 있다. 사유재산권을 보장하는 나라가 소유권자로부터 처분권을 빼앗는 나라보다 훨씬 더 잘산다는 것이 통계적으로 확인되고 있다.

20세기 후반 한국의 경제적 성취는 세계가 인정한 경제적 기적이었다. 지난 4년간 한국의 정치경제를 외국인들은 '국가적 자살'로 가고 있다고 표현하고 있다. "개인이 자살하는 것은 봤어도 국가가 자살로 가는 것은 한국에서 처음 보는 것 같다." 외신들은 "현재 한국에서 빠른 속도로 진행 중인 경제자살, 안보자살, 교육자살의 현실"을 우려하고 있다.

경제전문가 공병호(2020)는 "세계에서 좌향좌 정책을 통해 성공한 나라가 단 한 나라라도 있으면 제게 알려주세요. 문재인 정권이 사회주의를 표방하여 역사의 교훈을 역류하는 것은 국가적 자살행위이며 결코 성공할 수 없다"고 했다. 서독에서 오래 유학하며 동서독 체제를 두루 경험하고 돌아와 독어독문학을 강의하고 있는 김누리(2020) 교수는 사회주의와 자본주의 체제를 다음과 같이 평가했다.

"제가 느낀 것은 '인간은 사회주의를 할 수 없는 존재구나'라는 것이었다. '능력껏 일하고 필요한 만큼 가져가는' 사회주의적 인간은 '현실사회주의' 사회에 존재하지 않았다. '가능한 한 일하지 않고 필요 이상으로 가져가려는' 자본주의형 인간이 여전히 변하지 않았던 거지요… 그렇기 때문에 모든 면에서 동독은 서독과 경쟁 상대가 되지 않았던 것이다."

장사를 잘하는 사람은 흥하고, 잘못하는 사람은 폐업하는 환경이 되어야 경제가 살아난다. 음식 맛이 좋은 식당은 잘나가고 맛없는 식당은 사라지는 것이 한편으로는 비인간적인 것처럼 보이지만, 결국은 사회전체가 발전하는 것이다(김정호, 2021). 인간은 어떤 이념이나 이상을 위해서 활동하는 존재가 아니라, 본능과 탐욕의 명령에 따라 행동하는 존재라는 자본주의적 인간관이 승리한 것이다. 동독의 몰락은 사회주의의 몰락이자, 낙관적 인간관의 몰락을 의미한다.

사회주의와 자본주의, 계획경제와 시장경제 중 어느 경제체제가 더 나은가를 집중적으로 연구한 라이너 지텔만(2019)은 말한다. 중국, 동독, 베네수엘라의 사회주의가 실패할 때, 싱가포르, 대만, 대한민국의 자본주의가 성공한 이유는 "시장경제를 신뢰하고 국가의 경제 개입을 축소시켰기 때문"이라고 했다. 1960년대만 하더라도 대한민국은 현재의 아프리카 국가들처럼 헐벗고 굶주린 나라였다. 그런데 "대한민국을 경제강국으로 만든 마법의 공식은 자본주의와 교육열이다." 자유민주주의와 자본주의, 시장경제는 역사의 정방향이다(도태우, 2019).

당신은 어느 편인가?

가정사역자 게리 채프먼(Gary Chapman, 1997)은 사람마다 사랑받는다고 느끼는 언행이 따로 있다고 했다. 사랑을 경험하는 방식이 사람마다 다르다는 것이다. 사랑의 언어(language of love)에는 시간을 함께 보내주는 것, 의미 있는 만져줌, 선물, 인정하는 말, 봉사(도와줌), 경청, 한편이 되어 주는 것 등 여러 가지 언행이 있다. 우리가 보통 간과하는 사랑의 언어에는 '같은 편이 되어 주는 것'(being on the same side)이 있다. 우리는 상대방의 '사랑의 언어'로 말하는 법을 배워야 한다.

예를 들어, 필자가 구원파의 내부고발자로 고 유병언 사장에게 18차례나 피소되어 재판을 받을 때, 정통교회, 특히 사랑의교회, 강남중앙침례교회 등이 내 편이 되어 기도와 후원(변호사 비용)으로 도와주었을 때 나는 사랑받는다고 느꼈다. 반면에 내가 이승만 대통령, 자유민주주의 편에 서서 김일성 3대의 주체사상을 비판하는 『깨어나라! 대한민국』이라는 책을 썼을 때, 좌파 편에 서서 조국이나 윤미향을 비호하는 이들이 왜 주사파 정권을 비판하느냐고 따질 때 나는 엄청난 상처를 받았다. 기독교계 지도자들 가운데서도 이 엄중한 상황에 친북, 친정부적 태도를 보이는 좌파들이 있다. 하나님을 믿는다는 이들이 차별금지법을 지지한다고 할 때, 정의구현사제단이나 청어람, NCCK(한국교회협의회)가 반기독교적인 정책을 지지한다고 할 때, 절대 다수의 기독교인들은 상처를 받는다. '문빠들'은 문재인 정부를 무조건 지지하는 이들이다. 진보적인 지식인이나 학자들이 문 정권 편에 서서 현 정권을 지지하는 것은 당연한 것이다.

그러나 2021년에 들어서면서, 문재인 정부에 등을 돌리거나 강도 높은 비판을 하는 진보 지식인들이 늘고 있다. 최장집 고려대 명예교수는 문재인 정권이 "촛불을 배신하고 민주주의를 위협하고 있다"며 현 정부의 반(反)민주성을 비판했다. 홍세화 전 진보신당 대표는 이른 바 '문빠'가 옳고 그름, 진실과 허위가 아니라 단순한 호불호 감정으로 문 대통령을 열성지지함으로 "민주주의 발전에 엄청난 걸림돌로 작용하고 있다"고 지적했다. 한상진 서울대 명예교수는 민주당 윤미향 의원의 사례를 예로 들며, "진보를 자처하는 이들이 사태를 흑백구도로 끌고 가는 데 몰두하고 심지어 위안부 피해자인 이용수 할머니까지 표적으로 삼았고, 정권의 비판자로 남아야 할 시민단체와 진보 지식인들이 대거 정권 편에 가담하면서 비판적 기능을 상실했다"고 지적했다. 원로급은 아니지만, 강준만 전북대 교수, 진중권 전 동양대 교수, 서민 교수 등 기존 진보 지식인들도 '조국사태' 이후 문 대통령과 지지층의 '편 가르기'와 맹목적 지지행태를 비판하고 있다.

대한민국은 공산주의, 사회주의와 싸우는 자유민주국가이다. '내가 낸 세금'으로 재난지원금을 준다고 사리분별도 하지 않고 여당에 표를 주는 것은 민주시민이 할 일이 아니다. 서울시장, 부산시장 선거에서 여당 야당 후보 중에서 어느 쪽을 선택하느냐 하는 것은 나라 사랑의 표현이 되기 때문이다. "잘못된 선택은 한국이 그간 어렵게 쌓아올린 민주적 시스템을 훼손하는 것이다"(김민전, 2021). 서울과 부산의 보궐선거에서 야당후보에게 투표하는 것은 대한민국에 대해 사랑의 언어로 말하는 것이다!

포퓰리즘(대중영합주의)은 국가적 자살로 가는 코스

베네수엘라는 풍부한 석유매장량 덕에 한 때 세계 4위의 부국이었다. 그런 나라가 차베스라는 사회주의 독재자가 포퓰리즘 정책을 쓰면서 남미의 최빈국으로 전락했다. 국민들은 포퓰리즘 사회주의에 맛을 들여 땀을 흘려먹고 사는 노력 대신 국가가 주는 돈으로 공짜로 즐기는 데 익숙해지면서 국가자살의 길을 걷고 있다. 우리나라가 그 길을 가고 있는데 국민들은 서서히 익어가는 개구리처럼 의식하지 못하는 가운데 죽어가고 있는 것 같다(김용삼, 2021).

김정호(2020) 교수는 『코로나 디바이드』란 저서에서 한 나라가 포퓰리즘의 악순환에 빠져드는 과정을 다음과 같이 설명한다:

① 포퓰리즘 정권, 혹은 사회주의 정권이 국가재정으로 노동자와 빈민에게 선심을 베푸는 것으로 시동이 걸린다. 덕분에 당장은 경기가 좋아지고 국민의 삶의 질도 높아진다.

② 마구 나눠주다 보면 한정된 재원이 바닥난다. 돈이 모자라니 부자 돈 세금으로 빼앗거나, 돈을 찍어내거나, 빚을 내서 노동자 빈민에게 계속 나눠준다.

③ 돈이 넘쳐나니 하이퍼 인플레이션이 만연한다. 물가는 폭등, 구매력은 저하되는 악순환에 빠져 실질소득 감소, 국가부도 위기가 반복된다.

④ 이를 해결하겠다고 우파 정권이 등장하여 긴축정책을 펼친다.

⑤ 국가가 베푸는 것에 공짜로 길들여진 국민은 고통을 견디지 못해 우파 정권을 내치고 포퓰리스트 정권에 표를 몰아준다.

⑥ 또다시 포퓰리즘, 사회주의 정권으로 회귀하여 동일한 현상이 반복된다.

한번 발을 집어넣으면 죽어도 빠져나오지 못하는 악순환의 늪, 포퓰리즘이란 그처럼 무서운 것이다. 포퓰리즘이야말로 민주주의의 적이다. 지난 100여년의 세계 역사는 사회주의 정권이 성공한 예가 없다는 것을 보여주고 있다.

문재인 정부의 비전은 '국민의 나라 정의로운 대한민국'이고, 국정지표는 더불어 잘사는 경제, 내 삶을 책임지는 국가다. 더불어 잘 살아야 하고, 국가가 내 삶을 책임지다니, 이게 사회주의가 아니고 뭐란 말인가? 우리는 포퓰리즘 정치꾼, 정치건달들과 싸워야 한다.

국민의 삶을 책임지기 위해 국가는 지속적으로 베푸는 정책을 펼친다. 문재인 케어와 최저임금 인상이 그렇고, 경제민주화가 그러하며, 반기업-친노조 정책이 그렇다. 급기야 주 52시간 이상은 일하고 싶어도 못하도록 불법으로 만들어 놓은 국가가 되어 버렸다.

문재인 정부는 의도적으로 나라를 무너뜨리는 것 같다. 국가보안법을 폐지하려 하고, 엄청난 소득원인 원자력을 무력화하고, 70년간 키운 삼림을 벌목해 버리고, 안보와 경제적 버팀목인 동맹국 미국을 버리고 공산사회주의국가 중공을 가까이하려 한다.

한국외국기업협회 회장 이승현(2021)은 '문재인 정권 사람들은 마치 터널 안에서 지내는 것 같다. 터널 바깥에 있어야 터널 안과 밖 전체를 볼 수 있다… 현 정권에서 만들어진 규제들은 글로벌 기준에서 보면 정말 터무니없는 것들이 많다. 나라 장래를 고민하는 이들이 정치판에 몇 명이나 될까? 현 정권은 기업 활동을 열심히 해서 나라발전에 이바지하려는 기업들을 마치 적을 대하듯 하는 것 같다'고 했다(조선일보, 2021. 1.

지금 대한민국은 베트남 패망 직전과 같은 상황이다

호전적인 북한 공산집단의 존재와 저들의 통일전선 전술, 그에 부화뇌동하는 현 집권 세력의 전작권 환수와 미군 철수 주장, 한·미·일 삼각동맹의 무력화 - 지금 우리의 상황은 1975년 베트남 패망을 앞둔 상황과 너무 유사하다.

외부의 적보다 무서운 것이 내부의 적이다. 베트남은 내부에서부터 무너졌다. 자유 대한민국은 베트남 패망이 복사판이 될 것인가, 아니면 베트남을 반면교사로 삼아 자유의 회복에 나설 것인가?(도태우, 2019).

북한에서 온 '내부고발자'로 전향한 남파간첩 박성엽(2019)은 말한다. "김정은은 이제 핵이 완성되었기 때문에 남조선 혁명의 결정적 시기가 왔다고 생각하고 일을 꾸미고 있다. 거기에다 남한은 지금 가장 종북적인 세력이 정권을 잡고 있다. 더욱 가슴이 미어지도록 아픈 것은 그런 위기가 바로 코앞에 닥쳤는데도 6·25가 일어나던 그 새벽처럼 남쪽의 사람들은 너무 평온하다는 것이다… 낮은 단계 연방제를 시행한다고 하는 순간 한미동맹을 완전히 철회하고 미군은 철수하게 될 것이다."

몇 년 전 미국의 Foreign Policy지는 2040까지 독일과 미국, 터키, 한국이 세계 4대 강국으로 부상할 것이라고 예측한 적이 있다. 필자는 한국의 성공배경요인으로 ① 한국인의 근면성과 열정; ② 높은 교육열; ③ 과학기술(원자력); ④ 해외동포 700백만 네트워크; ⑤ 한국의 개신교를 꼽았다. 이는 누구나 공감할 수 있는 우리의 강점이나, 문제는 현 정권이 집권 후 청년은 무기력해지고, 교육은 하향 평준화되고 있으며, 원전은 폐쇄되었고, 교회는 탄압의 대상으로 전락했다. 우리나라가 자유시장경제로 회복되지 않는 한 위의 예측이 실현될 가능성은 희박해지고 있다.

미국 대선을 계기로 중국 공산당이 돈으로, 미인계로, 공자학원으로 영국, 호주, 미국 등 서구세계에 사회주의 가치를 침투시키고 있다는 것이 드러났다. 공산주의 이념은 공자학원을 통해, 현재의 친중 정권에 부동산 매입과 유학생들을 통해 깊숙이 침투해 들어오고 있다.

우리는 "자유민주주의 대한민국 죽느냐? 사느냐?"를 놓고 지혜를 모아야 하는 결정적 분기점에 서 있다. 우익세력은 자신의 보호를 위해, 그리고 오늘의 젊은 세대와 후손들이 공산체제 하에서 고통 받지 않도록 하기 위해 지금 일어서지 않으면 안 된다(양동안, 2017).

> 어느 민족 누구 게나 결단할 때 있나니
> 참과 거짓 싸울 때에 어느 편에 설 건가
> 주가 주신 새 목표가 우리 앞에 보이니
> 빛과 어둠 사이에서 선택하며 살리라(찬송가 586).

이승만은 공산주의를 "콜레라와 같은 전염병이요 자유인민의 적이요 인류의 적"이라고 했다. 박정희는 남로당에서 전향한 반공주의자로서 혁명공약 1호로 "반공을 국시의 제1의(第一義)로 삼고 지금까지 형식적이고 구호에만 그친 반공 태세를 재정비 강화한다"고 선언했다.

이승만 대통령과 박정희 대통령의 공통점은 두 분이 모두 공산주의를 결연히 반대하고 대한민국을 사랑하였다는 것이다. 두 대통령은 모두 철저한 반공주의자이며 애국자였다. 이들의 애국은 자유민주주의에 대한 헌신과 부국강병으로 나타났다.

　박정희 대통령의 혁명공약에 반공을 국시로 한다고 명시하고 있으며, 70년대에 제창한 국민교육헌장에 "반공민주 정신에 투철한 애국애족(The love of country and fellow countrymen together with the firm belief in democracy as opposed to communism)이 우리의 삶의 길이며, 자유세계의 이상을 실현하는 기반이다"라는 문구가 나온다. 박 대통령은 한일국교정상화를 앞두고 말하고 있다.

　"오늘날 우리가 대치하고 있는 적은 국제공산주의세력이다. 우리는 이 나라를 어느 누구에게도 다시 빼앗겨서는 안 되지만, 더욱이 공산주의와 싸워 이기기 위해서는 우리와 손잡을 수 있고 벗이 될 수 있다면 누구하고라도 손을 잡아야 한다"(도태우, 2019).

　이승만, 박정희 정권이 한미동맹을 기반으로 경제발전에 매진할 수 있었던 것은 한미동맹이라는 울타리가 있었기 때문이었다. 북한은 무장공비를 침투시키고 테러사건도 반복했다. 군사정권이 반공노선을 채택할 수밖에 없었다. 반공노선은 1960-1990년대 우리에게 경제적 이익을 보너스로 선물했다. 누구보다 미국이 공산주의, 사회주의와 싸우며 한국을 도왔다(송희영, 2019). 그러나 30년 만에 친북, 주사파 정권이 집권하면서 보안법은 유명무실화되었고, 대북전단살포금지법에서 보듯이 언론 및 표현의 자유는 일방적으로 제한되고 있다.

"자유가 말살되는 데에는 단 한 세대도 걸리지 않는다. 자유는 우리 후손들에게 혈통을 통해서 유전되는 것이 아니다. 자유는 쟁취해야 하며 지켜야 하고 후손들도 그렇게 하라고 물려주는 것이다"(Ronald Reagan).

자유주의와 공산주의, 자유민주주의와 사회민주주의 간의 싸움은 지금도 미국과 한국에서 치열하게 전개되고 있다. 우리 국민들이 '자유민주주의', '시장경제'의 정체성을 지키지 못하면, 우리나라는 베네수엘라처럼 거지나라로 전락하거나 종교의 자유, 표현의 자유를 박탈당한 채 북한의 김정은 정권처럼 독재의 노예로 살게 될 것이다.

미국은 물론 유럽연합(EU)까지도 공산주의 국가 중국을 최대의 적이며 위협이라고 선언하였다. 자유민주주의 진영의 사상과 이념이 중국의 공산주의와 충돌하고 있는 것이다. 호주와 인도까지 공산주의 국가 중국을 적대시하고 있다. 자유와 인권을 억압하고 있는 중국은 전 세계 자유주의 진영의 공공의 적으로 부상하고 있다. "빼앗긴 나라를 찾기까지 참으로 힘들었습니다. 그리스도께서 우리로 자유케 하려고 자유(freedom)를 주셨으니 그러므로 굳세게 서서 다시는 종의 멍에를 메지 마십시오"(갈 5:1, 이승만). 철학자 할어반(2005)은 말했다. "우리는 상황에 관계없이 우리의 태도를 선택할 수 있는 자유가 있다. 이것은 우리가 하는 선택 중에서 가장 중요한 것이다."

"인간에게서 가장 마지막까지 빼앗을 수 없는 것이 있다면 그건 바로 자유다. 어떤 상황에서도 자신의 태도를 선택할 수 있는 자유, 자기만의 방식으로 선택할 자유 말이다. 인간이 갖고 있는 최대의 힘은 선택할 수 있는 힘이다"(Victor Frankl). 우리의 인생이란 탄생과 죽음 사이의 선택이라고 할 수 있다. 날마다 하는 선택 하나하나가 우리의 운명과 미래를 바꿀 수 있다.

역사를 주관하시는 하나님께서 말씀하신다. "내가 오늘날 복(blessing)과 저주(curse)를 너희 앞에 두나니, 너희가 만일 내가 오늘날 너희에게 명하는 너희 하나님 여호와의 명령을 너희가 들으면 복이 될 것이요… 명령을 듣지 아니하고 다른 신들을 좇으면 저주를 받으리라"(신 11:26-28).

문재인은 김일성 수령제일주의 주체사상파를 앞세워 언론, 경찰, 검찰, 법원, 국정원, 좌파시민단체 등 대한민국의 모든 기관을 장악한 것으로 보인다. 심지어 우파 재향군인회, 고엽제 전우회 등 한 때 우파의 희망이었던 단체들까지 다 넘어가고 오직 교회만이 유일하게 남아 있다. 현재 대한민국은 큰 축으로 나뉘어지는데, 1948년 8월 15일 날 건국한 대한민국을 인정하는 사람과 대한민국은 태어나지 말았어야 한다는 대적세력으로 나뉘어져 있다. 지금 대한민국에서는 전광훈, 정동수, 심하보, 고병찬, 고영주, 심영식, 안희환 등 선지자 목사들이 주도하는 자유민주주의 국민혁명세력과 공산주의 주사파 세력 간에 영적 전쟁이 진행되고 있다(이은재, 2020). 자유주의냐, 공산주의냐? 어찌 보면 사느냐, 죽느냐의 문제가 달린 선택 앞에 서있다.

김태규(2021) 부장판사가 말한 것처럼, "민주주의라는 것이 장롱 속 보석과 같이 한 번 얻어놓으면 그냥 가만히 있어도 언제든지 누릴 수 있는 것이 아니다. 민주주의에 대한 도전은 끊임없이 지속되고, 사이비 민주주의에 의한 민주주의의 파괴시도는 현대사회의 복잡성이 심화되면서 더해 가고 있는지도 모르겠다."

이스라엘 백성들은 '바알'과 '아스다롯' 같은 우상들을 숭배하였다. 어떤 사람들은 하나님과 우상을 함께 숭배하기도 하였다. 오늘날도 하나님과 김일성을 함께 숭배하겠다는 이들이 있다. 갈멜산에서 엘리야는 전능하신 하나님만이 살아계신 유일한 신임을 입증하였다.

엘리야가 모든 백성에게 나아가 이르되 너희가 어느 때까지 둘 사이에서 머뭇머뭇 하려느냐? 여호와가 만일 하나님이면 그를 따르고 바알이 만일 하나님이면 그를 따를지니라 하니, 백성이 말 한 마디도 대답하지 아니하는지라(왕상 18:21).

만일 이러한 영적 전쟁에서 대한민국이 공산주의자들에게 지게 되면, 교회는 해체되고, 목사와 신부, 그리스도인들은 처형을 당하는 절체절명의 위기 상황을 맞이하게 된다. 행복추구가 인간의 지상목표이고 행복추구는 자유의 확보에 의해 보장되며 자유는 용기 있는 사람들만이 누릴 수 있는 특권이다. 자유를 말살하거나 제한하려는 좌파세력에 대해 국민 모두 자세를 가다듬어야 할 중대한 시점이다(최광, 문화일보, 2021. 2.18).

'자유 아니면 죽음을 달라'던 패트릭 헨리의 말처럼, 우리는 자유 대한민국을 공산 사회주의 체제로부터 지켜내야 한다. 70여 년 전 사악한 공산주의에 맞서 자유를 선택하셨던 우리의 건국 대통령 이승만 박사는 오늘도 우리에게 호소한다.

"우리의 자유를 회복할 것이 이때 우리 손에 달렸으니 분투하라! 싸워라! 우리가 피를 흘려야 자손만대의 자유 기초를 회복할 것이다. 싸워서 이기자, 나의 사랑하는 2천 3백만 동포여!"(〈미국의 소리〉 방송연설, 1942).

참고도서

- 강명도.『내가 본 남과 북 이제는 말할 수 있다』. 킹덤북스, 2017.

- 강성진. "사회주의 경제가 10이면 문 정부는 7-8에 해당, 선거승리와 이념을 경제 살리기 보다 중시"『조선일보』. 2021. 3.8.

- 강양구·권경애·김경율·서민·진중권.『한 번 도 경험해보지 못한 나라』. 천년의 상상, 2020.

- 강원택. "대통령이 민주주의의 적일 수 있다는 교훈,"『조선일보』. 2020. 11.9.

- 강철환. "실제적 북한선교가 진정한 남북평화의 정착,"『월드뷰』. 2018. 7.

- 강천석. "한국의 대통령 運은 끝났다,"『조선일보』. 2020. 10. 10.

- 구국제자훈련원.『좌파정권의 자유민주주의체제 허물기』. 도서출판 대추나무, 2020.

- ____.『공산주의, 왜 위험한가?』. 도서출판 대추나무, 2020.

- 구평 편집부.『공산주의의 유령은 어떻게 우리 세계를 지배하는가』. 상권, 하권. 에포크미디어코리아 2019.

- 게리 채프먹.『5가지 사랑의 언어』. 장동숙 역. 생명의말씀사, 1997.

- ____.『공산주의, 왜 위험한가?』. 도서출판 대추나무, 2020.

- 고성국.『머리는 진보, 가슴은 보수, 당신은 어느 쪽인가?』. 킹덤북스, 2021.

- 구해우. "전대협 의장 수령론이 민주당의 정치문화 됐다"『월간 조선』. 2020년 10월호.

- 권태선.『진실에 복무하다: 리영희 평전』. 창비, 2020.

- 김광일. "지금 정권의 세 가지 본질,"『조선일보』. 2021. 2.17.

- 김 구.『백범일지』. 이만열 역. 역린사, 1997.

- 김균진.『종말론』. 민음사, 1998.

- 김기삼.『김대중과 대한민국을 말한다』. 비봉출판사, 2010.

- 김누리.『우리의 불행은 당연하지 않습니다』. 해냄, 2020.

- 김대호.『7공화국이 온다』. 타임라인, 2020.

- 김대호 외 22인.『386 OUT: 386을 죽여야 청년이 산다』. 타임라인, 2020.

- 김동근.“주체사상의 정당화 근거로서의 사회정치적 생명체론,”『대한정치학회보』 14집 2호,

- 김동일.『대한민국의 Far and Away』. 비움채움, 2016.

- 김명세.『주체사상의 인간개조론에 대한 기독교적 평가』. 침례신학대학교 신학대학 원, 1996.

- 김문수.『10월 혁명: 무리는 광야에서 만났다』. 열아홉, 2020.

- 김삼웅.『이승만 평전』. 두레, 2020.

- 김세의.『좌파가 장악한 대한민국』. 가소세로연구소, 2019.

- 김승규.『문화 막시즘: 미국의 타락』. 한국기독문화연구소, 2021.

- 김영한. “사이비이단과 정통의 표준,”『한국기독교와 사이비이단운동』. 한국기독교 문화연구소, 1995.

- 김영한 외.『동성애, 21세기 문화충돌』. 킹덤북스, 2016.

- 김용삼.『김정은의 할아버지 김일성 진실을 말하다』. 미래, 2018.

- _____.『대구폭동, 제주 4.3사건, 여순반란 사건』. 백년동안, 2017.

- _____. “역사연구를 법으로 재갈 물리겠다고 나선 정치인과 그 부역자들,”『이승만 포스트』. 제25호(2020년 8월).

- _____.『세계사와 포개 읽는 한국 100년 동안의 역사』. 펜앤마이크, 2020.

- _____.『대한민국 건국의 기획자들』. 백년동안, 2015.

- _____.『지금, 천천히 고종을 읽는 이유』. 백년동안, 2020.

- 김우석.『정치 PD의 눈: 문재인 독해법』. Dailian, 2019.

- 김인호. “미중충돌이 한국경제에 미치는 영향은?” 월간『월드뷰』. 2020. 10.

- 김인호.『릉라도 여관: 한미 첩보전 산실』. 경제출판사, 2016.

- 김재헌.『영원한 청년 이승만 1 + 11』. 도서출판 생각의 탄생, 2020.

- 김정민·이호.『공산주의 바이러스』. 자유인의 숲, 2020.

- 김정훈·심나리·김향기.『386 세대유감』. 웅진지식하우스, 2020.

- 김종혁.『두 번 다시, 경험하고 싶지 않은 나라』. 백년동안, 2021.

- 김주환.『회복탄력성』. 위즈덤하우스, 2011.

- 김준형.『영원한 동맹이라는 역설: 새로 읽는 한미관계사』. 창비, 2021.

- 김태교·박종욱.『나중에 편하게 살려면 반드시 알아야 할 '10가지 진실'』. 대한민국 수호예비역장성단, 2020.

- 김태규.『법복은 유니폼이 아니다』. 글마당, 2021.

- 김태연.『일어나라 초일류 대한민국』. 글마당, 2020.

- 김태형.『월북하는 심리학』. 서해문집, 2020.

- 김현진.『한 번도 경험하지 못한 나라, 이건 나라냐?』. 지식과 감성, 2019.

- 김현태.『교육혁명가 이승만 대통령의 교육입국론』. 샘, 2020.

- 김효성.『공산주의 비평』. 옛신앙, 2020.

- 김효태.『한국대통령의 성공모델』. 베다니출판사, 2002.

- 나경원.『나경원의 증언: 그래도 봄은 온다』. 백년동안, 2020.

- 남정욱.『꿋빠이, 전교조』. 북앤피플, 2012.

- 남정욱. 류석춘.『이승만 깨기』. 백년동안, 2015.

- 노숭수.『핵심감정』. 세움북스, 2018.

- 노순규.『한국사⑦ 이승만 대통령과 6·25』. 한국기업경영연구원, 2013.

- 노재봉 외 4인.『한국 자유민주주의와 그 적들』. 북앤피플, 2018.

- 데이비드 프레이저·토니 캠폴로.『신앙의 눈으로 본 사회학』. 한인철, IVP, 1995.

- 도태우. 『도전: 법치와 자유민주주의를 향한 치열한 가치전쟁』. 세이지, 2019.

- 라이너 지텔만. 『부유한 자본주의; 가난한 사회주의』. 강영욱 역. 봄빛서원, 2019.

- 로널드 웰즈. 『신앙의 눈으로 본 역사』. 한국기독학생회 출판부, 1995.

- 로이 클라우저. 『종교적 중립성의 신화』. 홍병룡 역. 아바서원, 2017.

- 론 폴 외 5잉. 『문화 막시즘: 미국의 타락』. 이든북스, 2020.

- 류근일. "안중근 의사가 벌떡 일어날 세상," 『조선일보』. 2020. 9. 10.

- _____. "좌파 파시즘에 반대하는 게 이 시대의 중도" 『조선일보』. 2020. 12.12.

- 류석민. "주체사상과 종교," 『종교연구』 32(2003년 가을).

- 류현수. 『종북주의 연구』. 백년동안, 2015.

- 리성준. 『위대한 주체사상 총서 1: 주체사상의 철학원리』. 평양: 사회과학출판사, 1985.

- 리영희. 『우상과 이성』. 한길사, 2016.

- 리차드 웜브란트. 『마르크스와 사탄』. 순교자의 소리, 2019.

- 림 일. 『탈북 영웅 33인 특별인터뷰』. 바이북스, 2019.

- 마이클 브린. "바보! 북한은 당신을 사랑하지 않아," 『조선일보』. 2020. 10.7.

- 명제진 외 7인. 『포괄적 차별금지법, 찬성할 것인가 반대할 것인가?』. 밝은생각, 2020.

- 밀로반 질라스. 『위선자들: 새로운 수탈계급과 전체주의의 민낯』. 이호선 역. 리원, 2020.

- 박광서. 『동성애 배후의 사상연구: 시대의 징조를 분별하라』. 누가, 2018.

- 박 근. 『자유와 정의: 역사는 어디로 흐르는가?』. 기파랑, 2011.

- 박남훈. 『손봉호 교수는 누구인가』. 세컨리폼, 2019.

- 박명수. 『1946년 미군정의 여론조사에 나타난 한국인의 사회인식』. 자유역사포럼, 2020. 11.11.

- _____. 『근대사회의 변화와 기독교』. 킹덤북스, 2013.

- _____. 『조만식과 해방 후 한국정치』. 북코리아, 2015.

- _____. "왜 우리는 조만식을 기억해야 하는가," 『월드뷰』. 2021. 1.

- _____. "해방 후 우익 3영수(이승만, 김구, 김규식)와 기독교," 『자유역사포럼』. 2021. 2. 4.

- 박성민. "책임지지 않는 민주주의는 없다," 『조선일보』. 2021.

- 박성엽. 『북에서 남파한 고정간첩의 증언』. 도서출판 푸리탄, 2019.

- 박원철. 『선지자 이승만 대통령』. 킹덤북스, 2020.

ㅍ박요한. 『이승만의 나라, 김일성의 나라』. 행복에너지, 2020.

- 박은희. "얘들아, 교과서 덮자!" 월간 『월드뷰』. 2020월 1월호.

- 박형식. 『북한사람 정치의식 북한내부 체제붕괴 TEN』. 청미디어, 2021.

- 방인혁. 『한국의 변혁운동과 사상논쟁: 마르크시즘·주체사상·NL·PD 그리고 뉴라이트까지』. 소나무, 2009.

- 박종인. 『매국노 고종』. 와이즈맵, 2021.

- 변희재. 『변희재의 태블릿 사용설명서』. 미디어워치, 2021.

- 비리 골드워터. 『보수주의자의 양심』. 박종선 역. 열아홉, 2019.

- 백성호. "이단종교, 선악과를 '성적인 타락'으로 본다," 『중앙일보』. 2020. 4. 3.

- _____. "102세 철학자 김형석; 韓진보, 민주주의에서 자라나지 않았다," 『중앙일보』. 2021. 1. 14.

- 변진홍. "주체사상과 종교의 공존은 가능한다" 월간 『기독교사상』, 2018. 10,

- 빌리 『불타는 세계』. 정동섭 역. 생명의말씀사, 1968.

- 서민. "나라 빼앗긴 고종이 문재인 대통령보다 나았던 두 가지," 『조선일보』. 2021. 1. 23.

- 서울대학교기독교총동문회 외. 『서울대학교는 인권헌장 제정 추진을 즉각 중단하라』

(전면광고). 2020. 10.15.

- 브루스 리치필드·넬리 리치필드. 『기독교상담과 가족치료』. 정동섭 역. 예수전도단, 2002.

- 브루스 커밍스. 『한국전쟁의 기원』. 일월서각, 1986.

- 성인경. 『세계관 전쟁』. 예영커뮤니케이션, 2004.

- 송원근. 『주체사상 펼쳐보기』. 청미디어, 2017.

- 송희영. 『진짜 보수, 가짜 보수』. 21세기북스, 2019.

- 신용하. 『일제의 한국민족말살·황국신민화정책의 진실』. 문학과 지성사, 2020.

- 신현림. 『지루한 세상에 불타는 구두를 던져라』. 사과꽃, 2018.

- 심천보. "대한민국은 지금도 이승만 체제에 살고 있다," 『월간 조선』. 2021. 3월호.

- 심천보. 『우리는 누구인가; 우리는 어디로 가는가』. 조선뉴스프레스, 2021.

- 아놀드 피터슨. 『5·18 광주사태』. 정동섭 역. 풀빛, 1990.

- 안창호 외. 『차별금지법 바로알기 아카데미 강의자료집』. 차별금지법 바로알기 아카데미 선교회, 2021.

- 양동안. 『벼랑 끝에 선 한국의 자유민주주의』. 인영사, 2017.

- _____. 『대한민국 건국 전후사 바로잡기』. 대추나무, 2019.

- _____. 『정치사상용어 바로알기』. 내추나무, 2020.

- 양승훈. 『기독교적 세계관』. CUP, 1999.

- _____. 『기독교 세계관으로 들여다 본 세상』. 낮는울타리, 2001.

- 양휑강. 『중국의 종교』. 송재룡, 류광석 공역. 다산출판사, 2017.

- 에포크타임스. 『공산당에 대한 9가지 평론』. 에포크미디어코리아 출판사, 2021.

- 오강남. 『세계 종교 둘러보기』. 현암사, 2003.

- 위클리 굿뉴스(Weekly Good News). 2020. 10.18.

- 유발 하라리. 『21세기를 위한 21가지 제언』. 전병근 역. 김영사, 2018.

- 유영권. 『기독(목회)상담학: 영역 및 증상별 접근』. 학지사, 2008.

- 유영익. 『이승만의 생이와 건국비전』. 청미디어, 2019.

- 유혜란. 『탈북민을 통하여 본 북한체제-트라우마 불안연구: 현상학적 방법론을 중심으로』. 연세대학교 연합신학대학원 박사논문, 2012.

- 윤선교. "기독교정신이 대한민국 건국에 미친 영향," 『대한민국 나라만들기 1919-1948』.

- 윤소영. 『문재인 정부 비판』. 공감, 2020.

- 2020 대한민국 진짜 역사 바로알기 제3차 토론회, 2020.

- 유홍준. 『아~! 불쌍한 대통령 문재인!』. 대한신보, 2020. 11.29.

- 이강호. "좌익은 이념 자체가 소시오패스다," 『월간조선』. 2021년 5월호.

- 이규학. 『기독교와 주체사상 비교』. 한국복음주의영성협회(둘셋손잡고), 2020.

- 이도수. 『나는 스토커 교수였다: 80대 퇴직교수의 회고록』. 개혁시대, 2020.

- 이동호. "종북 주사파의 실체 해부," 『자유일보』. 2020. 9.24.

- _____. 『문제는 정치야 바보야: 운동권 정치를 심판한다』. 북앤피플, 2016.

- 이동훈. "나라를 세운 대통령, 쪼갠 대통령" 『조선일보』. 2020. 10. 7.

- 이명호. 『대한민국의 안타까운 현실』. 렛츠북, 2018.

- 이상규. "이승만의 반공주의," 『월드뷰』. 2021. 3월호.

- 이상우. 『살며 지켜본 대한민국 70년사: 반산일기 1945-2015』. 기파랑, 2017.

- 이상원. 『전환기 한국사회 앞에 선 기독교』. 세상바로보기, 2021.

- 이상철. 『김정은이 만든 한국대통령』. 글마당, 2019.

- 이선교. 『다시 써야 할 한국기독교사』. 도서출판 현대사포럼, 2017.

- 이수원. "북한 주체사상학습체계의 종교성 연구: 기독교 종교활동과의 비교를 중심으

로,"『통일문제연구』. 통권 55호, 2011년 상반기.

• 이승만.『한국교회핍박』. 청미디어, 1913(2019).

• 이승만 학당.『이승만과 대한민국』.이승만학당 토요강좌 강의록, 2020.

• 이애란.『사람, 참 안 죽더라』. 모리슨, 2013.

• 이언주.『나는 왜 싸우는가』. 글통, 2019.

• 이영일.『미워할 수 없는 우리들의 대통령』. HadA, 2018.

• 이영훈.『이승만의 독립정신 읽기』. 이승만학당 강의록, 2020.

• _____.『반일 종족주의와의 투쟁』. 미래사, 2020.

• 이영훈 외.『이승만과 대한민국』. 이승만학당, 2020.

• 이은재.『전광훈과 김일성의 숙명적 한판 대결』. 도서출판 그라페, 2019.

• 이정훈.『교회 해체와 젠더 이데올로기』. 킹덤북스, 2018.

• 이주영.『이승만 평전』. 살림출판사, 2014.

• 이춘근. "미중충돌의 전망과 한국의 안보전략,"월간『월드뷰』. 2020.10.

• 이택선.『취약국가 대한민국의 탄생』. 나라, 2020.

• 이태희.『세계관 전쟁』. 두란노, 2016.

• 이항구.『분단 40년, 북의 실상과 허상』. 안보교육연구소, 1985.

• 이 호.『하나님의 기적 대한민국 건국』. 1, 2. 자유인의 숲, 2012.

• 이현희.『대한민국 부통령 인촌 김성수 연구』. 나남출판사, 2009.

• 이훈구.『비교종교학』. 은혜출판사, 2000.

• 임승수.『새로 쓴 원숭이도 이해하는 마르크스 철학』. 시대의 창, 2018.

• 임창호. "요지부동한 사상교육: 북한이 김일성 우상화의 과정,"『교회성장』. 2016.5.

• 2020. 12.12.

- 장성민. 『자유, 시장, 안보가 무너진다』. 기파랑, 2019.

- 전광훈. 『건국 대통령 이승만의 분노』. PURITAN, 2015.

- _____. "문재인을 권좌에서 끌어내려야 대한민국 산다," 『자유일보』. 2021. 2.25.

- 전미영. 『김일성의 말, 그 대중설득의 전략』. 책세상, 2001.

- 전석린. 『이상주의와 공산주의』. 북코리아, 2019).

- 전옥현. 『위대한 보수, 영원한 평화』. 도서출판 선, 2019.

- 정교진. "북한 주체사상의 기독교적 신상체계에 관한 연구: 율법-복음의 관계와 주체 사상 체계 변화의 등가성 및 선교 공략점 제시," 『복음과 선교』 제 38집, 2017.

- 정규재. 『문재인 처형당한다』. 펜앤마이크, 2021.

- 정규훈. 『한국근대와 기독교』. 그리심, 2016.

- 정동섭. 『어느 상담심리학자의 고백』. IVP, 1996.

- _____. 『인성수업이 답이다』. 비전북, 2017.

- _____. 『부부연합의 축복』. 요단출판사, 2012.

- _____. 『깨어나라! 대한민국: 주체사상에 현혹된 대한민국의 정체성』. 글마당, 2021.

- _____. 『지방교회의 실체』. 요단, 2021.

- 정성구. 『문화막시즘』. 칼럼, 카톡, 2021.

- 정성욱. 『기독교 변증』. 홍성사, 2004.

- 정승태. 『디펜시오 크리스티아누스: 지성을 추구하는 신앙』. 하기서원, 2012.

- 정일권. 『문화막시즘의 황혼』. CLC, 2020.

- 정재홍. "김정은의 악어의 눈물," 『중앙일보』. 2020. 10. 15.

- 정현채. 『엄나가 들려주는 이승만 건국 대통령 이야기』. 도서출판 보담, 2020.

- 조우석. 『좌파 문화권력 3인방』. 백년동안, 2019.

- _____. "쇼킹! 누구나 모두 말한다. 문재인, 북한태생의 간첩?"『뉴스타룬TV』. 2021. 2.8.

- 조중식. "법치 파괴하는 최고의 기술자는 법률가,"『조선일보』. 2020.10.5.

- 지영근.『신천지 세뇌방식과 탈세뇌』. 기독교포털뉴스, 2020.

- 주익종. "이승만의 국민통합 이념, 일민주의,"『월드뷰』. 2021. 3월호.

- 진영정, 한혜정, 차성목.『크리스천 리더를 위한 성경적 상담』. 킹덤북스, 2021.

- 진중권.『진보는 어떻게 몰락하는가』. 천년의상상, 2020.

- 차명진.『10월 혁명: 무리는 광야에서 만났다』. 열아홉, 2020.

- 채명성.『지나간 탄핵 다가올 탄핵』. 기파랑, 2019.

- 최 광.『대한민국 파괴되고 있는가: 문재인 정권의 대한민국 파괴』. 북앤피플, 2019.

- 최보식. "박사리의 핏빛 목소리 출간한 박기옥 씨와의 인터뷰"『조선일보』. 2020. 11. 2.

- 최성환.『지도자의 자격』. 앤길, 2017.

- 최완규. "사회주의건설과 주체사상,"『북한의 오늘과 내일』, 1991.

- 최형만.『북세통: 북으로 세상과 통한다』.

- 최흥순.『에리히 프롬의 '건전한 사회' 읽기』. 세창미디어, 2020.

- 최홍채.『386의 꿈, 그 성찰의 이유』. 나남출판, 2005.

- 최희영.『하나 되는 기쁨』. 예영커뮤니케이션, 2005.

- 추부길.『북한급변 사태와 한반도 통일』. 에듀팩토리, 2016.

- _____.『권력자의 성적 타락, 그것이 중국의 본질』. 와이타임스,. 2021. 1.30.021

- 크리스 허먼.『마르크스주의란 무엇인가』. 이수현 역. 책갈피, 2019.

- 태영호.『태영호 증언: 3층 서기실의 암호』. 기파랑, 2018.

- 터너 조이.『공산주의자는 어떻게 협상하는가』. 김홍렬 역. 해당전략연구소, 2003.

- 폴 켄고르.『레이건 일레븐』. 조평세 역. 열아홉, 2020.

- 통일부 통일교육원. 『북한이해 2010』. 통일부통일교육원, 2010.

- 피터 제프리. 『그리스도인의 첫걸음 내딛기』. 정동섭 역. 두란노, 2001.

- 한원채. 『노예공화국 북조선 탈출』. 행복에너지, 2019.

- 할 어반. 『인생의 목적』. 김문주 역. 더난, 2005.

- 함재봉. 『한국사람 만들기 3: 친미개화파』. H프레스, 2021.

- 황동하. 『무섭고도, 황당한 국가보안법』. 기림씨, 2019.

- 황승연. "거짓말하지 않는 사회," 『월드뷰』. 2021. 1.

- 황장엽. 『민주주의 정치철학』. 시대정신, 2011.

- 홍택정 외. 『문명고 역사 지키기 77일백서: 광란의 현장』. 글마당, 2020.

- Albert Wells, Jr., *Inspiring Quotations Contemporary & Classical*. Thomas Nelson, 1982.

- B. R. Myers. *North Korea's Juche Myth*. Sthelle Press, 2015.

- Amy Nash. *North Korea Series: Major World Nations*. Chelsea House, 1999.

- Carl J. Friedrich & Zbigniew K. Brezinski. *Totalitarian Dictatorship and Autocracy*. Frederick A Pager, 1964.

- D. A. Carson & John Woodbridge. *God and Culture*. William Eerdmans, 1993.

- Fenggang, Yang. *Religion in China: Survival and Revival under Communist Rule*. Oxford University Press, 2012.

- Gil Bailie. *Violence Unveiled: Humanity at the Crossroads*. Crossroad, 1995.

- Gordon G. Chang. *Losing South Korea*. Encounter Books, 2019.

- Harold Brown. *Heresies*. Doubleday & Co., 1984.

- Julie Roys, *5 Reasons Socialism Is Not Christian*, The Christian Post. 2020.

- Kevin Vanhoozer. *Four Views on Moving Beyond the Bible's Theology*. Zondervan, 2009.

- Millard J. Erickson. *Christian Theology*. Baker Book House, 1986.

- Paul Kengor. *The Devil and Karl Marx*. Tan Books, 2020.

- Philip Yancey. *What Good is God? In Search of a Faith that Matters*. FaithWords, 2010.

- Richard Wurmbrand. Marx and Satan. *The Voice of the Maryters*, 2019.

- Thomas Belke. Juche: *A Christian Story of North Korea's State Religion*. Living Sacrifice Book Company, 1999.

- W. Cleon Skousen. *The Naked Communist: Exposing Communism and Restoring Freedom*. 2017.

- Won Sul Lee. Beyond Ideology: *A Christian Response to Sociopolitical Conflict in Asia*. Cornerstone Books, Westchester, Il., 1979.

- _____. *Write the Vision: It Will Surely Come*. The Korean Christian Journal, 2000.

부록

#1. 문재인 대통령이 2017년 취임사에서 약속했던 것:

1. 지금의 청와대에서 나와 광화문 대통령 시대를 열겠습니다.
2. 국민과 수시로 소통하는 대통령이 되겠습니다.
3. 주요 사안은 대통령이 직접 언론에 브리핑하겠습니다.
4. 퇴근길에는 시장에 들러 마주치는 시민과 격의 없는 대화를 나누겠습니다.
5. 때로는 광화문 광장에서 대토론회를 열겠습니다.
6. 권력기관은 정치로부터 완전히 독립시키겠습니다.
7. 대통령의 제왕적 권력을 나누겠습니다.
8. 안보 위기도 서둘러 해결하겠습니다.
9. 한미동맹을 강화하겠습니다.
10. 자주 국방력을 강화하겠습니다.
11. 북핵문제를 해결할 토대를 마련하겠습니다.
12. 동북아 평화를 정착시킴으로써 한반도 긴장완화의 전기를 마련하겠습니다.
13. 대통령이 나서서 야당과의 대화를 정례화하고 수시로 만나겠습니다.
14. 능력과 적재적소를 인사의 대원칙으로 삼겠습니다.
15. 저에 대한 지지여부와 관계없이 훌륭한 인재를 삼고초려해서 일을 맡기겠습니다.

16. 무엇보다 먼저 일자리를 챙기겠습니다.

17. 문재인 정부하에서는 정경유착이라는 단어가 완전히 사라질 것입니다.

18. 지역과 계층과 세대 간 갈등을 해소하고 비정규직 문제도 해결할 길을 모색하겠습니다.

19. 차별 없는 세상을 만들겠습니다.

20. 기회는 평등하고 과정은 공정하며 결과는 정의로울 것입니다.

21. 약속을 지키는 솔직한 대통령이 되겠습니다.

22. 불가능한 일을 하겠다고 큰소리치지 않겠습니다.

23. 잘못한 일은 잘못했다고 말씀드리겠습니다.

24. 거짓으로 불리한 여론을 덮지 않겠습니다.

25. 공정한 대통령이 되겠습니다.

26. 특권과 반칙이 없는 세상을 만들겠습니다.

27. 상식대로 해야 이득을 보는 세상을 만들겠습니다.

28. 소외된 국민이 없도록 노심초사하는 마음으로 살피겠습니다.

29. 대화하고 소통하는 대통령이 되겠습니다.

30. 한 번도 경험해 보지 못한 나라를 만들겠습니다.

#2. 고려대 기독교 동문-학생들이 문재인에 보낸 공개질의서

석고대죄하든지, 대통령직서 물러나든지 하라

남은 기간 실정회복 않겠다면 대통령직 물러나라.

헌법 무시하고 국민과의 약속 헌신짝처럼 내던졌다.

국가정체성과 경제 무너뜨리고 국민 생명까지 위기로 밀어 넣고 있다.

'중국몽'과 북한이 주장하는 '연방제' 꿈꾸는 대통령… 국민 이름으로 절대 용서할 수 없다.

남은 임기 동안 만회 노력 않을 거라면 '하야해야' 이것만이 본인도 살고 국가와 국민이 사는 길이다.

2021년 4월 15일

고려대 기독교우회, 고대 기독학생 교우회, 고대 ROTC 기독인연합회,

고대여자기독교우회 등 기독교 관련 모임들

※ 이들은 정치, 경제, 외교, 국방과 안보 등 거의 모든 영역에서 나라가 근본에서부터 절단 나고 있다면서 실상이 이러함에도 회복 의지도 노력도 없고 변명으로 일관하는 당신을 대한민국 대통령으로 인정해야 하는가를 묻는 것이라며 공개답변을 요구했다.

'행복에너지'의 해피 대한민국 프로젝트!
〈모교 책 보내기 운동〉

대한민국의 뿌리, 대한민국의 미래 청소년·청년들에게 **책**을 보내주세요.

   많은 학교의 도서관이 가난해지고 있습니다. 그만큼 많은 학생들의 마음 또한 가난해지고 있습니다. 학교 도서관에는 색이 바래고 찢어진 책들이 나뒹굽니다. 더럽고 먼지만 앉은 책을 과연 누가 읽고 싶어 할까요?

   게임과 스마트폰에 중독된 초·중고생들. 입시의 문턱 앞에서 문제집에만 매달리는 고등학생들. 험난한 취업 준비에 책 읽을 시간조차 없는 대학생들. 아무런 꿈도 없이 정해진 길을 따라서만 가는 젊은이들이 과연 대한민국을 이끌 수 있을까요?

   한 권의 책은 한 사람의 인생을 바꾸는 힘을 가지고 있습니다. 한 사람의 인생이 바뀌면 한 나라의 국운이 바뀝니다. **저희 행복에너지에서는 베스트셀러와 각종 기관에서 우수도서로 선정된 도서를 중심으로 〈모교 책 보내기 운동〉을 펼치고 있습니다.** 대한민국의 미래, 젊은이들에게 좋은 책을 보내주십시오. 독자 여러분의 자랑스러운 모교에 보내진 한 권의 책은 더 크게 성장할 대한민국의 발판이 될 것입니다.

   도서출판 행복에너지를 성원해주시는 독자 여러분의 많은 관심과 참여 부탁드리겠습니다.

도서출판 **행복에너지** 임직원 일동

문의전화 0505-613-6133